BACKEN FÜR DIE
FAMILIE

BACKEN FÜR DIE FAMILIE

AUTORINNEN
SUSANNE BODENSTEINER | MARTINA KITTLER | CHRISTA SCHMEDES
FOTOS
FOTOS MIT GESCHMACK: ULRIKE SCHMID, SABINE MADER

6

Einleitung & Service

22

Kuchen

62

Kleine Verführer

94

Torten & Schnitten

114

Herzhaftes

148

Feste feiern

176

Backen bei Allergien

182

Zum Nachschlagen

Die Autorinnen

Ich bin keine Süße. Ich backe gern fruchtige Tartes und Zwetschgendatschi. Und am liebsten Pizza, Quiche und Flammkuchen. Für die richtig süßen Sachen sind meine Jungs zuständig. Zu ihren Spezialitäten zählen Schokokuchen und Muffins in allen Variationen. Nur Küche aufräumen gehört leider nicht dazu.

Susanne Bodensteiner

Backen ist meine Leidenschaft. Es macht mir Spaß, in der Küche zu experimentieren, neue Rezepte zu entwickeln und zu probieren. Über die Ergebnisse freuen sich meine Familie und Freunde. Und zum Glück wohnen gleich nebenan zwei fleißige Helferinnen: Lienne und Christina (4 und 7 Jahre) backen gern mit – am liebsten Mohrenkopftorte.

Christa Schmedes

Bei diesem Projekt habe ich eine echte Vorliebe fürs Backen entwickelt. Weil es einfach entspannend ist, zu rühren, zu kneten und nach Fantasie zu verzieren. Weil ein gelungener Käsekuchen rundherum Freude macht und eine Torte ein kleines Kunstwerk sein kann. Janina und Laurens, meine Kids, haben sich beim Kuchenbacken manchmal vornehm zurückgehalten – beim Aufessen allerdings nie.

Martina Kittler

WAS DIESES BUCH KANN

Möchten Sie schnell einen Kuchen zaubern? Beim nächsten Familienfest mit einer tollen Torte glänzen? Gäste mit einer selbst gebackenen Quiche überraschen? Oder suchen Sie noch Lieblingsmuffins für die Party im Kindergarten? Wir haben die besten Backrezepte für Sie zusammengestellt – saftige Kuchen von mini bis maxi, traumhafte Torten und Brötchen, die's bei keinem Bäcker gibt.
Weil wir wissen, dass die Zeit manchmal sehr knapp ist, haben wir uns viele schnelle Kuchen ausgedacht. Und unkomplizierte Rezepte, die auch »nebenbei« gelingen. Vieles kriegen sogar die Kids locker hin. Und wer leidenschaftlich gern rührt und knetet, der findet in diesem Buch auch schöne Verwöhnrezepte: Torten und Kuchen, die richtig was hermachen.
Weil alles nicht nur gut schmecken, sondern natürlich auch toll aussehen soll, haben wir für Sie auch eine Menge Deko-Ideen gesammelt. Damit werden Ihre Cookies ganz leicht zu kleinen Kunstwerken. Und damit gebackene Herzchen und Martinsgänse, Nikolausstiefel und Gespensterchen perfekt gelingen, haben wir am Anfang und am Ende des Buches Deko-Vorlagen zum Kopieren und Basteln von Schablonen angehängt.
Und jetzt einfach mal unbeschwert losbacken! Wir wünschen Ihnen und Ihrer Familie viel Spaß dabei!
Ihre Autorinnen

Service-Tipps

Unter unseren Rezepten finden Sie viele Tipps, die das Backen für die Familie noch leichter machen. So können Sie Rezepte nach Lust und Zeitfenster variieren oder sich von den Kindern helfen lassen.

Aroma-Variante Sie mögen Vanille nicht gar so gern? Haben Zitronat gerade nicht zur Hand? Hier finden Sie Tipps, welche Aromen Sie austauschen können.

Austausch-Tipp Die Erdbeerzeit ist längst vorbei? Ihre Familie hasst Marzipan? Hier finden Sie Ersatz für bestimmte Zutaten.

Back-Tipp Kleine Tricks aus der Küchenpraxis – damit wirklich alles perfekt gelingt.

Das schmeckt dazu Manche Kuchen brauchen das gewisse Etwas, um rundum perfekt zu sein: z. B. Sahne, Kompott oder ein Löffelchen Obstsalat.

Deko-Tipp Kleine Tricks, die Kuchen und Torten noch schöner machen.

Einfrier-Tipp Damit Sie Ihr Wunschgebäck gleich in größeren Mengen und/oder im Voraus zubereiten können.

Form-Alternative In Ihrem Küchenschrank ist die vorgeschlagene Backform nicht zu finden? Macht nichts! In der genannten Alternative gelingt der Kuchen ebenso gut.

Kinder machen mit Bei welchen Handgriffen kleine Helfer am besten zum Einsatz kommen.

Mehr draus machen Zum Nachmittagstee kommen noch Überraschungsgäste? Hier erfahren Sie, wie Sie Mengen verdoppeln oder was Sie passend zum Kuchen servieren können.

Servier-Tipp So richten Sie Kuchen, Torten und feines Gebäck am schönsten an.

Speed-Tipp Zubereitungs-Tricks, wenn es noch schneller gehen soll.

Tuning-Tipp Für anspruchsvolle Gäste – so lässt sich ein Rezept raffiniert aufpeppen.

Variante Probieren Sie mal etwas anderes.

Vorrats-Tipp Hinweise, wie sich Selbstgebackenes am besten aufbewahren lässt.

DAS BACKE ICH ...

wenn's schnell fertig sein soll (unter 50 Min. inklusive Backen)

aus dem Vorrat

wenn es nicht viel kosten darf

wenn es unkompliziert sein soll

fürs Kinderfest

wenn es was Besonderes sein darf

wenn es gut vorzubereiten sein soll

wenn Gäste auf ein Glas Wein kommen

MEHL

Ob Weizen-, Dinkel- oder Roggenmehl, ob fein gemahlen oder grob: Kernige Basis für Mehl ist immer das Getreidekorn. Und das besteht aus Keimling, Mehlkörper und Randschichten.

Das Getreidekorn

Der fettreiche Keimling im unteren Teil des Korns enthält die Anlage für eine neue Pflanze. Deshalb steckt in ihm eine große Portion an Eiweiß, Vitaminen und Mineralstoffen. Der Mehlkörper macht beim Weizenkorn über 80 Prozent aus. Er liefert vor allem Stärke (Kohlenhydrate), aber auch Eiweiß und ein wenig Fett. Die Randschichten umhüllen Keimling und Mehlkörper. Sie enthalten Ballast- und Mineralstoffe sowie Vitamine, vor allem B_1, B_2 und E.

Die Mehlarten

Weizen, Roggen und Dinkel sind die fürs Backen beliebtesten Getreidearten.
→ **Weizenmehl** besitzt besonders viel Eiweiß, das auch Kleber genannt wird. Dieses Klebereiweiß saugt die Flüssigkeit des Teiges auf und bindet sie. So entsteht eine elastische Masse, die das Gerüst für die übrigen Teigzutaten bildet. Gebäck mit Weizenmehl wird besonders locker.
→ **Dinkelmehl** enthält ebenfalls reichlich Klebereiweiß und hat damit ausgezeichnete Backeigenschaften zu bieten. Darüber hinaus ist diese Urform des Weizens, die schon die alten Ägypter kannten, besonders verträglich: Dinkel ist für Allergiker eine gute Alternative zu Weizen.
→ **Roggenmehl** ist zum Kuchenbacken nicht zu gebrauchen. Denn Roggenteige bekommen ihre Struktur weniger durch Klebereiweiß, sondern vor allem durch die im Mehl enthaltenen Wasser bindenden Kohlenhydrate. Und dazu ist Säure (z. B. Sauerteig) nötig. Roggenmehl eignet sich daher hervorragend, um Brot zu backen.

Die Mehltypen

Mehle haben neben der Sortenbezeichnung noch eine Typenzahl. Sie gibt Auskunft, wie viele natürliche Mineralstoffe im Mehl enthalten sind. Würde man 100 g Mehl nach einem bestimmten Verfahren verbrennen, so blieben bei Mehl der Type 405 genau 405 mg Mineralstoffe in Form von Asche übrig, bei einem Mehl der Type 1050 dagegen 1050 mg. Hohe Typenzahl bedeutet hoher Schalenanteil im Mehl und damit hoher Anteil an wertvollen Inhaltsstoffen. Die Typenzahl sagt aber nichts über die Feinheit (oder Grobheit) des Mehls aus. Gleich wie hoch der Schalenanteil, »Mehl« ist immer fein gemahlen.
→ **Type 405** Für das klassische Weizenmehl vermahlen Mühlen in der Regel nur den Mehlkörper ohne Keim und Randschichten. So entsteht ein feines weißes Allround-Mehl, das sich unkompliziert und vielseitig verwenden lässt. Durch ein spezielles Mahlverfahren ist sogenanntes Instant-Mehl Type 405 immer locker und rieselfähig. Es verteilt sich ohne Klümpchen sofort in Flüssigkeiten – empfehlenswert für feine Torten und Biskuits sowie für flüssige Waffel- und Pfannkuchenteige. In vielen Supermärkten bekommen Sie auch Weizenmehl Type 405 mit natürlichem Anteil an Weizenkeimen und damit mehr Mineralstoffen.
→ **Type 550** Das etwas stärker ausgemahlene, also ein wenig dunklere Weizenmehl kann Type 405 in allen unseren Rezepten ersetzen.
→ **Type 1050** Dieses relativ dunkle Weizenmehl enthält noch mehr Schalenanteile, bietet damit noch mehr Mineralstoffe, Ballaststoffe und Vitamine – und ist ideal für Brote und herzhafte Kuchen. Es braucht in der Regel etwas mehr Flüssigkeit als das feine weiße.
→ **Type 630** Im Supermarkt finden Sie meist Dinkelmehl dieses Typs. Es lässt sich wie Weizenmehl der Type 405 bzw. 550 verwenden.
→ **Type 1150** So wird Roggenmehl meist angeboten – und so ist es bestens zum Brotbacken geeignet! Das Mehl lässt sich auch sehr gut mit Weizenauszugsmehl oder Vollkornmehl mischen. Die niedrigste Typenzahl für Roggen ist übrigens 610.
→ **Vollkornmehle** tragen keine Typenzahl, sie enthalten immer so viele Mineralstoffe wie natürlicherweise im ganzen Korn stecken und würden in etwa der Type 1700 (Weizen) bzw. 1800 (Roggen) entsprechen. Besonders hochwertig sind Vollkornmehle, wenn Sie sie erst kurz vorm Backen frisch mahlen (oder im Bioladen oder Reformhaus mahlen lassen). Manche Vitamine und auch die hochwertigen Fette aus dem Keim sind sauerstoffempfindlich.

Mehl sieben – muss das sein?

Unsere Großmütter haben es gemacht, um Verunreinigungen und Klümpchen rauszufiltern. Heute ist das nicht mehr nötig. Sieben Sie Mehl nur für Biskuitteig. So wird es feiner, und der Teig wird besonders locker.

Vorrat für spontane Bäcker

So können Sie auch nach Ladenschluss und am Wochenende leckere Kuchen und Traumtorten backen.

→ Die Top 5 der Backzutaten haben Sie sicher zuhause: **Mehl, Zucker, Butter, Eier** und **Salz**

→ Besorgen Sie sich dazu noch **Backpulver, Vanillezucker, Trockenhefe,** außerdem **Nüsse** und **Mandeln** sowie **Früchte im Glas oder in der Dose** (z. B. Ananas, Pfirsiche und Aprikosen) für den Vorrat. Immer mal wieder gut gebrauchen können Sie auch **Oblaten, Apfelmus und Kokosraspel.**

→ Stellen Sie sich **Milchprodukte** wie Joghurt und Sahne in den Kühlschrank und vielleicht legen Sie auch noch **TK-Beeren oder -Kirschen** ins Gefrierfach, und auf jeden Fall TK-Blätterteig.

Tipp

→ **1 Prise Salz** macht nicht nur Pizzateig perfekt, sondern tut auch süßem Kuchen gut. Denn Salz setzt der Süße Würze entgegen – das rundet den Geschmack ab, macht ihn interessanter.

Gute Butter

Sie wird heute noch wie zu Großmutters Zeiten aus Sahne hergestellt, aber in drei unterschiedlichen »Geschmacksvarianten«.

→ **Süßrahmbutter** passt mit ihrem dezent süßlichen Geschmack gut zu Biskuit und feinem Gebäck wie Vanillekipferl.

→ Für die Herstellung von **Sauerrahmbutter** werden der Sahne vor der Reifung speziell gezüchtete Milchsäurebakterien zugegeben, woraufhin sie 7–10 Stunden reifen muss. Das verleiht der Butter eine frische Note und macht sie für Allergiker oft besser bekömmlich als ungesäuerte Butter. Nehmen Sie Sauerrahmbutter für kräftige Kuchen, z. B. mit reichlich Schokolade oder vielen Nüssen.

→ Am beliebtesten in Deutschland ist **mild gesäuerte Butter.** Ihr werden Milchsäurebakterien bzw. Milchsäure unmittelbar vor der Verbutterung untergemischt: Das ergibt geschmacklich einen Kompromiss zwischen Süß- und Sauerrahmbutter.

→ Doch zum Ausbacken von Apfelküchерln und Zimt-Zwetschgen nehmen Sie am besten **Butterschmalz.** Das stellt man aus Butter her, indem Milcheiweiß, Milchzucker und Wasser entfernt werden. Denn Eiweiß und Zucker würden bei Frittiertemperaturen verbrennen, das Wasser würde spritzen.

→ **Neben Salz** darf Butter, ausgenommen Bio-Butter, hierzulande nur den orangegelben Farbstoff **Betakarotin** (Provitamin A) enthalten.

Zuckersüß

Pflicht im Back-Vorratsschrank ist normaler feiner Haushaltszucker. Viel-Bäcker greifen auch gerne zu Zucker feinster Körnung. Der löst sich noch leichter auf. Brauner Zucker (im Bild vorne rechts) ist gefärbter weißer Zucker: Er wird nach dem Raffinieren mit Melasse (braunem Zuckersirup) versetzt. So gibt er dunklen Kuchen eine fein-aromatische Note. Für einen charakteristischen herbsüßen Geschmack sorgt Vollrohrzucker (im Bild vorne links). Er liefert nicht nur Energie, sondern auch Spurenelemente und Mineralstoffe.

Eier: am besten 0, M und frisch!

→ **Was steht auf dem Ei?** Die erste Ziffer des auf die Schale aufgedruckten Codes steht für die Haltung der Legehennen: O bedeutet Ökohaltung, 1 Freiland-, 2 Boden- und 3 Käfighaltung. Dann folgen Länderkennzeichen (etwa DE für Deutschland) und Nummer des Betriebs.

→ Eier werden wie T-Shirts in den **Größen S, M, L** und **XL** angeboten. Unsere Rezepte sind – falls nicht anders angegeben – für Durchschnittseier in Größe M berechnet. Die wiegen 53–63 g. Sie können die Kuchen aber auch ohne Probleme mit Eiern Größe L (63–73 g) nachbacken.

→ **Nehmen Sie immer nur frische Eier!** Erstens schmeckt Kuchen damit einfach besser. Zweitens lassen sich frische Eier viel leichter trennen. Drittens haben diese noch den besten Schutz gegen eindringende Krankheitserreger. Frisch ist ein Ei bis zu 10 Tage, nachdem es die Henne gelegt hat. Das Legedatum können Sie leicht errechnen. Es liegt knapp 1 Monat vor der Mindesthaltbarkeit (steht auf der Verpackung).

→ **Eier lagern Sie am besten** im Karton oder in einer Kunststoff-Eierbox im Kühlschrank.

→ **Eigelb übrig?** Mit Wasser bedeckt hält sich ein unverletztes Eigelb im Kühlschrank 2 Tage.

7 TEIGE FÜR LIEBLINGSKUCHEN

Jeder Teig hat seine Vorzüge. Und mit unseren Tipps kriegen Sie alle gut hin: Rührteig, Hefeteig, Mürbeteig, Biskuitteig, Brandteig und Quark-Öl-Teig.

Rührteig: der Unkomplizierte

→ Für Muffins, Obst- und Marmorkuchen, Torten und Waffeln Rührteig ist ein Teig für Back-Einsteiger: Er gelingt leicht, braucht weder viel Zeit noch besondere Aufmerksamkeit. Sie rühren die feuchten Zutaten einfach mit den Quirlen des Handrührgeräts schön cremig, z. B. Butter, Zucker und Eier. Dann geben Sie zügig die trockenen Zutaten dazu, unter die das Backpulver gemischt wurde: z. B. Mehl, gemahlene Mandeln oder Nüsse. Alles kurz verrühren und dann ab in den Ofen! Das Backpulver sorgt dafür, dass der Kuchen schön aufgeht. Denn wenn es mit Feuchtigkeit in Berührung kommt, entstehen Gasbläschen im Teig. So wird der Kuchen locker.

→ Wichtig Trockene und feuchte Zutaten in getrennten Schüsseln mischen, dann zügig zusammenrühren. Teig nicht warten lassen, sondern gleich in den vorgeheizten Ofen schieben. Er wird sonst schwer, verliert an Lockerheit.

→ Extra-Tipp Sie können zusätzlich zum Backpulver 1/4 TL Natron unter das Mehl mischen. Das sorgt für besonders lockeren Rührteig. Aber Vorsicht: Kuchen mit zu viel Natron schmeckt seifig.

→ Das Grundrezept und weitere Tipps finden Sie auf S. 24.

Hefeteig: der Vielseitige

→ Erste Wahl für süße und pikante Spezialitäten von Hefezopf bis Zwetschgendatschi, von Pizza bis Pissaladière Nur Mut! Wenn Sie Hefeteig sanft behandeln, gelingt er problemlos. Er braucht nur Wärme und Ruhe, damit er schön aufgehen kann. Trockenbackhefe aus dem Tütchen einfach mit allen Zutaten vermischen. Frischhefewürfel zerbröckeln und in lauwarmer Flüssigkeit (Wasser oder Milch) auflösen. Vorsicht: Zu heißes Wasser tötet Hefepilze. Hefelösung und übrige Zutaten in einer Schüssel zunächst locker vermischen, dann kräftig verkneten – am einfachsten mit den Knethaken des Handrührgeräts. Nun ist Handarbeit gefragt: Teig auf eine bemehlte Arbeitsfläche geben und 5 Min. weiterkneten. Ist er noch zu fest? Ein paar Tropfen lauwarme Flüssigkeit unterkneten. Klebt der Teig an den Händen, braucht er noch Mehl. Hefe entfaltet den Hauptteil ihrer Kraft vor dem Backen. Deshalb gönnen Sie Ihrem Teig jetzt Ruhe und Wärme: Teig zudecken und vor Zugluft schützen – so kann er sein Volumen vergrößern. Es dauert ca. 45 Min., bis er etwa doppelt so groß geworden ist. Teig dann noch einmal durchkneten, formen, eventuell nochmals gehen lassen, dann backen.

→ Wichtig Hefepilze wachsen im Kühlen nur sehr langsam. Deshalb den Teig nicht in zugigen Räumen gehen lassen. Und alle Backzutaten sollten Zimmertemperatur haben.

→ Extra-Tipp Mehl Type 550 ist besonders gut für Hefeteig geeignet, weil es viel Klebereiweiß enthält. Das macht den Teig elastisch, lässt ihn gut aufgehen.

→ Das Grundrezept und weitere Tipps finden Sie auf S. 44.

Mürbeteig: der Üppige

→ Für Tartes, Torten, Käsekuchen und feine Plätzchen Mürbeteig ist schnell geknetet und braucht doch Zeit. Die klassische Methode: Mehl auf die Arbeitsfläche häufeln, eine Mulde hineindrücken, Ei oder Eigelb und Salz hineingeben. Butter in Stückchen und eventuell Zucker auf dem Mehlrand verteilen. Jetzt alles mit einem großen Messer durchhacken. Brösel dann mit den Fingerspitzen rasch zu einem glatten Teig verkneten. Keine Sorge: Auch wenn sich die Zutaten erst gar nicht verbinden, schon nach wenigen Minuten ist ein fester Teig entstanden. Alles zur Kugel formen, in Folie wickeln und im Kühlschrank mindestens 30 Min. ruhen lassen. Gekühlten Mürbeteig ausrollen – z. B. zwischen zwei großen Lagen Frischhaltefolie – und im vorgeheizten Ofen backen. Tarte- oder Käsekuchenböden vorab blindbacken, am besten mit Pergamentpapier und Hülsenfrüchten belegt (mehr dazu im Back-Tipp auf S. 34). So bleibt der Boden schön flach und der Rand rutscht nicht herunter.

→ Wichtig Mürbeteig liebt's kühl. Die Hände vor dem Kneten mit kaltem Wasser waschen. Butter und Eier am besten aus dem Kühlschrank raus verarbeiten. Oder zimmerwarme Butter verwenden und den Teig länger im Kühlschrank lassen.

→ Extra-Tipps Wenn's schnell gehen soll, den frisch gekneteten Teig sofort in die Form drücken und in der Form kühl stellen.

→ Das Grundrezept für einen Obstkuchenboden aus Mürbeteig finden Sie auf S. 34.

Biskuitteig: der Lockere

→ **Für Traumtorten, gefüllte Rollen und süßes Gebäck** So ist schnell was sehr Feines gebacken: Biskuitteig steht schon nach einem Viertelstündchen im Ofen. Bis es so weit ist, sollte er reichlich Luft tanken. Eier sorgfältig trennen. Eigelbe mit warmem Wasser, Zucker und Salz dicklich und cremig schlagen. Das Mehl über die Eiercreme sieben – aber bitte noch nicht unterrühren! Erst schlagen Sie noch das Eiweiß in einer zweiten Schüssel zu sehr steifem Schnee. Jetzt ein Drittel davon mit dem Mehl vorsichtig unter die Eiercreme ziehen. Dann übrigen Eischnee auf die Masse geben und vorsichtig unterheben – das geht am besten mit einem Holzkochlöffel. Biskuitmasse in die vorbereitete Form füllen, glatt streichen und im heißen Ofen backen. Für die Garprobe brauchen Sie Fingerspitzengefühl: Fertiger Biskuit ist nicht mehr feucht und fühlt sich weich wie Watte an. Auf Fingerdruck gibt der Teig nach, ist aber elastisch.

→ **Wichtig** Nur wenn Biskuit sofort auf große Hitze trifft, bleibt er schön luftig. Deshalb Backofen rechtzeitig vorheizen. Eier und Zucker locker aufschlagen. Das Mehl dann nur kurz unterrühren, damit das Volumen der Eier-Zucker-Masse bleibt. Den Teig sofort backen. Biskuit darf nicht warten, sonst geht die Luft raus.

→ **Extra-Tipp** Für Biskuit das besonders lockere (doppelgriffige) Instant-Mehl verwenden. Den Teig möglichst mit klassischer Ober- und Unterhitze backen. Umluft trocknet den Teig aus.

→ **Das Grundrezept** für einen Obstkuchenboden aus Biskuitteig finden Sie auf S. 34.

Brandteig: der Luftige

→ **Für Windbeutel, Eclairs und luftig-leichte Tortenböden** Der einzige Teig, der schon vor dem Backen mit Hitze in Berührung kommt, also »gebrannt« wird. Und das geht ganz einfach so: Milch oder Wasser in einen Topf gießen. Butter in Stückchen und 1 Prise Salz dazugeben. Alles bei mittlerer Hitze zum Kochen bringen. Jetzt das Mehl auf einmal dazuschütten. Alles rasch und kräftig mit einem Kochlöffel verrühren, bis sich ein homogener Kloß bildet und vom Topfboden löst. Auf dem Topfboden sollte jetzt eine dünne weiße Schicht zu sehen sein. Topf von der Kochstelle ziehen. Teigkloß in einer Schüssel abkühlen lassen. Dann rühren Sie mit den Knethaken die Eier unter – und zwar eins nach dem anderen und immer so lange, bis sich wieder ein Kloß gebildet hat. Nun den Teig, zu Portiönchen nach Wahl geformt, im heißen Ofen oder in heißem Fett goldbraun backen. Die Eier sorgen dafür, dass er sich luftig aufbläht.

→ **Wichtig** Während der ersten 10 Min. Backzeit die Ofentür keinesfalls öffnen. Sonst fällt der Teig zusammen. Wollen Sie den Teig in Fett ausbacken? Das erhitzte Butterschmalz oder Öl hat die richtige Temperatur, wenn an einem hineingehaltenen Holzstäbchen kleine Blasen aufsteigen.

→ **Extra-Tipp** Das Backblech mit etwas Wasser besprenkeln. Die Feuchtigkeit im Ofen verhindert, dass sich auf den Brandteigteilchen sofort eine harte Kruste bildet. So kann der Teig schön gleichmäßig aufgehen, ohne zu reißen.

→ **Das Grundrezept** und weitere Tipps finden Sie auf S. 78.

Quark-Öl-Teig: der Schnelle

→ **Für Obstkuchen, Blechkuchen, für Herzhaftes und Süßes** Genau der richtige für ungeduldige Bäcker und eine schnelle Alternative zu Hefeteig: Quark und Öl rasch mit ein paar weiteren Zutaten verrühren, Mehl und Backpulver unterkneten – dafür brauchen Sie kaum 10 Min. Dann den Teig kühl stellen, backen und fertig! Ofenfrisch schmeckt Gebäck aus Quark-Öl-Teig am besten – also Nussnugat-Schnecken und Apfel-Mohn-Taschen nicht aufheben, sondern am selben Tag genießen.

→ **Wichtig** Quark gut abtropfen lassen. Und bitte zügig arbeiten, sonst wird der Teig klebrig.

→ **Extra-Tipp** Gehen Sie beim Ausrollen und Formen sparsam mit Mehl um – der Teig wird schnell zu fest, das Gebäck dann später zu trocken.

→ **Die Grundrezepte** für süßen und neutralen Quark-Öl-Teig finden Sie auf S. 64 und 126 (Mini-Gemüse-Pies).

Blätterteig – der Luftikus ...

Selbermachen lohnt sich bei Blätterteig nicht. Denn es kostet Zeit, die vielen hauchdünnen Teigschichten daheim zuzubereiten. Und **tiefgekühlte Teigplatten** lassen sich supereinfach verarbeiten: nebeneinanderlegen und in knapp 20 Min. auftauen lassen. Dann die Platten ausrollen oder die benötigten Formen ausschneiden. Den Teig mit einer Gabel mehrmals einstechen, damit er nicht spannt und sich nicht beim Backen verzieht. Achten Sie auf die Grammangabe im Rezept. Im Supermarkt wählen Sie dann rechteckige Platten à 75 g oder quadratische à 45 g. Im Kühlregal finden Sie außerdem rund oder quadratisch ausgerollten Fertigteig für 1 Blech.

→ **Wichtig** Zum Schneiden von Blätterteig ein scharfes Messer verwenden. Sonst wird der Teig zu sehr gequetscht und kann sich beim Backen nicht blättrig aufbauschen. Teigreste nicht verkneten, sondern übereinanderlegen und neu ausrollen. Und wenn Sie Blätterteig mit Eigelb bepinseln, dann nur die Oberfläche, nicht die Seitenkanten. Das Eigelb würde die Schichten verkleben, der Teig wird nicht blättrig.

... auf türkische Art

→ **Yufka-Blätterteig** besteht aus Mehl und Wasser. Blitzschnell können Sie damit süße oder herzhafte Knusper-Snacks zaubern. Die hauchdünnen Teigblätter nach Lust und Kühlschrankangebot füllen, mit flüssiger Butter oder Öl bestreichen und dann backen. Fertig ausgerollte, runde oder eckige Platten finden Sie – in Folie verschweißt – beim türkischen Lebensmittelhändler. Ungeöffnete Päckchen können Sie im Kühlschrank lange aufheben. oder auch einfrieren. Im griechischen Feinkostladen gibt es Yufka-ähnlichen Filo-Teig.

BACK-BASICS

Ob Haselnüsse oder Mandeln: Untersuchungen haben gezeigt, dass gemahlene Nüsse aus Tüten oft muffig schmecken. Deshalb kaufen Sie am besten ganze Kerne und mahlen sie selbst – im Blitzhacker oder einer Extra-Mühle.

Beim Backen kommt's auf Genauigkeit an: Alle Flüssigkeiten exakt abmessen! Für große Mengen brauchen Sie ein Litermaß. Bei kleinen Mengen können Sie ein Babyfläschchen mit Skala zweckentfremden. Das hat eine Fein-Einteilung.

→ **Vor dem Rühren und Kneten** Rezept lesen und alles vorbereiten: Zutaten exakt abwiegen und bereitstellen. Auch das nötige Zubehör (Sieb, Mixer, Knethaken etc.) aus dem Schrank holen. Muss der Teig auf einer bemehlten Arbeitsfläche geknetet werden? Dann jetzt schon Backbrett, Tisch oder Marmorplatte dünn mit Mehl bestäuben.

→ **Wohltemperiert** Wenn im Rezept nicht anders angegeben, sollten alle Zutaten Zimmertemperatur haben. Dann verbinden sie sich leichter miteinander. Eier, Butter und Milch also früh genug aus dem Kühlschrank nehmen.

→ **Gut gekühlt** So lassen sich Schokolade und Marzipan leichter reiben. Deshalb diese Zutaten vor dem Zerkleinern in den Kühlschrank oder kurz ins Eisfach legen. Auch Sahne wird schneller steif, wenn Sie sie »aus dem Kühlschrank raus« schlagen.

→ **Reine Formsache** Noch bevor Sie den Teig zubereiten, Blech oder passende Backform suchen und mit Papier belegen oder einfetten (mehr dazu auf S. 16).

→ **Bleiben Sie dran!** Beim Abwiegen, Rühren und Kneten sollten Sie sich nicht ablenken lassen. Wer's eilig hat und wenig Ruhe, backt am besten Kuchen aus Rührteig oder Quark-Öl-Teig. Die gelingen immer. Biskuit- und Brandteige brauchen mehr Aufmerksamkeit, für Hefe- und Mürbeteig Ruhe- und Kühlzeiten einplanen.

→ **Ab in den Ofen!** Wählen Sie die im Rezept angegebene Einschubhöhe. Backformen immer auf den Rost stellen, nicht aufs Blech. So kommt die Hitze gleichmäßig von allen Seiten an den Kuchen.

→ **Ist der Kuchen fertig?** Die in den Rezepten genannten Backzeiten sind Mittelwerte. Es kann mal länger oder kürzer dauern, bis Ihr Kuchen perfekt gebacken ist. Schon einige Minuten vor Ende der Backzeit in den Ofen schauen: Hefeteig muss aufgegangen und gebräunt sein, kleines Gebäck goldgelb gebacken. Fertiger Biskuit ist nicht mehr feucht und auf Fingerdruck elastisch. Machen Sie bei Rührkuchen und Muffins die Stäbchenprobe: Dazu mit einem Holzstäbchen in die Kuchenmitte stechen. Klebt noch Teig am Hölzchen, braucht der Kuchen noch etwas Zeit im Ofen.

→ **Schon gut gebräunt, aber nicht gar?** Kuchen und Gebäck mit Pergamentpapier vorm Verbrennen schützen.

→ **Und raus aus dem Ofen!** Rührkuchen braucht dann eine Ruhepause: Lassen Sie ihn 5–10 Min. in der Form abkühlen. Der Kuchen zieht sich zusammen, lässt sich so besser stürzen. Auf einem Gitter ganz auskühlen lassen. Plätzchen gleich vom Blech lösen und auf ein Kuchengitter legen.

Tipps für fruchtige Törtchen

→ **Natürlich reif!** Obstkuchen und Gemüsepizza backen, wenn frische Früchte **in unseren Breitengraden Saison** haben: Erdbeertürmchen im Frühsommer, Heidelbeer-Muffins im August (mehr im Saisonkalender S. 185). Außerhalb dieser Zeiten werden sie mit Spritzmitteln gepäppelt. Und damit unnötig belastet. Bevorzugen Sie **Freilandware aus Ihrer Region**, am besten aus Bio-Anbau. Im Winter exotische Früchte probieren.

→ **Tiefgekühltes Obst** zieht beim Backen Wasser. Wenden Sie es deshalb vorher in 1 EL gemahlenen Mandeln oder Johannisbrotkernmehl (gibt's im Bioladen und Reformhaus).

→ **Tortelett- und Biskuitböden** saugen schnell Feuchtigkeit auf. Bevor Sie sie mit Obst belegen, **gemahlene Nüsse oder Brösel** von Zwieback bzw. Keksen aufstreuen. Dann weichen sie nicht durch.

Schöner Schnee

→ Für feinporigen Eischnee **Eier sauber trennen.** Denn enthält das Eiweiß auch nur winzige Spuren Eigelb, wird es nicht steif.

→ Damit sich Eiweiß schön aufplustern kann, **braucht es Platz:** Deshalb große Schüssel aus dem Schrank holen. Sie sollte außerdem absolut fettfrei sein und am besten aus Edelstahl. Darin kann Eiweiß leichter aufsteigen als in einer Schüssel aus Plastik.

→ Mit **1 Prise Salz** wird Eiweiß besonders schnell zu luftigem, schnittfestem Schnee.

→ Wird süßer Eischnee geschlagen, den **Zucker nicht gleich am Anfang** mitrühren, sondern nach und nach einrieseln lassen.

→ Eischnee **nicht zu lange schlagen,** sonst wird er trocken und fällt zusammen. Möglichst schnell weiterverarbeiten.

→ Eiweiß unterziehen: Kippen Sie steif geschlagenes Eiweiß auf die übrige Teig- oder Crememasse und **ziehen Sie es vorsichtig unter** – am besten mit einem Holzlöffel.

→ Eiweiß aufbewahren: **Im Kühlschrank** bleibt es zugedeckt bis zu 10 Tage frisch.

Heiß!

Wichtig für ein perfektes Backergebnis: Die Temperatur im Backofen muss stimmen. Vorheizen nicht vergessen! Es kann bis zu 15 Min. dauern, bis ein Elektro-Backofen 200° erreicht hat. Gasbacköfen werden schneller heiß. Auch Heißluftöfen vorheizen, wenn Kuchen oder Plätzchen nur 30 Min. oder noch kürzer backen müssen. Trauen Sie Ihrem Herd nicht? Dann schaffen Sie sich für wenig Geld ein Backofenthermometer an. Mit dem lässt sich die Temperatur im Ofen genau prüfen.

Schokolade schmelzen

Das gelingt am besten im Wasserbad. Sie brauchen einen Topf und eine dazu passende Edelstahlschüssel, am besten mit halbrundem Boden. Topf zur Hälfte mit Wasser füllen. Das Wasser erhitzen. Schokolade, Glasur oder Kuvertüre zunächst grob hacken, dann in die Schüssel schütten und über dem heißen Wasser schmelzen, dabei immer mal umrühren. Passen Sie auf, dass kein Wassertropfen in die Kuvertüre gerät. Sonst wird sie stumpf und klumpig.

→ Wenn's schnell gehen soll, schmelzen Sie die Schokolade in der **Mikrowelle:** 100 g Schokolade brauchen bei 600 Watt ca. 2 Minuten.

→ Für **perfekten Schokoglanz** benötigen Sie ein Thermometer, mit dem Sie die Temperatur kontrollieren können. Kuvertüre fein hacken, die Hälfte davon auf exakt 34° schmelzen. Dann erst den Rest unterrühren. Die Masse darf nun nur noch 32° warm werden.

TEIG TOP IN FORM

Hochwertige Formen erleichtern Ihnen die Arbeit und lassen Kuchen besser gelingen. Damit sie Ihnen lange erhalten bleiben, sollten Sie sie gut behandeln.

Die Grundausstattung

Sie brauchen eine klassische Springform mit einem Einsatz für Kranzkuchen (Ø 26 cm), dazu zwei Kastenformen (26 cm und 30 cm), eine Quiche- und Obstbodenform, eine Form für Napfkuchen und Gugelhupf sowie mindestens ein Backblech. In der Familienküche sollten außerdem auch Muffinsblech und Tortelettförmchen zu finden sein.

Qualität zahlt sich aus

Es lohnt sich, etwas mehr Geld auszugeben. Teurere Formen haben eine zuverlässige Antihaftversiegelung und eine kratzfeste Oberfläche. Sie leiten die Hitze gleichmäßig an den Teig weiter. So bräunen die Kuchen perfekt und hängen nicht an. Und die Backformen lassen sich nach dem Backen ganz schnell reinigen. Neu sind hochwertige Formen aus Spezial-Keramik (z. B. Ceramic La Forme von Kaiser Backform). Darin können Sie Kuchen nicht nur backen, sondern auch servieren und sogar einfrieren.

Preiswerte Formen

Wer weniger Geld investieren will, wählt einfache schwarz lackierte Formen. Sie leiten die Hitze ebenfalls gut. Am besten kaufen Sie beschichtete Exemplare. Weißblech-Backformen sind besonders preiswert. Sie haben aber auch Nachteile: Die hellen Formen reflektieren die Hitze, statt sie abzugeben, und sie reagieren empfindlich auf Säure. Sie sind daher nur für Wenig-Bäcker empfehlenswert.
Flexible Formen aus Silikon gibt es mittlerweile für jedes Gebäck – vom Muffin bis zum Königskuchen. Silikonformen sind Mulitalente: Sie können darin backen, das Gebäck einfrieren und in der Mikrowelle auftauen lassen.

Formen fetten

Bei Formen mit Antihaftversiegelung reicht es, wenn Sie sie hauchdünn mit weicher Butter oder Margarine bepinseln. Unbeschichtete Formen gründlich fetten. Nehmen Sie keine fettreduzierten Produkte! Sie enthalten zu viel Wasser. Auch Öl ist ungeeignet. Denn der Fettfilm sollte anfangs fest sein, sonst verbindet er sich zu schnell mit dem Teig. Kleine und geschwungene Formen nach dem Fetten mit Semmelbröseln, gemahlenen Nüssen oder Mandeln ausstreuen.
Bei Springformen nur den Boden fetten, der Rand gibt Biskuit- und Rührteigen beim Hochsteigen Halt. Ausnahme: Käsekuchen, bei denen aus Mürbeteig ein Rand geformt wird.

Sanft sauber

Sobald Sie den Kuchen herausgelöst haben, die Formen mit heißem Wasser spülen. Danach gut trocknen lassen. Kratzen Sie Angebranntes nicht weg, und bearbeiten Sie es auch nicht mit scharfen Reinigern. Die empfindliche Oberfläche wird durch Schrubben und durch die aggressiven Mittel beschädigt, und der Kuchen klebt beim nächsten Mal noch leichter an. Stark verschmutzte Formen besser in heißem Wasser mit etwas Geschirrspülmittel über Nacht einweichen lassen.

Ring frei!

Ein stufenlos **verstellbarer Tortenring,** am besten aus Edelstahl, kostet nicht die Welt und ist optimal geeignet, um Torten zusammenzusetzen. Damit können Sie auch vielseitig backen: einfach aufs Blech damit und Teig einfüllen. Ein selbst geformter Boden aus extrastarker Alufolie verhindert, dass der Teig ausläuft. Gute Tortenringe lassen sich bis auf 40 cm Durchmesser ausdehnen.

Mini & Maxi

→ **Kleine Formen** machen kleinen Bäckern großen Spaß. Und auch Vorsichtige können sie gut gebrauchen. Denn die Minis eignen sich super, um ein neues Rezept erst mal in kleiner Portion auszuprobieren – dazu die Zutatenmengen einfach halbieren. Kreative und Experimentierfreudige dagegen verwenden die Förmchen, um mal einen Grundteig in mehreren Variationen zu backen. Tipp: Damit sich Gugelhüpfchen und Co. gut stürzen lassen, die Mini-Form sehr sorgfältig fetten und mit Bröseln ausstreuen.

→ **Große Formen** sind nicht nur für Großfamilien genau das Richtige. Auch wer gern für Gäste backt, kann eine XXL-Springform gut gebrauchen. Originelle Alternative zum Backblech: In der großen runden Form lassen sich prima Blechkuchen backen.

→ **Ein Backblech** ist oft zu wenig. Am besten schaffen Sie sich noch ein zweites an. Vor dem Kauf aber Maß nehmen am bereits vorhandenen Blech! Tipp: Statt die Bleche zu fetten, belegen Sie sie mit Backpapier oder Dauerbackfolie.

Ausstechformen

Sie sind ein Muss für die Weihnachtsbäckerei. Aber auch rund ums Jahr lieben Naschkatzen Keksbärchen oder -herzen. Legen Sie sich am besten Ausstechformen in verschiedenen Größen zu. Tipp: Mit einem umgedrehten Glas können Sie flugs süße Taler aus Plätzchenteig ausstechen.

Kleine Helfer

Nicht alle hier genannten hilfreichen Geräte sind unbedingt notwendig, doch sie erleichtern die Arbeit ungemein.

→ **Backpinsel** Den brauchen Sie dringend, z. B. zum Form-Fetten und Eigelb-Aufstreichen. Achten Sie darauf, dass der Pinsel nicht haart. Praktisch und hygienisch und haarfrei sind Pinsel aus Silikon. Die vertragen große Hitze und dürfen – wie auch Naturpinsel mit Kunststoffgriff – in die Spülmaschine.

→ **Mini-Teigrolle** Eine kleine Teigrolle ist für Blechkuchen superpraktisch. Mit ihr können Sie den Teig perfekt gleichmäßig auf dem Backblech ausrollen, bis in die Ecken hinein.

→ **Schneebesen** Profis schlagen Sahne per Hand – so wird sie luftig und feinporig. Wer's nachmachen will, braucht einen großen, stabilen Schneebesen mit dünnen, elastischen Drähten. Dickflüssige Teige rühren Sie am besten mit dem kräftigen Schlagbesen per Hand.

→ **Spritzbeutel und Tüllen** Am besten sind Tüllen aus Edelstahl. Denn die sind stabil, lassen sich leicht austauschen und problemlos reinigen.

→ **Teig- und Pizzarädchen** Mit dem gewelltem Rädchen lässt sich Teig gut schneiden. Mit dem glatten Pizzarad teilen Sie Margherita und Co., ohne dass der Belag verrutscht.

→ **Teigschaber** Sie sind in der Familienbackstube unentbehrlich. Spülfaule wählen ein spülmaschinenfestes Exemplar aus Silikon und Edelstahl. Wer häufig knetet und backt, legt sich für schwere Teige auch einen Teigspatel zu.

→ **Zestenreißer** Mit den winzigen scharfen Schneideringen können Sie Schalenstreifen von Orange und Zitrone mühelos und hauchdünn abziehen.

Profi-Backset in XS: Teig kneten, ausrollen und ausstechen, das erledigen junge Bäcker am liebsten mit eigenem Equipment. In Spiel- und Haushaltswarengeschäften finden Sie Backzubehör im Mini-Format – funktionstüchtig, robust und genau richtig für kleine Kinderhände.

HILFE!

Backen mit Kids

Dauerregen draußen? Und drinnen Langeweile? Dann backen Sie Cookies & Co. mit Ihren Kleinen. Mit unseren Tipps läuft das gemeinsame Werkeln in der Küche ganz entspannt ab. Und macht so auch den großen Bäckern Spaß. Die Mitarbeit lohnt sich. Als »Honorar« locken Muffins und mehr – am besten gemeinsam genießen!

→ Einfach gut
Keine komplizierten Rezepte aussuchen! Für Back-Einsteiger geeignet sind z. B. unsere Becherkuchen (S. 56) oder einfache Muffins.

→ Zeit einplanen
Wenn kleine Bäcker mitarbeiten und rühren, abwiegen, kneten oder Plätzchen verschönern, dauert alles ein wenig länger. Denn sie sind ja nicht so routiniert.

→ Vorsicht heiß!
Damit sich niemand am Backblech verbrennt, legen Sie genügend Topfhandschuhe und -lappen bereit. Wenn Kindergartenkinder mitbacken, lautet die wichtigste Regel: »Backofendienste« übernehmen ausschließlich Papa oder Mama.

→ Schürzenjäger
Bevor der Mixer aus dem Schrank geholt wird: Schürze umbinden! Die schützt Jeans und T-Shirt und signalisiert den kleinen Helfern: »Jetzt geht's los«. Falls nicht für jeden eine Schürze da ist: Jedem Helferchen ein Geschirrtuch um die Hüften wickeln und hinten mit Wäscheklammer oder großer Sicherheitsnadel zuklipsen.

→ Backen mit System
Alle Zutaten vorher abwiegen und in Schüsselchen bereitstellen. Dann dauert das Abspülen zwar länger, aber es erleichtert Ihnen und den Kindern, den Überblick zu behalten.

→ Sind mehrere Helfer am Werk?
Julia darf Eier aufschlagen, Nele Mehl und Zucker abwiegen und Leon den Mixer halten. Geben Sie jedem Kind eine Aufgabe. So vermeiden Sie Streit. Und rühren Sie die doppelte Menge Teig an. Dann dürfen Naschnäschen ruhig vorab etwas Teig schlecken.

→ Chefsache
Ältere Schulkinder wollen nicht nur mithelfen, sie wollen natürlich selber backen und sich allerhöchstens ein bisschen helfen lassen. Wer schon gut Rezepte lesen und verstehen kann, darf in der Küche auch mal selbstständig rühren, kneten, formen und backen. Und auch wenn's schwerfällt: Mama darf zwar mal eine Schüssel raussuchen oder ans Backpulver erinnern, sollte sich aber im Hintergrund halten.

→ Für quietschbuntes Backvergnügen
Junge Künstler freuen sich, wenn verschiedene Farbtöpfe zur Verfügung stehen. Aus 250 g Puderzucker und 3–4 EL heißem Wasser eine einfache Zuckerglasur herstellen (S. 60). Die Masse auf mehrere Glasschälchen verteilen und dann in jedes Schälchen etwas Lebensmittelfarbe tröpfeln. Die Farben mit Holzstäbchen gut vermischen. Ganz feine Ornamente lassen sich am besten mit einem Haarpinsel (aus dem Schreibwaren- oder Farbengeschäft) auftragen.

→ Schöne Deko – schneller Erfolg
Mit fertig gekauften Garnituren Kuchen dekorieren – da werden kleine Helfer gern aktiv. Besorgen Sie im Kaufhaus oder Supermarkt beispielsweise Marzipanmöhrchen, Smarties, filigrane Schokoblättchen, -tröpfchen und -streusel, dazu Zuckerblümchen, Baisersternchen oder Liebesperlen. Die Schmuckstückchen jeweils mit Zuckerglasur oder geschmolzener Schokolade auf Kuchen oder Keksen aufkleben. Für einen Hauch Glamour auf dem Prinzessinenkuchen sorgt goldenes Kristallpulver. Es lässt sich gut mit einem Pinsel auftragen.

→ Zuckerschrift für kleine Poeten
Mit flüssigem buntem Zuckerguss aus der Tube lassen sich Tartes und Törtchen ganz einfach und fantasievoll beschriften. Den gibt's in großen Supermärkten bei den Backzutaten.

→ Zum Schluss nicht vergessen
Beim Aufräumen der Küche ist ebenfalls Mithilfe gefragt. Schneebesen, Schüsseln oder Ausstecher abtrocknen und im Schrank verstauen – das können auch Sechsjährige.

Pannenhilfe!

→ Butter zu warm Die im Rezept genannte Menge in Flöckchen auf einen Teller geben und in wenigen Minuten im Gefrierfach runterkühlen.

→ Creme gerinnt Über dem heißen Wasserbad (S. 15, Schokolade) frisch aufschlagen. Dann wird sie meistens wieder schön cremig.

→ Eigelb beim Eiertrennen im Eiweiß gelandet Mit einem Stückchen Eierschale lässt es sich manchmal wieder rausfischen.

→ Eischnee ist zusammengefallen Kühlen Sie ihn, und schlagen Sie ihn nochmals auf.

→ Eiweiß oder Sahne wird nicht steif In eine Metallschüssel umfüllen. Für 20 Min. in den Kühlschrank stellen und dann noch mal aufschlagen.

→ Gelatine zu früh fest geworden Sie lässt sich durch Erwärmen wieder verflüssigen.

→ Hände zu warm für den Mürbeteig Halten Sie sie einfach kurz unter kaltes Wasser.

→ Kuchen misslungen, Kaffeewasser kocht schon Kleine Überraschungen, die Sie ganz schnell noch backen können, finden Sie auch auf S. 91. Eine Liste mit Blitzkuchen, die in weniger als 50 Min. fertig sind, steht auf S. 8. Oder backen Sie Mini-Amerikaner (Rezept S. 76). Alle Zutaten dafür finden Sie im Vorrat, und den Teig haben Sie ganz fix gerührt und gebacken.

→ Kuchen zu dunkel oder verbrannt Schneiden Sie Deckel und/oder Ränder großzügig ab, und überziehen Sie den Kuchen mit einem Guss nach Wahl. Oder Sie bedecken, wenn nur die Oberfläche abgeschnitten wurde, den Kuchen mit einer dünnen Marzipanhülle, die Sie mit bunten Ornamenten oder Spritzguss verzieren.
Auch fein: Geben Sie Ihrem Kuchen einen dicken Sahnedeckel, den Sie mit Borkenschokolade oder auch mit Früchten garnieren. Oder Sie machen aus dem nicht verbrannten Teiginneren einfach Bröseltörtchen (siehe unten).

→ Kuchenscheiben brechen beim Abschneiden Für die nächsten Scheiben ein Messer mit Sägeschliff, z. B. ein Brotmesser, verwenden. Messer nicht runterdrücken, sondern wie beim Sägen hin und her bewegen.

→ Plätzchen kleben am Backblech fest Schieben Sie sie nochmals ganz kurz in den heißen Backofen. Dann lassen sie sich häufig leichter mit einer Palette lösen.

→ Rührteig gerinnt Die Zutaten in der Schüssel über einem heißen Wasserbad (wie für die Schokolade, S. 15) erneut rühren.

→ Zutaten zu kalt Wer Butter nicht rechtzeitig aus dem Kühlschrank geholt hat, stellt sie kurz in den vorgeheizten Backofen oder in einer Schüssel in warmes Wasser. Auch zu kalte Eier kurz in handwarmes Wasser legen.

Biskuit übrig? Den Teig in Streifen oder Rauten schneiden und Zwieback draus machen: Bei 150° im Ofen trocken rösten – fein zum Knabbern zwischendurch.

Kuchen will nicht aus der Form? Wickeln Sie ein feuchtwarmes Küchenhandtuch um die Form. Ein paar Minuten warten, dann den Kuchen stürzen.

Rettende Ideen bei Missgeschicken

Hilfe! Der Kuchen ist verbrannt, der Biskuit missglückt. Was lässt sich jetzt noch ganz schnell zaubern?

→ Der **Biskuitteig** ist beim Backen **zu hart geworden** und zerbrochen. Er ist die Basis einer fruchtigen **Restl-Charlotte:** Biskuit klein schneiden und mit Kirschsaft und Rum oder verdünntem Himbeersirup tränken. Eine nicht zu große halbrunde Edelstahlschüssel oder Glasschale mit den Stückchen auskleiden. Sahne steif schlagen, gesüßte Beeren oder abgetropfte Sauerkirschen aus dem Glas und übrige Biskuitstückchen unterrühren. Sahne in die Schüssel füllen, die Schüssel sollte randvoll sein. Alles mit einem Teller abdecken, mit Flaschen beschweren und mindestens 2 Std. in den Kühlschrank stellen. Dann stürzen und mit Sahne, Sauerkirschen oder frischen Beeren garnieren. Macht was her!

→ **Sandkuchen oder Butterkuchen verbrannt?** Dann gibt's **Bröseltörtchen:** Schneiden Sie die dunklen Stellen sehr großzügig ab. Den Rest fein zerbröseln. Für 200 g Kuchenbrösel 100 g Butter mit 2 Eiern und 75 g Zucker cremig rühren. Nach Geschmack 1 Päckchen Vanillezucker dazugeben. Dann 50 g gemahlene Mandeln und die Kuchenbrösel unterrühren. Das Ganze in Muffinsförmchen geben und 20–25 Min. bei 200° (180° Umluft) backen. Schokofettglasur nach Packungsangabe erwärmen und mit einem Löffel drüberlaufen lassen. Oder die Törtchen mit Puderzucker bestäuben.

Mmhh, was **duftet** denn da so verlockend? Ist das mandelmilder Gugelhupf? Ein ofenfrischer Apfelkuchen? Oder fruchtig-feine Tarte Tatin? Wir haben alle für Sie ausprobiert, damit Sie leicht was **Tolles zaubern** können: wenn Gäste zum Nachmittagstee vor der Tür stehen, wenn **Oma am Sonntag** kommt oder wenn Sie Lust haben, sich und Ihre Familie mal ein wenig zu **verwöhnen.** Manche Teige sind so **unkompliziert,** dass Sie nicht einmal die Waage aus dem Schrank holen müssen. Andere

Kuchen

sind einfach superschnell gerührt. Da muss sich der Backofen beeilen, um rechtzeitig heiß zu werden. Zeit nehmen sollten

Sie sich dann aber fürs **Genießen.** Denn unsere Kuchen duften nicht nur, sie schmecken auch unwiderstehlich.

Grundrezept Rührteig

ZUTATEN FÜR 1 KÖNIGSKUCHEN- ODER KASTENFORM (30 cm, 16 STÜCKE)

250 g weiche Butter
250 g Zucker
1 Päckchen Vanillezucker
1 Prise Salz
4 Eier
300 g Mehl
1 TL Backpulver
eventuell 2–3 EL Milch
Butter und Mehl für die Form

einfach | vielseitig wandelbar
30 Min. (inkl. Ruhen vor dem Stürzen) + 60 Min. Backen
pro Stück ca. 265 kcal
15 g Fett · 4 g Eiweiß · 30 g Kohlenhydrate

ZUBEREITUNG

1. Backform einfetten und dünn mit Mehl bestäuben. Ofen auf 180° vorheizen. Butter mit den Quirlen des Handrührgeräts hellcremig schlagen (Foto 1). Zucker, Vanillezucker und Salz zugeben und weiterschlagen, bis der Zucker nicht mehr knirscht.

2. Die Eier einzeln aufschlagen und zur Zucker-Butter-Mischung geben. Unterrühren (Foto 2), bis eine glatte Masse ohne Eispuren entstanden ist. Mehl und Backpulver mischen, gut unterrühren. Der Teig hat die richtige Konsistenz, wenn er schwer reißend vom Quirl fällt (Foto 3). Bleibt er fest daran hängen, noch löffelweise Milch unterrühren.

3. Teig in die Form umfüllen – sie sollte höchstens zu zwei Dritteln gefüllt sein – (Foto 4), glatt streichen und im Ofen (2. Schiene von unten, Umluft 160°) 50–60 Min. backen. Nach 50 Min. die Stäbchenprobe machen: Mit einem Holzstäbchen in den Kuchen stechen. Er ist gar, wenn kein Teig am Hölzchen hängen bleibt. Den Kuchen in der Form 10 Min. stehen lassen. Dann aus der Form lösen oder stürzen und auf einem Kuchengitter auskühlen lassen.

Form-Alternative Sie können den Kuchen auch in einer Springform (Ø 26 cm) backen.

Speed-Tipp Mit einer Küchenmaschine geht es besonders einfach und schnell: Alle Zutaten hineingeben und auf höchster Stufe einige Minuten durchrühren. Fertig!

Tuning-Tipps Rosinenkuchen (100 g Rosinen oder Korinthen in 2 EL Rum 30 Min. einweichen, dann kurz abtropfen lassen und unter den Teig mischen) und Donauwellen (Rezept S. 152)

Marmorkuchen

Familien-Lieblingskuchen
45 Min. + 60 Min. Backen
pro Stück ca. 320 kcal
19 g Fett · 5 g Eiweiß · 33 g Kohlenhydrate

ZUTATEN FÜR 1 NAPF- ODER GUGELHUPFFORM (Ø 24 cm, 16 STÜCKE)

1 Grundrezept Rührteig (oben)
75 g zartbittere Kuvertüre
2 EL Kakaopulver · 75 g gehackte Mandeln
Puderzucker zum Bestäuben

ZUBEREITUNG

1. Die Backform einfetten und dünn mit Mehl bestäuben. Backofen auf 180° vorheizen. Rührteig wie beschrieben zubereiten.

2. Die Kuvertüre klein hacken. Den Teig halbieren. Kuvertüre und Kakaopulver unter die eine Teighälfte mischen, die Mandeln unter die andere Hälfte.

3. Den hellen und dunklen Teig abwechselnd nebeneinander in die Form füllen. Einen Löffel spiralförmig durch den Teig ziehen. Im heißen Ofen (2. Schiene von unten, Umluft 160°) 50–60 Min. backen. Nach 50 Min. die Stäbchenprobe (s. Grundrezept oben) machen.

4. Den Kuchen in der Form 10 Min. stehen lassen, dann stürzen. Auskühlen lassen und mit Puderzucker bestäubt servieren.

Sandkuchen

feiner Klassiker
30 Min. + 60 Min. Backen
pro Stück ca. 260 kcal
15 g Fett · 3 g Eiweiß · 29 g Kohlenhydrate

ZUTATEN FÜR 1 KÖNIGSKUCHEN- ODER KASTENFORM (30 cm,16 STÜCKE)

250 g weiche Butter · 250 g Zucker · 1 Päckchen Vanillezucker · 1 Prise Salz · 4 Eier abgeriebene Schale von 1 großen Bio-Zitrone 125 g Mehl · 125 g Speisestärke · 1 TL Backpulver · 2–3 EL Milch · Puderzucker zum Bestäuben · Butter und Mehl für die Form

ZUBEREITUNG

1. Backofen auf 180° vorheizen. Form einfetten und mehlen. Für den Rührteig die Zutaten einschließlich der Zitronenschale wie im Grundrezept beschrieben verarbeiten.

2. Teig in die Form füllen und 50–60 Min. im Ofen (2. Schiene von unten, Umluft 160°) backen. Kuchen 10 Min. abkühlen lassen, stürzen und ganz abkühlen lassen. Vor dem Servieren mit Puderzucker bestäuben.

Tuning-Tipp Für einen **Zitronenkuchen** den Teig wie beschrieben zubereiten, dabei die abgeriebene Schale einer zweiten Bio-Zitrone dazugeben. Backen wie angegeben. Für die Glasur 200 g Puderzucker mit 3 EL Zitronensaft verrühren. Auf dem erkalteten Kuchen verstreichen und trocknen lassen.

Haselnusskuchen

supersaftig | aromatisch
45 Min. + 60 Min. Backen
pro Stück ca. 325 kcal
26 g Fett · 6 g Eiweiß · 17 g Kohlenhydrate

ZUTATEN FÜR 1 KÖNIGSKUCHEN- ODER KASTENFORM (30 cm, 16 STÜCKE)

200 g gemahlene Haselnüsse · 6 Eier
200 g weiche Butter · 200 g Zucker
1 Prise Salz · 2–3 EL Milch · 200 g Mehl
1/2 TL Backpulver · 200 g Haselnussglasur
Butter und Mehl für die Form

ZUBEREITUNG

1. Form fetten und mehlen. Ofen auf 180° vorheizen. Nüsse in einer trockenen Pfanne rösten, bis sie duften. Die Eier trennen. Butter, Zucker und Salz verrühren. Eigelbe und Milch nach und nach unterrühren. Mehl und Backpulver mischen und unterrühren.

2. Eiweiße steif schlagen, mit den Nüssen unter den Teig heben. Diesen in die Form füllen, im Ofen (2. Schiene von unten, Umluft 160°) 50–60 Min. backen. Kurz in der Form ruhen lassen, stürzen, abkühlen lassen.

3. Glasur im Wasserbad schmelzen. Den ausgekühlten Kuchen damit überziehen.

Aroma-Variante **Gewürzkuchen:** In den Teig 1 EL Lebkuchengewürz, 1 TL Zimtpulver, 2 TL Kakaopulver und 2 EL Rum rühren.

Rührkuchen als Verwandlungskünstler

Welchen mögen Sie denn am liebsten? Marmorkuchen, Sandkuchen oder Haselnusskuchen? **Tipp:** Alle Kuchen backen, in Scheiben schneiden und nacheinander probieren. Oder drei verschiedene Kuchen in einer Form vereinen: Rührteig zubereiten, dreimal anders würzen, z. B. mit Nüssen, Zitronen und Schokolade, und als Königskuchen oder Gugelhupf backen.

Rotweinkuchen

macht süchtig

35 Min. + 60 Min. Backen

pro Stück ca. 260 kcal
14 g Fett · 3 g Eiweiß · 28 g Kohlenhydrate

ZUTATEN FÜR 1 KRANZ- ODER RINGFORM (Ø 26 cm, 20 STÜCKE)

4 Eier
250 g weiche Butter
250 g Zucker
1 Päckchen Vanillezucker · 1 Prise Salz
300 g Mehl
1 TL Backpulver
1 TL Zimtpulver
2 TL Kakaopulver
150 g Schokoladenstreusel · 125 ml trockener Rotwein · Butter und Mehl für die Form
Puderzucker zum Bestäuben

ZUBEREITUNG

1. Die Backform einfetten und dünn ausmehlen. Den Backofen auf 180° vorheizen. Die Eier trennen. Eiweiße steif schlagen.

2. Butter, Zucker, Vanillezucker, Salz und Eigelbe cremig rühren. Das Mehl mit Backpulver mischen, Zimtpulver, Kakao und Schokostreuseln vermischen und mit dem Wein unterrühren. Eischnee unterheben.

3. Den Kuchen im Ofen (2. Schiene von unten, Umluft 160°) 50–60 Min. backen. Kurz ruhen lassen, dann abkühlen lassen und mit Puderzucker bestäubt servieren.

Tuning-Tipp Darf's ein **Kaffeekuchen** zum Aufpeppen sein? Den Rotweinkuchenteig wie im Rezept oben mit 300 g Mehl zubereiten. Den Zimt weglassen. Die Schokostreusel durch die gleiche Menge gehackte Mandeln ersetzen. Statt Rotwein 125 ml starken Kaffee, z. B. Espresso unterrühren.

Schokoladenherz

starker Liebesbeweis

45 Min. + 1 Std. 10 Min. Backen

pro Stück ca. 555 kcal
35 g Fett · 9 g Eiweiß · 48 g Kohlenhydrate

ZUTATEN FÜR 1 HERZFORM (1 l INHALT, 12 STÜCKE)

5 Eier
200 g Zartbitterschokolade · 150 g Butter
200 g Zucker
1 Prise Salz
150 g Mehl
1 TL Backpulver
200 g gemahlene Mandeln
4 EL Rum (ersatzweise Orangensaft)
4 EL Aprikosenkonfitüre
200 g Schokoladenglasur (Fertigprodukt)
1–2 EL Kakaopulver
Butter und gemahlene Mandeln für die Form

ZUBEREITUNG

1. Die Backform einfetten und mit Mandeln ausstreuen. Backofen auf 180° vorheizen. Eier trennen. Die Schokolade in feine Stückchen schneiden oder reiben.

2. Butter, Zucker, Salz und Eigelbe cremig verrühren. Mehl, Schokolade, Backpulver und Mandeln vermischen, mit Rum unterrühren. Eiweiße steif schlagen und unterheben. Den Teig in die Form füllen. Im Backofen (2. Schiene von unten, Umluft 160°) 60–70 Min. backen. Kurz ruhen lassen, stürzen und abkühlen lassen.

3. Konfitüre erhitzen, durch ein Sieb streichen und den Kuchen damit einpinseln. Schokoglasur im Wasserbad schmelzen, Kuchen damit überziehen und fest werden lassen. Mit Kakaopulver bestäuben.

Tuning-Tipp Ein Schablone auflegen (s. Deko-Muster am Anfang und Ende des Buches) und Puderzucker darüberstäuben.

Zucchinikuchen

süß, das Gemüse!
40 Min. + 1 Std. 10 Min. Backen
pro Stück ca. 450 kcal
29 g Fett · 9 g Eiweiß · 38 g Kohlenhydrate

ZUTATEN FÜR 1 SPRINGFORM (Ø 26 cm, 12 STÜCKE)

250 g junge kleine Zucchini
1 Bio-Zitrone
200 g weiche Butter
200 g brauner Zucker
1 Päckchen Vanillezucker · 1 Prise Salz
4 Eier · 250 g geriebene Haselnüsse
1 gehäufter TL Zimtpulver · 1 Msp. Nelkenpulver · 350 g Weizenvollkornmehl
2 TL Backpulver
150 g Puderzucker
1 EL Zitronensaft
Fett und Mehl für die Form

ZUBEREITUNG

1. Zucchini waschen, putzen, fein raspeln. Zitrone heiß waschen, trocken reiben und die Schale abreiben. Die Backform am Boden mit Backpapier auslegen, den Rand einfetten und mehlen. Backofen auf 180° vorheizen.

2. Butter, Zucker, Vanillezucker und Salz cremig schlagen, Eier einzeln unterrühren. Zucchiniraspel, Nüsse, Zitronenschale und Gewürze vermischen und unterrühren. Mehl und Backpulver unterheben.

3. Teig in die Form füllen. Im Ofen (2. Schiene von unten, Umluft 160°) 60–70 Min. backen. Kuchen 10 Min. in der Form lassen, dann stürzen und das Backpapier abziehen.

4. Den Puderzucker mit dem Zitronensaft und 2 EL heißem Wasser glatt rühren und auf dem abgekühlten Kuchen verteilen.

Tuning-Tipp Für einen **Kürbiskuchen** statt der Zucchini 250 g fein geraspeltes Kürbisfleisch unterziehen, den Teig zusätzlich mit 2 TL gemahlenem Ingwer würzen.

Kokos-Bananen-Cake

Gruß der Karibik!
35 Min. + 1 Std. 10 Min. Backen
pro Stück ca. 315 kcal
19 g Fett · 5 g Eiweiß · 31 g Kohlenhydrate

ZUTATEN FÜR 1 KASTENFORM (30 cm, 20 STÜCKE)

3 reife Bananen (ca. 450 g)
200 g weiche Butter
150 g brauner Zucker
1 Prise Salz · 4 Eier
abgeriebene Schale von 1 Bio-Limette (ersatzweise 1/2 Bio-Zitrone)
400 g Mehl
2 TL Backpulver
125 g ungesüßte Kokosmilch (Dose)
100 g Kokosraspel
200 g Vanille-Kuchenfettglasur (Fertigprodukt)
40 g Kokos-Chips
Fett und Semmelbrösel für die Form

ZUBEREITUNG

1. Die Bananen schälen, zerteilen und mit einer Gabel zerdrücken. Backform einfetten und mit Bröseln ausstreuen. Backofen auf 180° vorheizen.

2. Butter, Zucker und Salz cremig rühren. Eier, Bananenpüree und Limettenschale nacheinander unterrühren. Mehl und Backpulver mischen, zusammen mit Kokosmilch und Kokosraspeln unterziehen.

3. Teig in die Form füllen. Im Ofen (2. Schiene von unten, Umluft 160°) 60–70 Min. backen. Kuchen 10 Min. in der Form lassen, dann stürzen. Auskühlen lassen. Glasur nach Packungsangabe schmelzen, Kuchen damit bestreichen. Mit Kokos-Chips bestreuen.

Tuning-Tipp Für einen **Kokos-Marmorkuchen** 6 TL Kakaopulver unter die Hälfte vom Teig mischen. Hellen und dunklen Teig abwechselnd in Schichten in die Form füllen. Gabel spiralförmig durch Teig ziehen, sodass ein Marmormuster entsteht.

Nugat-Nusskuchen

schnell gerührt | variabel
20 Min. + 30 Min. Backen
pro Stück ca. 420 kcal
25 g Fett · 7 g Eiweiß · 42 g Kohlenhydrate

ZUTATEN FÜR 1 KASTENFORM (20 cm, 8 STÜCKE)

50 g ganze Haselnüsse
1 weiche Birne
1 Päckchen Vanillezucker
1 Prise Zimtpulver
150 g weiche Butter
2 gehäufte EL Nuss-Nugat-Creme (80 g)
100 g Zucker
3 Eier · 225 g Mehl
1 TL Backpulver
Puderzucker zum Bestäuben
Fett für die Form

ZUBEREITUNG

1. Den Backofen auf 175° vorheizen. Die Form fetten. Die Haselnüsse grob hacken. Birne schälen, vierteln, Kerngehäuse entfernen, Viertel quer in dünne Scheiben schneiden. Mit Vanillezucker und Zimtpulver vermischen.

2. Die Butter mit Nuss-Nugat-Creme und Zucker cremig rühren. Die Eier nach und nach hinzufügen. Das Mehl mit dem Backpulver mischen und unter den Teig rühren. Haselnüsse und Birnen vorsichtig unter den Teig heben.

3. Den Teig in die Form füllen und glatt streichen. Im Backofen (Mitte, Umluft 160°) 30 Min. backen. Herausnehmen, abkühlen lassen und aus der Form stürzen. Mit Puderzucker bestäuben.

Austausch-Tipp Nugat-Espresso-Kuchen: 2 TL Instant-Espressopulver und 1 Prise Kardamom unterrühren.

Tuning-Tipps Mit einem Holzstäbchen kleine Löcher in die Oberfläche des fertig gebackenen Kuchens stechen. Den Kuchen mit 1–2 EL **Kaffeelikör** beträufeln. Oder 100 g fertig gekaufte **Nussglasur** nach Packungsangabe schmelzen, den Nugat-Nusskuchen damit überziehen und mit gerösteten Haselnussblättchen bestreuen. Oder 150 g **Puderzucker mit 1 EL Mandellikör** und 2–3 EL lauwarmem Wasser glatt rühren. Den Kuchen mit der Glasur überziehen.

Saftiger Mandarinenkuchen

Saftiger Mandarinenkuchen

blitzschnell | fruchtig
15 Min. + 40 Min. Backen
pro Stück ca. 215 kcal
9 g Fett · 4 g Eiweiß · 31 g Kohlenhydrate

ZUTATEN FÜR 1 KASTENFORM (Ø 20 cm, 8 STÜCKE)

1 Bio-Orange
1 Dose Mandarinen (175 g) · 2 Eier
100 g feiner Zucker
1 Päckchen Vanillezucker
100 ml neutrales Öl
150 g Mehl
1 TL Backpulver
Fett für die Form

ZUBEREITUNG

1. Backofen auf 175° vorheizen. Die Form fetten. Die Orange heiß waschen, trocken reiben, die Schale abreiben und den Saft auspressen. Mandarinen abtropfen lassen.

2. Die Eier mit Zucker und Vanillezucker cremig schlagen. Das Öl, Orangenschale und Orangensaft unter Rühren dazugeben. Das Mehl mit Backpulver mischen und unterrühren. Die Mandarinen unterheben.

3. Den Teig in die Form füllen und glatt streichen. Den Kuchen im Ofen (Mitte, Umluft 160°) 40 Min. backen.

Teekuchen

klassisch | schnell gerührt
15 Min. + 50 Min. Backen
pro Stück ca. 395 kcal
18 g Fett · 6 g Eiweiß · 52 g Kohlenhydrate

ZUTATEN FÜR 1 KASTENFORM (20 cm, 8 STÜCKE)

100 g Früchtemix (Fertigprodukt)
50 g Rosinen
1 Bio-Zitrone
150 g weiche Butter
150 g brauner Zucker
3 Eier · 200 g Mehl
1 TL Backpulver
50 g gehackte Mandeln
2 EL Puderzucker
Fett für die Form

ZUBEREITUNG

1. Ofen auf 175° vorheizen. Die Form fetten. Früchtemix mit Rosinen mischen. Die Zitrone heiß waschen, trocken reiben. 1 TL Schale abreiben, den Saft auspressen. Zitronensaft und -schale mit den Früchten mischen.

2. Die Butter mit Zucker cremig rühren, Eier nach und nach dazugeben. Früchtemischung unterrühren. Mehl mit Backpulver und Mandeln mischen und unter den Teig rühren.

3. Teig in der Form glatt verstreichen. Im Ofen (Mitte, Umluft 160°) 50 Min. backen. Herausnehmen, abkühlen lassen und aus der Form stürzen. Mit Puderzucker bestäuben.

Vanille-Chocolate-Chip-Kuchen

raffiniert | gelingt leicht
15 Min. + 40 Min. Backen
pro Stück ca. 365 kcal
21 g Fett · 5 g Eiweiß · 39 g Kohlenhydrate

ZUTATEN FÜR 1 KASTENFORM (20 cm, 8 STÜCKE)

150 g weiche Butter
150 g Puderzucker
2 Päckchen Vanillezucker
3 Eier · 150 g Mehl
1 TL Backpulver
75 g Schokoraspel
Fett für die Form

ZUBEREITUNG

1. Backofen auf 175° vorheizen. Die Form fetten. Die Butter mit 100 g Puderzucker und Vanillezucker cremig rühren. Die Eier nach und nach unterrühren. Das Mehl mit Backpulver mischen und mit 50 g Schokoraspeln unter den Teig rühren.

2. Den Teig in die Form geben und glatt streichen. Im Ofen (Mitte, Umluft 160°) ca. 40 Min. backen.

3. Den Kuchen in der Form abkühlen lassen und aus der Form stürzen. Den übrigen Puderzucker mit 1–2 EL heißem Wasser verrühren. Den Kuchen damit bestreichen, mit den übrigen Schokoraspeln bestreuen.

Tuning-Tipp Den Kuchen mit Schokolade überziehen und mit Kakaomuster bestäuben wie rechts im Kasten beschrieben.

Mit Pep obendrauf

→ **Für den Chocolate-Chip-Kuchen:** Im Bild unten wird der Vanille-Chocolate-Chip-Kuchen wie im Rezept beschrieben garniert. Hier eine pfiffige Deko-Alternative: 100 g Halbbitterkuvertüre grob hacken und mit 1 TL Öl über dem heißen Wasserbad schmelzen lassen. Den Kuchen damit überziehen, antrocknen lassen. Dünne Papierstreifen kreuz und quer darauflegen. Den Kuchen mit Kakaopulver bestäuben und die Papierstreifen vorsichtig entfernen.

→ **Für den Mandarinenkuchen:** 150 g Puderzucker mit 2 EL heißem Wasser und 1 EL Zitronensaft glatt rühren. Den Guss auf dem abgekühlten Kuchen verteilen. Eine kleine Dose Mandarinen abtropfen lassen. Den Kuchen damit garnieren.

Zwetschgenkuchen mit Rührteig

beliebt | verführerisch
45 Min. + 35 Min. Backen
pro Stück ca. 300 kcal
17 g Fett · 6 g Eiweiß · 30 g Kohlenhydrate

ZUTATEN FÜR 1 SPRINGFORM (Ø 28 cm, 12 STÜCKE)

700 g Zwetschgen
90 g gemahlene Mandeln
125 g weiche Butter
1 Prise Salz
1 TL abgeriebene Bio-Zitronenschale
100 g Zucker · 3 Eier
200 g Mehl
2 TL Backpulver
4 EL saure Sahne
50 g Mandelblättchen
25 g Hagelzucker
Butter für die Form

ZUBEREITUNG

1. Die Zwetschgen waschen und entsteinen. Die Springform einfetten und mit 40 g gemahlenen Mandeln ausstreuen. Den Backofen auf 180° vorheizen. Butter, Salz, Zitronenschale und Zucker zu einer cremig weißen Masse verrühren. Eier nacheinander dazugeben und unterrühren. Mehl und Backpulver mit den übrigen gemahlenen Mandeln mischen, mit der sauren Sahne unterheben.

2. Den Rührteig in die Springform geben. Zwetschgenhälften mit der Hautseite nach unten leicht überlappend auf den Teig legen. Mandelblättchen und Hagelzucker darüberstreuen. Den Kuchen im Ofen (2. Schiene von unten, Umluft 160°) 30–35 Min. backen.

Tuning-Tipp Noch mandeliger schmeckt der Teig, wenn Sie Butter und Zucker mit 2 EL Amaretto cremig aufschlagen.

Eierlikörkuchen mit Heidelbeeren

beschwipst beerig
30 Min. + 60 Min. Backen
pro Stück ca. 215 kcal
7 g Fett · 4 g Eiweiß · 28 g Kohlenhydrate

ZUTATEN FÜR 1 SPRINGFORM (24 X 24 cm oder Ø 26 cm, 16 STÜCKE)

200 g Puderzucker
1 Päckchen Vanillezucker
4 Eier · 150 ml Öl
150 ml Eierlikör
250 g Mehl · 1/2 Päckchen Backpulver
375 g frische Heidelbeeren (ersatzweise abgetropfte Heidelbeeren aus dem Glas)
Fett und 3 zerbröselte Zwiebäcke für die Form
Puderzucker zum Bestäuben

ZUBEREITUNG

1. Puderzucker, Vanillezucker und Eier cremig schlagen. Öl und Eierlikör unterrühren. Mehl und Backpulver mischen, unter Rühren dazugeben. Heidelbeeren kurz abbrausen, abtropfen lassen und verlesen.

2. Backofen auf 180° vorheizen. Springform einfetten und mit Zwiebackbröseln bestreuen. Die Hälfte des Teiges darauf glatt verstreichen. Hälfte der Beeren aufstreuen, mit dem übrigen Teig und Beeren bedecken.

3. Kuchen im Ofen (2. Schiene von unten, Umluft 160°) 60 Min. backen. In den letzten 15 Min. mit Backpapier abdecken, damit er nicht zu braun wird. Kuchen erkalten lassen. Mit Puderzucker bestäuben.

Mehr draus machen Verdoppeln Sie die Mengen für ein großes Backblech. Die Backzeit verlängert sich um etwa 15 Min.

Kirsch-Schoko-Kuchen

ZUTATEN FÜR 1 SPRINGFORM (Ø 26 cm, 12 STÜCKE)

500 g entsteinte TK-Sauerkirschen (ersatzweise gut abgetropfte Sauerkirschen aus dem Glas)
1 EL Puderzucker
2 EL gemahlene Mandeln · 200 g weiche Butter · 150 g Zucker
1 Prise Salz · 4 Eier
2 Vanilleschoten
3 EL Milch · 250 g Mehl
2 TL Backpulver
150 g weiße Kuvertüre
Fett und Semmelbrösel für die Form
Puderzucker zum Bestäuben

saftig | zu jeder Jahreszeit
40 Min. + 60 Min. Backen
pro Stück ca. 380 kcal
22 g Fett · 8 g Eiweiß · 40 g Kohlenhydrate

ZUBEREITUNG

1. Die Kirschen antauen lassen, mit Puderzucker und Mandeln mischen. Den Backofen auf 180° vorheizen. Die Springform fetten und mit Bröseln ausstreuen.

2. Butter cremig rühren, Zucker und Salz unterrühren. Die Eier trennen. Eigelbe, das ausgekratzte Mark der Vanilleschoten und die Milch in die Buttercreme rühren. Mehl und Backpulver mischen, darübergeben und unterheben. 100 g Kuvertüre hacken, unterziehen. Die Eiweiße steif schlagen. Erst die Kirschen, dann den Eischnee unterziehen.

3. Den Teig in die Form füllen. Im Ofen (Mitte, Umluft 160°) 60 Min. backen. Leicht abgekühlt aus der Form lösen, auskühlen lassen und mit Puderzucker bestäuben. Übrige Kuvertüre in Spänen abziehen, aufstreuen.

Tuning-Tipp Wer mag, kann noch 2 EL Kirschwasser unter den Teig rühren.

Rhabarberkuchen

ZUTATEN FÜR 1 SPRINGFORM (24 X 24 cm oder Ø 26 cm, 16 STÜCKE)

500 g Rhabarber
200 g weiche Butter
1 Päckchen Vanillezucker · 100 g Marzipanrohmasse
100 g Zucker
4 Eier · 1 Prise Salz
1 TL Backpulver
250 g Mehl
30 g gehackte Pistazien
Fett für die Form
Puderzucker zum Bestäuben

Frühsommervergnügen
35 Min. + 50 Min. Backen
pro Stück ca. 240 kcal
15 g Fett · 4 g Eiweiß · 22 g Kohlenhydrate

ZUBEREITUNG

1. Rhabarber putzen, waschen und in 5 cm lange Streifen schneiden. 1 EL Butter in einer beschichteten Pfanne erhitzen. Rhabarber darin mit Vanillezucker bei starker Hitze 3–5 Min. unter Rühren karamellisieren.

2. Backofen auf 180° vorheizen. Backform fetten. Marzipan fein raspeln. Mit der übrigen Butter und dem Zucker cremig rühren. Eier trennen. Eigelbe in die Marzipancreme rühren. Eiweiße mit Salz steif schlagen, auf die Creme geben. Mit Backpulver gemischtes Mehl darübersieben, unterheben.

3. Den Teig in die Form füllen. Rhabarber daraufgeben. Im Ofen (2. Schiene von unten, Umluft 160°) 40–50 Min. backen. Aus der Form lösen, mit den Pistazien bestreuen und mit Puderzucker bestäuben.

Austausch-Tipp Außerhalb der Saison statt Rhabarber frische Zwetschgen oder Äpfel im Marzipan-Rührteig backen.

Spanischer Mandelkuchen

ZUTATEN FÜR 1 SPRINGFORM (Ø 26 cm, 12 STÜCKE)

200 g Mandeln · 6 Eier
200 g Puderzucker
1 Bio-Zitrone
1 Vanilleschote
1 gestr. TL Zimtpulver
Fett für die Form
Puderzucker zum Bestäuben

auch prima als süßes Finale
30 Min. + 60 Min. Backen

pro Stück ca. 205 kcal
12 g Fett · 7 g Eiweiß · 18 g Kohlenhydrate

ZUBEREITUNG

1. Die Mandeln mit kochend heißem Wasser übergießen, kurz ziehen lassen, dann abgießen, häuten und fein reiben oder mahlen. Eier trennen. Den Backofen auf 180° vorheizen. Die Form einfetten.

2. Die Eigelbe mit dem Puderzucker cremig rühren. Zitrone heiß waschen, trocken reiben und die Schale abreiben. Vanilleschote längs aufschlitzen, das Mark herauskratzen. Beides mit dem Zimtpulver zur Eigelbmasse geben. Gemahlene Mandeln unterrühren. Die Eiweiße steif schlagen und unterheben.

3. Den Teig in die vorbereitete Form füllen und glatt streichen. Im heißen Ofen (2. Schiene von unten, Umluft 160°) 50–60 Min. backen. Den Kuchen etwas abkühlen lassen, dann auf ein Kuchengitter stürzen und völlig erkalten lassen. Vor dem Servieren dick mit Puderzucker bestäuben.

Mehr draus machen Den Kuchen in 16 Stücke schneiden und mit Vanille- oder Mandeleiscreme als Dessert servieren.

Frankfurter Kranz

ZUTATEN FÜR 1 KRANZFORM (Ø 26 cm, 20 STÜCKE)

6 Eier · 200 g weiche Butter
300 g Zucker · 1 Prise Salz
1 TL abgeriebene Bio-Zitronenschale · 300 g Mehl
100 g Speisestärke
1 Päckchen Backpulver
Fett und Mehl für die Form

Für die Füllung:
1 Päckchen Vanillepuddingpulver · 1/2 l Milch · 100 g Zucker
250 g weiche Butter · 100 g Krokantstreusel (Fertigprodukt)
30 g Haselnusskerne

berühmtes Rezept
60 Min. + 60 Min. Backen

pro Stück ca. 400 kcal
23 g Fett · 5 g Eiweiß · 42 g Kohlenhydrate

ZUBEREITUNG

1. Den Backofen auf 180° vorheizen. Die Form einfetten und mit Mehl ausstäuben. Eier trennen. Für den Teig die Butter cremig rühren. Zucker, Salz und Zitronenschale dazugeben. Nacheinander die Eigelbe unterrühren. Mehl, Speisestärke und Backpulver mischen, portionsweise in die Buttermasse rühren. Die Eiweiße steif schlagen und unter den Teig heben.

2. Rührteig in die Form füllen und glatt streichen. Im heißen Ofen (2. Schiene von unten, Umluft 160°) 50–60 Min. backen. Kurz in der Form stehen lassen, dann auf ein Kuchengitter stürzen und erkalten lassen.

3. Für die Füllung das Puddingpulver nach Packungsangabe mit Milch und Zucker zu einem Pudding kochen. Im kalten Wasserbad unter mehrmaligem Rühren abkühlen lassen. Butter schaumig rühren und den Pudding esslöffelweise unterrühren.

4. Den Rührteig-Kranz zweimal quer durchschneiden. Die Hälfte der Creme auf dem unteren und mittleren Boden verteilen, beide Böden zusammensetzen und den dritten Boden obenauf legen. Mit der restlichen Creme den Kuchen rundherum bestreichen. Dick mit Krokantstreuseln bestreuen. Nüsse obenauf setzen.

Tuning-Tipp Das Tüpfelchen auf dem i: Statt der Haselnuss-Garnitur 200 g Sahne steif schlagen, in einen Spritzbeutel mit Sterntülle füllen und rundherum 16–20 Rosetten aufspritzen. Diese jeweils mit einer roten Belegkirsche garnieren.

Rehrücken

ZUTATEN FÜR 1 REHRÜCKENFORM (30 cm, 20 STÜCKE)

100 g Zartbitterschokolade
120 g Zwieback · 4 Eier
100 g weiche Butter
150 g Zucker · 100 g gemahlene Mandeln · 2 EL Rum (ersatzweise Orangensaft) · 50 g Mehl
1 TL Backpulver · 75 g Aprikosenkonfitüre · 30 g Mandelsplitter · 250 g Zartbitterkuvertüre · Fett für die Form

immer wieder gut
40 Min. + 40 Min. Backen

pro Stück ca. 255 kcal
14 g Fett · 4 g Eiweiß · 26 g Kohlenhydrate

ZUBEREITUNG

1. Die Schokolade hacken und im Wasserbad schmelzen. Zwieback reiben. Eier trennen. Den Backofen auf 180° vorheizen. Die Form fetten und mit etwas von den Zwiebackbröseln ausstreuen.

2. Die Butter cremig rühren. Den Zucker zufügen und cremig rühren. Die Eigelbe einzeln einrühren. Übrige Zwiebackbrösel, Schokolade, Mandeln, Rum und Mehl, mit Backpulver vermischt, unterrühren. Eiweiße steif schlagen und unterheben. Teig in die Form füllen. Im Ofen (2. Schiene von unten, Umluft 160°) 40 Min. backen. Leicht ausgekühlt stürzen und abkühlen lassen.

3. Konfitüre erwärmen und Kuchen damit bestreichen. Mit einem Holzstäbchen Löcher in den Rehrücken bohren, mit Mandelsplitter spicken. Kuvertüre im Wasserbad schmelzen, esslöffelweise über den Kuchen gießen, sodass auch die Mandelstifte überzogen werden.

Tuning-Tipp **Gefüllter Rehrücken:** 200 g Ricotta mit 3 EL Zucker cremig rühren. 50 g steif geschlagene Sahne unterheben. Den kalten Kuchen in drei Böden teilen, den unteren und mittleren mit Ricottacreme bestreichen, zusammensetzen. Den dritten Boden obendrauf legen. Kuchen mit Kuvertüre überziehen.

Spanischer Mandelkuchen (oben), Frankfurter Kranz (unten)

Rehrücken

Grundrezept Obstkuchenboden – 2 Varianten

ZUTATEN FÜR 1 OBSTBODEN- ODER SPRINGFORM (Ø 28 cm, 12 STÜCKE)

Für den Biskuitboden:
3 Eier · 1 Prise Salz
80 g feiner Zucker
100 g Mehl
1 gestr. TL Backpulver

Für den Mürbeteigboden:
250 g Mehl
80 g feiner Zucker
1 Ei oder 1 Eigelb
1 Prise Salz
150 g kalte Butter

Außerdem:
Butter für die Form
Mehl zum Ausrollen und für die Form
evtl. Hülsenfrüchte zum Blindbacken

gelingt leicht

Biskuitboden: 15 Min. + 20 Min. Backen
pro Stück ca. 75 kcal
2 g Fett · 3 g Eiweiß · 13 g Kohlenhydrate

Mürbeteigboden: 20 Min. + 30 Min. Kühlen + 20 Min. Backen
pro Stück ca. 200 kcal
11 g Fett · 3 g Eiweiß · 22 g Kohlenhydrate

ZUBEREITUNG

1. Für den Biskuitboden die Eier trennen. Eiweiße und Salz steif schlagen, dabei den Zucker einrieseln lassen. Eigelbe unterziehen. Mehl und Backpulver mischen, in mehreren Portionen unterheben.

2. Den Backofen auf 180° (Umluft 160°) vorheizen. Eine Obstboden- oder Springform einfetten und einmehlen. Den Teig einfüllen und im Ofen (Mitte) 15–20 Min. backen. Ausgekühlt stürzen.

3. Für den Mürbeteigboden das Mehl auf die Arbeitsfläche häufen, eine Mulde hineindrücken. Zucker auf dem Rand verteilen. Ei oder Eigelb und Salz in die Mehlmulde geben. Die Butter in Flöckchen rundherum auf dem Mehlrand verteilen. Die Zutaten mit einem großen Messer durchhacken. Dann die so entstandenen Brösel möglichst mit kalten Händen rasch zu einem glatten Teig verkneten. Zur Kugel formen, in Folie wickeln und mindestens 30 Min. in den Kühlschrank legen.

4. Backofen auf 200° (Umluft 180°) vorheizen. Den Teig auf der leicht bemehlten Arbeitsfläche rund und etwas größer als die Form ausrollen (0,3 bis 0,5 cm dick). Form nur am Boden einfetten. Den Teig hineinlegen, andrücken, überstehende Ränder abschneiden. Boden mit einer Gabel ein paar Mal einstechen. Im Ofen (Mitte) 20 Min. backen, am besten »blindbacken« (siehe Back-Tipps). Abkühlen lassen.

Aroma-Varianten Die Teige nach Wahl mit Zitrusschale, Zimt-, Ingwer- oder Kakaopulver würzen. Für eine nussige Note ein Drittel des Mehls durch Mohn, gemahlene Nüsse oder Kokosraspel ersetzen.

Back-Tipps Ein **Biskuitboden** kann sich im Ofen aufwölben. Er wird wieder flach, wenn Sie beim Auskühlen ein nicht zu schweres Brett auflegen.
Einen **Mürbeteigboden** sollte man »blind«, also ohne Belag, vorbacken, so wird er besonders knusprig: Rohen Teigboden mit Backpapier belegen. 250 g getrocknete Hülsenfrüchte daraufschütten, Boden vorbacken. Hülsenfrüchte und Papier entfernen.

Glänzende Obstkuchen-Tipps

→ Obstkuchen möglichst an dem Tag backen, an dem sie gegessen werden. Oder aber den Boden am Vortag zubereiten und erst am nächsten Tag mit frischen Früchten belegen.
→ Wichtig: den Kuchenboden völlig auskühlen lassen, dann erst mit Obst belegen, sonst wird er matschig.

Erdbeerkuchen

ZUTATEN FÜR 1 OBSTBODEN- ODER SPRINGFORM (Ø 28 cm, 12 STÜCKE)

1 Grundrezept Biskuit-Obstkuchenboden (oben)
Saft und Schale von 1/2 Bio-Zitrone
2 EL Aprikosenkonfitüre
600 g kleine Erdbeeren
1 Päckchen klarer Tortenguss · 2 EL Zucker

Evergreen | Kinderhit

35 Min. + 20 Min. Backen

pro Stück ca. 115 kcal
2 g Fett · 3 g Eiweiß · 21 g Kohlenhydrate

ZUBEREITUNG

1. Den Biskuitboden nach dem Rezept (oben) mit der Zitronenschale zubereiten.

2. Konfitüre mit 2 EL Wasser erwärmen und durch ein Sieb streichen. Auf den Obstboden streichen. Die Erdbeeren waschen, von Kelchblättern befreien und halbieren. Dachziegelartig auf dem Boden anordnen.

3. Tortengusspulver mit Zucker, 2 EL Zitronensaft und 200 ml kaltem Wasser in einem Topf verrühren und unter Rühren aufkochen. Gleichmäßig über den Erdbeeren verteilen und fest werden lassen.

Tuning-Tipp Bunter Obstkuchen: Eine Mischung aus 500 g Beeren (z. B. Erd-, Heidel- und Himbeeren) und 2–3 Aprikosen statt nur Erdbeeren verwenden.

Speed-Tipp Wer es eilig hat, belegt einen fertigen Obstkuchenboden aus dem Supermarkt.

Form-Alternativen Statt für einen runden Kuchen reicht die Menge des Teiges auch für 10–11 Tortelettförmchen (Ø 12 cm). Oder hätten Sie lieber ein großes Backblech Erdbeerkuchen? Dann einfach die Mengen verdoppeln!

Sharonfrucht-Kokos-Kuchen

Sharonfrucht-Kokos-Kuchen

leicht | exotisch-frisch
45 Min. + 2 Std. 30 Min. Kühlen + 20 Min. Backen
pro Stück ca. 195 kcal
10 g Fett · 5 g Eiweiß · 21 g Kohlenhydrate

ZUTATEN FÜR 1 OBSTBODEN- ODER SPRINGFORM (Ø 28 cm, 12 STÜCKE)

1 Grundrezept Biskuit-Obstkuchenboden (Rezept S. 34)
40 g Kokosraspel
5 Blatt weiße Gelatine
300 g Dickmilch oder Naturjoghurt
100 g gesüßte Kokoscreme (Dose)
125 g Sahne
4 Sharonfrüchte (etwa 500 g)
1 EL Kokosraspel

ZUBEREITUNG

1. Den Biskuitboden (Grundrezept S. 34) zubereiten, dabei 40 g Mehl durch Kokosraspel ersetzen, und backen.

2. Gelatine einweichen. Dickmilch oder Joghurt mit Kokoscreme verrühren. Gelatine tropfnass in einen Topf geben, unter Rühren auflösen und unter die Kokosmasse rühren. Im Kühlschrank in 30 Min. halbfest werden lassen. Sahne steif schlagen und unterheben.

3. Die Sharonfrüchte vierteln und schälen, zwei Drittel davon in kleine Stücke schneiden. Den Biskuitboden mit 4 EL Kokoscreme bestreichen, Sharonstückchen darauf verteilen. Die übrige Kokoscreme obendrauf geben und glatt streichen. Restliche Sharonfrüchte in Spalten schneiden und den Kuchen dekorativ belegen. Kokosraspel aufstreuen. Den Kuchen 2 Std. kalt stellen.

Nektarinenkuchen

mandelig | zart
30 Min. + 20 Min. Backen
pro Stück ca. 275 kcal
14 g Fett · 5 g Eiweiß · 32 g Kohlenhydrate

ZUTATEN FÜR 1 OBSTBODEN- ODER SPRINGFORM (Ø 28 cm, 12 STÜCKE)

1 Grundrezept Biskuit-Obstkuchenboden (Rezept S. 34)
50 g geschälte gemahlene Mandeln
1/2 Päckchen Mandelpuddingpulver
250 ml Milch
1 1/2 EL Zucker
1 Päckchen Vanillezucker
4 Nektarinen

ZUBEREITUNG

1. Den Biskuitboden wie im Grundrezept (S. 34) beschrieben zubereiten, dabei 50 g Mehl durch Mandeln ersetzen, und backen.

2. Aus Puddingpulver, Milch, Zucker und dem Vanillezucker nach Packungsangabe einen Pudding zubereiten. Diesen lauwarm abkühlen lassen und dann auf dem Biskuitboden verteilen.

3. Die Nektarinen waschen, halbieren, entsteinen und in dünne Scheiben schneiden. Fächerartig darauf verteilen.

Tuning-Tipp **Vanilleguss:** 2 TL Tortengusspulver mit 1 gehäuften EL Zucker, 150 ml Wasser und dem ausgekratzten Vanillemark einer Vanilleschote unter Rühren erhitzen. Den Guss über den Früchten verteilen.

Aprikosen-Tarte-Tatin

Sommerfreuden
30 Min. + 30 Min. Kühlen
+ 40 Min. Backen
pro Stück ca. 250 kcal
12 g Fett · 3 g Eiweiß · 32 g Kohlenhydrate

ZUTATEN FÜR 1 TARTEFORM
(Ø 28 CM, 12 STÜCKE)

Für den Teig:
100 g weiche Butter
60 g Zucker · 1 Ei
1 Prise Salz
200 g Mehl
Mehl zum Arbeiten

Für den Belag:
1 kg Aprikosen
40 g weiche Butter
100 g feiner Zucker
20 g kalte Butter

ZUBEREITUNG

1. Die Butter mit Zucker, Ei und Salz cremig rühren. Das Mehl hinzufügen und schnell zu einem glatten Teig verarbeiten. Den Mürbeteig in Frischhaltefolie wickeln und 30 Min. kühl stellen.

2. Inzwischen die Aprikosen waschen, halbieren, den Kern entfernen. Den Backofen auf 220° (Umluft 200°) vorheizen.

3. Die Tarteform mit der weichen Butter ausstreichen und mit 60 g Zucker bestreuen. Die Aprikosenhälften dicht an dicht in die Form setzen. Mit der kalten Butter in Flöckchen belegen und mit dem restlichen Zucker bestreuen. Die Form mit Alufolie bedecken und die Tarte im Ofen 15 Min. vorbacken.

4. Inzwischen den Teig auf der bemehlten Arbeitsfläche in Größe der Form ausrollen. Form aus dem Ofen nehmen, die Alufolie entfernen. Den Backofen auf 200° (Umluft 180°) zurückschalten.

5. Den Teig mehrmals einstechen und über die Aprikosen legen. Am Rand leicht andrücken. Die Tarte im Backofen (Mitte) 20–25 Min. backen. Dann die Aprikosen-Tarte vorsichtig stürzen.

Speed-Tipp Schneller geht's mit schon fertig ausgerolltem Mürbeteig aus der Kühltheke.

Servier-Tipps

→ 2 EL Aprikosenkonfitüre mit 1 EL Orangenlikör oder Zitronensaft erwärmen, durch ein Sieb streichen, die Tarte noch warm damit glasieren.
→ Die abgekühlte Frucht-Tarte mit Schlagsahne und frischen Minzeblättern garnieren.
→ Oder die Aprikosen-Tarte-Tatin noch warm mit Vanilleeis servieren.

Apfeltarte

unwiderstehlich | gelingt leicht

30 Min. + 25 Min. Backen

pro Stück ca. 300 kcal

11 g Fett · 3 g Eiweiß · 21 g Kohlenhydrate

ZUTATEN FÜR 1 TARTEFORM (Ø 28 cm, 12 STÜCKE)

Für den Teig:
125 g Mehl
1 Prise Salz
125 g kalte Butter
125 g Magerquark (gut abgetropft)
Mehl zum Arbeiten
Fett für die Form

Für den Belag:
5 gleich große Äpfel (750 g, z. B. Boskoop)
4 EL Aprikosenkonfitüre
40 g Zucker
30 g Butter

ZUBEREITUNG

1. Backofen auf 220° vorheizen. Form fetten. Das Mehl mit Salz auf die Arbeitsfläche geben, Butter in Flöckchen und Quark dazugeben. Schnell mit den Händen zu einem glatten Teig verarbeiten. Teig auf der bemehlten Arbeitsfläche dünn ausrollen, in die Form legen, dabei einen 1 cm hohen Rand formen. Form bis zum Gebrauch kühl stellen.

2. Die Äpfel waschen, schälen und vierteln, dabei das Kerngehäuse entfernen. Die Viertel in schmale Scheiben schneiden. 2 EL Aprikosenkonfitüre auf dem Teigboden verteilen. Die Äpfel dachziegelartig darauf verteilen. Zucker und Butter in Flöckchen auf die Äpfel geben. Die Tarte im Backofen (Mitte, Umluft 200°) 25 Min. backen. Die übrige Konfitüre erwärmen, durch ein Sieb streichen, die noch warme Tarte damit glasieren.

Austausch-Tipp Für den Boden einfach einen fertig ausgerollten Blätterteig nehmen. Statt Aprikosenkonfitüre Apfel- oder Quittengelee nehmen.

Tuning-Tipp 40 g Mandelblättchen mit 1 EL Puderzucker mischen und 10 Min. vor Ende der Backzeit auf den Äpfel verteilen.

Obsttartes – eine französische Spezialität

Üppig mit frischen **Früchten der Saison** belegt schmecken die Tartes aus dünnem knusprigem Mürbeteigboden oder Blätterteigboden nicht nur zum Kaffee am Nachmittag. Sie sind auch als fruchtiges **Dessert** sehr beliebt. Für den fruchtigen Belag eigenen sich beispielsweise Aprikosen, Pflaumen, Zwetschgen oder Birnen. Servieren Sie dazu **Eis**, Schlagsahne oder Vanillesauce.

Schnelle Kirsch-Mini-Tartes

Aus fertig ausgerolltem Blätterteig 4 Kreise von ca. 12 cm Ø ausstechen. Auf ein mit Backpapier belegtes Blech geben, 50 g Marzipanrohmasse grob raspeln, auf dem Teig verteilen, einen 2 cm breiten Rand frei lassen. 300 g entsteinte Kirschen darauf verteilen. 1 Päckchen Vanillezucker darüberstreuen. Bei 200° im Ofen (unten, Umluft 180°) ca. 20 Min. backen. 2 EL Kirschgelee mit 1 TL Zitronensaft glatt rühren. Die noch warmen Tartes damit bestreichen.

Beerentarte

fruchtiges Vergnügen

25 Min.+ 20 Min. Kühlen + 20 Min. Backen

pro Stück ca. 290 kcal

16 g Fett · 6 g Eiweiß · 30 g Kohlenhydrate

ZUTATEN FÜR 1 TARTEFORM (Ø 28 cm, 12 STÜCKE)

Für den Teig:
225 g Mehl
70 g Puderzucker
100 g Butter · 1 Ei
Fett für die Form
Mehl zum Arbeiten
Hülsenfrüchte zum Blindbacken

Für den Belag:
1 unbehandelte Limette
250 g Ricotta (italienischer Frischkäse)
75 g Puderzucker
200 g Sahne
1 EL Gelatine fix
500 g frische Beeren (z. B. Himbeeren, Brombeeren, Erdbeeren)
Puderzucker zum Bestäuben

ZUBEREITUNG

1. Das Mehl auf die Arbeitsfläche sieben und mit Puderzucker, Butter und Ei zu einem glatten Teig verkneten. Teig in Frischhaltefolie wickeln und für 20 Min. in den Kühlschrank stellen.

2. Den Backofen auf 180° vorheizen. Die Form fetten. Den Teig auf der bemehlten Arbeitsfläche in Größe der Form ausrollen und in die Form legen. Mit einer Gabel mehrmals einstechen. Backpapier darauflegen und mit Hülsenfrüchten beschweren. Den Boden im Ofen (Mitte, Umluft 160°) 15–20 Min. backen. Backpapier und Hülsenfrüchte entfernen. Boden leicht abkühlen lassen, dann aus der Form lösen.

3. Limette heiß waschen und trocken reiben. Schale abreiben und den Saft auspressen. Ricotta mit Puderzucker, Limettensaft und Limettenschale cremig schlagen. Sahne mit Gelatine fix steif schlagen, Ricottacreme löffelweise unterrühren. Beeren verlesen. Creme auf dem Mürbeteigboden verteilen, glatt streichen und mit den Früchten belegen. Die Früchte leicht mit Puderzucker bestäuben.

Back-Tipp So bleiben die Beeren lange frisch: mit Guss überziehen. Die Tarte mit einem Tortenring umschließen. 1 Päckchen roten Tortenguss mit 125 ml Fruchtsirup (Himbeere), 125 ml Wasser und 2 EL Zucker mischen. Den Guss nach Packungsangabe zubereiten und sofort auf den Früchten verteilen. Die Tarte mindestens 60 Min. kühl stellen. Erst dann den Ring entfernen.

Variante **Trauben-Nuss-Tarte:** Den Teig wie im Rezept beschrieben zubereiten und backen. 50 g Walnusshälften grob hacken, mit 2 EL Puderzucker in einer Pfanne leicht anrösten. Ricottacreme zubereiten, die Nüsse unterheben. Die Creme auf den Mürbeteigboden geben. 750 g Trauben waschen und auf Küchenpapier gut trocknen lassen. Trauben auf der Tarte verteilen. Einen hellen Tortenguss nach Packungsangabe zubereiten. Den Guss mit einem Löffel gleichmäßig auf den Trauben verteilen. Die Trauben-Nuss-Tarte bis zum Gebrauch kühl stellen.

Rosinen-Apfelkuchen

für sonntags
45 Min. + 60 Min. Kühlen
+ 50 Min. Backen
pro Stück ca. 270 kcal
15 g Fett · 3 g Eiweiß · 30 g Kohlenhydrate

ZUTATEN FÜR 1 SPRINGFORM (Ø 26 cm, 12 STÜCKE)

200 g Mehl
175 g Butter · 1 Ei
100 g Zucker
1 Prise Salz
50 g Rosinen
2 EL Rum (ersatzweise Orangensaft)
750 g säuerliche Äpfel (z. B. Boskoop)
2 EL Zitronensaft
30 g Pinienkerne (ersatzweise Mandelstifte)
Fett für die Form
Mehl zum Ausrollen

ZUBEREITUNG

1. Für den Teig 200 g Mehl, 100 g kalte Butter, das Ei, 50 g Zucker und Salz rasch verkneten, zur Kugel formen und in Folie gewickelt 60 Min. kalt stellen.

2. Die Rosinen im Rum einweichen. Den Backofen auf 200° vorheizen. Form einfetten. Teig auf der bemehlten Fläche ausrollen, die Form auskleiden und am Rand 4 cm hochziehen. Im Ofen (Mitte, Umluft 180°) 10 Min. vorbacken.

3. Die Äpfel vierteln, schälen, entkernen und in Spalten schneiden. Sofort in Zitronensaft wenden. Dachziegelartig dicht an dicht auf den Teig legen. Übrige Butter zerlassen, Äpfel damit bestreichen. Mit dem übrigen Zucker, Rum-Rosinen und Pinienkernen bestreuen. Im Ofen (Mitte) 35–40 Min. backen.

Das schmeckt dazu Vanillesahne

Apfelkuchen mit Orangensirup

ganz einfach | genial
45 Min. + 40 Min. Backen
pro Stück ca. 250 kcal
13 g Fett · 4 g Eiweiß · 28 g Kohlenhydrate

ZUTATEN FÜR 1 QUADRATISCHE SPRINGFORM (24 X 24 cm, 16 STÜCKE)

150 g weiche Butter
210 g Zucker
4 Eier · 5–6 EL Milch
225 g Mehl
75 g gemahlene Walnüsse
2 TL Backpulver
1 Prise Salz · 4 säuerliche Äpfel (z. B. Boskoop; ca. 600 g)
5 EL Orangensaft
2 EL Orangenlikör (ersatzweise Orangensaft) · Fett und Mehl für die Form

ZUBEREITUNG

1. Butter mit 150 g Zucker cremig rühren. Eier und Milch nach und nach unterrühren. Mehl, Nüsse, Backpulver und Salz mischen und dazugeben. Alles zu einem glatten Teig verrühren.

2. Backofen auf 200° vorheizen. Die Springform einfetten und mit Mehl bestäuben. Den Teig einfüllen. Äpfel vierteln, schälen und entkernen. Die Viertel fächerförmig einschneiden, mit der gewölbten Seite nach oben dicht an dicht in den Teig drücken, mit 1 EL Zucker bestreuen. Im Ofen (2. Schiene von unten, Umluft 180°) 40 Min. backen. 10 Min. abkühlen und aus der Form lösen.

3. Übrigen Zucker in einen kleinen Topf geben, unter Rühren hellbraun karamellisieren. Vom Herd nehmen, mit Orangensaft und -likör ablöschen (Vorsicht: Das spritzt!). Unter Rühren sirupartig einkochen lassen. Den Kuchen mit dem Sirup beträufeln.

Apfelkuchen mit Biskuithaube

lecker gedeckt!
60 Min. + 30 Min. Kühlen + 45 Min. Backen
pro Stück ca. 280 kcal
10 g Fett · 5 g Eiweiß · 42 g Kohlenhydrate

ZUTATEN FÜR 1 SPRINGFORM (Ø 26 cm, 12 STÜCKE)

230 g Mehl · 75 g Butter
150 g Zucker · 4 Eier
1 Prise Salz
1,2 kg Äpfel (z. B. Idared)
50 g Sultaninen
Saft und abgeriebene Schale von 1 Bio-Zitrone
1 TL Ingwerpulver
75 g Schokotröpfchen (Fertigprodukt)
2 EL Kakaopulver
1 TL Backpulver
Mehl zum Ausrollen
Fett für die Form

ZUBEREITUNG

1. 200 g Mehl, Butter, 70 g Zucker, 1 Ei und Salz rasch verkneten. 30 Min. kalt stellen. Die Äpfel schälen, vierteln, entkernen und in dünne Scheibchen schneiden. Mit Sultaninen, Zitronenschale und -saft, 2 EL Zucker, Ingwer und Schokotröpfchen vermischen.

2. Ofen auf 180° vorheizen. Teig auf bemehlter Fläche ausrollen, in die gefettete Form legen, einen 4 cm hohen Rand formen und andrücken. Boden mit einer Gabel mehrmals einstechen. Apfelmasse daraufgeben und 25 Min. (Mitte, Umluft 160°) backen.

3. Restliche Eier trennen, die Eiweiße steif schlagen, den übrigen Zucker einrieseln lassen. Eigelbe verrühren, mit 2 EL Mehl, Kakao und Backpulver unter den Eischnee heben. Kuchen aus dem Ofen nehmen, Biskuitmasse daraufstreichen. Kuchen 20 Min. (Mitte) backen.

Apfel-Mandel-Kuchen

eine saftige Überraschung!
45 Min. + 60 Min. Kühlen + 1 Std. 10 Min. Backen
pro Stück ca. 440 kcal
28 g Fett · 5 g Eiweiß · 43 g Kohlenhydrate

ZUTATEN FÜR 1 SPRINGFORM (Ø 26 cm, 12 STÜCKE)

200 g Mehl · 250 g Butter · 190 g Zucker
2 Eier · 1 Prise Salz
750 g Äpfel (z. B. Golden Delicious, Jonagold)
Saft und abgeriebene Schale von 1/2 Bio-Zitrone
1 Prise Zimtpulver
50 g gemahlene Mandeln · 1 Päckchen Vanillezucker
100 g Speisestärke
250 g Sahne
Puderzucker zum Bestäuben
Mehl zum Ausrollen
Fett für die Form

ZUBEREITUNG

1. Mehl, 100 g Butter, 60 g Zucker, 1 Ei und Salz rasch zu einem Mürbeteig verkneten, für 60 Min., in Folie verpackt, kalt stellen.

2. Backofen auf 200° (Umluft 180°) vorheizen. Äpfel vierteln, schälen, entkernen und grob raspeln. Sofort mit Zitronensaft beträufeln. Zitronenschale, Zimt und Mandeln untermischen. Teig auf bemehlter Fläche ausrollen und die gefettete Form damit auskleiden. Im Ofen (Mitte) 10 Min. vorbacken.

3. Übrige Butter mit dem restlichem Zucker und Vanillezucker cremig rühren, das zweite Ei und die Stärke unterrühren. Apfelraspel unterheben. Sahne steif schlagen, unterziehen. Masse in die Form füllen, glatt streichen. Bei 180° (Umluft 160°) 60 Min. backen. Mit Puderzucker bestäuben.

Tuning-Tipp Je 2 EL Mandelblättchen und Zucker vorm Backen auf den Kuchen geben.

Geling-Tipps für Käsekuchen

→ **So fällt der Kuchen beim Abkühlen nicht zusammen** Kuchen aus dem Ofen nehmen, wenn er nach ca. 45 Min. Backzeit leicht gebräunt ist. 5 Min. abkühlen lassen, dann fertig backen. Oder den Käsekuchen nach derselben Backzeit herausnehmen. Ein spitzes Küchenmesser auf dem Rand der Form auflegen und in den überstehenden Teil des Kuchens rundherum eine etwa 2 cm tiefe Rille einschneiden. Durch diesen Spalt kann die Feuchtigkeit abziehen.

→ **So reißt die Käsemasse nicht so leicht ein** Den fertig gebackenen Kuchen im Ofen – bei geöffneter Ofentür – auskühlen lassen.

Mandel-Käsekuchen

Zwetschgen-Käsekuchen

Mürbeteig-Käsekuchen

klassisch | variabel

40 Min. + 60 Min. Kühlen
+ 1 Std. 10 Min. Backen

pro Stück ca. 305 kcal
13 g Fett · 12 g Eiweiß · 36 g Kohlenhydrate

ZUTATEN FÜR 1 SPRINGFORM (Ø 26 cm, 12 STÜCKE)

Für den Teig:
150 g Mehl · 30 g Puderzucker
50 g Butter · 1 Eigelb
Fett für die Form
Mehl zum Ausrollen

Für die Füllung:
6 Eier · 500 g Magerquark
200 g Doppelrahm-Frischkäse
200 g Zucker
abgeriebene Schale von 1 Bio-Zitrone
2–3 Prisen gemahlener Safran (alternativ einige im Mörser zerriebene Safranfäden)
50 g Speisestärke · 250 ml Milch
Puderzucker zum Bestäuben

ZUBEREITUNG

1. Aus Mehl, Puderzucker, Butter in Stücken, Eigelb und 2 EL kaltem Wasser rasch einen Mürbeteig kneten. In Folie wickeln und 60 Min. im Kühlschrank ruhen lassen.

2. Eier trennen. Abgetropften Quark (siehe Kasten rechts), Frischkäse, 150 g Zucker, Zitronenschale, Safran, Stärke und Eigelbe verrühren.

3. Den Backofen auf 200° (Umluft 180°) vorheizen. Form einfetten. Teig auf der bemehlten Fläche dünn ausrollen, die Form damit auskleiden. Teig im Ofen (Mitte) 10–12 Min. vorbacken.

4. Inzwischen die Eiweiße mit dem übrigen Zucker steif schlagen und mit Milch portionsweise unter die Quarkmasse mischen. Auf dem vorgebackenen Teig verteilen. Im Ofen (2. Schiene von unten) bei 180° (Umluft 160°) 60 Min. backen. In den letzten 15 Min. mit Backpapier abdecken, damit der Kuchen nicht zu braun wird. Mit Puderzucker bestäuben.

Tuning-Tipps Für **Mürbeteig-Käsekuchen mit Rosinen** 125 g Rum-Rosinen (Fertigprodukt) abgetropft mit dem Eischnee unter die Käsemasse heben. Für **Fruchtigen Käsekuchen** den gebackenen Mürbeteig mit 2 EL erwärmter Aprikosenkonfitüre bestreichen. Darauf Hälften von Aprikosen oder Pfirsichen legen (z. B. Dosenpfirsiche: 1 kleine Dose, 410 g netto, 240 g Abtropfgewicht). Käsemasse über den Früchten verteilen, dann backen.

Mandel-Käsekuchen

italienisch inspiriert | schnell
15 Min. + 20 Min. Kühlen
+ 60 Min. Backen
pro Stück ca. 340 kcal
17 g Fett · 19 g Eiweiß · 28 g Kohlenhydrate

ZUTATEN FÜR 1 SPRINGFORM (Ø 26 cm, 12 STÜCKE)

200 g Amarettini
70 g weiche Butter
1 kg Magerquark
250 g Ricotta
200 g Zucker
50 g geschälte gemahlene Mandeln · 6 Eier
2 EL Amaretto (ersatzweise Orangensaft)
abgeriebene Schale von 1 Bio-Zitrone
Puderzucker zum Bestäuben
Fett für die Form

ZUBEREITUNG

1. Die Amarettini im Mixer zerbröseln oder in einen Gefrierbeutel geben und mit einem Nudelholz fein zerstoßen. Mit der Butter zu einem Teig kneten. Die Form einfetten. Den Teig auf dem Boden verteilen, mit einem Löffel festdrücken und am Rand leicht hochziehen. 20 Min. kalt stellen. Backofen auf 200° vorheizen.

2. Für die Füllung Quark, Ricotta, Zucker und Mandeln verrühren. Eier nach und nach unterrühren, dann Amaretto und Zitronenschale zugeben. Die Quarkmasse in die Form füllen, im Ofen (Mitte, Umluft 180°) 60 Min. backen. Falls der Kuchen zu dunkel wird, mit Backpapier abdecken. In der Form auskühlen lassen. Mit Puderzucker bestäuben.

Tuning-Tipp Karamell-Mandeln als Zierde: 50 g Mandelblättchen mit 30 g Zucker in einer Pfanne goldbraun rösten. Noch heiß auf dem abgekühlten Kuchen verteilen.

Was Käsekuchen schnittfest macht

Manchmal läuft die Käsemasse beim Backen, weil der Quark sehr frisch und feucht ist und viel Molke enthält.
→ Dann sollten Sie Quark oder Schichtkäse (er ist fester und flockiger!) vorher **entwässern:** Den Quark in einem feinen Haarsieb abtropfen lassen, dann mit einem Passiertuch portionsweise leicht auspressen. Dabei verringert sich das Gewicht um etwa ein Drittel. Kaufen Sie also entsprechend mehr Quark ein, als in gewöhnlichen Rezepten angegeben ist. Bei unseren Käsekuchen haben wir schon die größere Käsemenge berücksichtigt.
→ Statt Quark und Schichtkäse können Sie auch den aus Italien stammenden milden und festeren **Ricotta aus Kuh- oder Schafmilch** für Käsekuchen nehmen.

Unterstützung für Käsekuchen

→ **Speisestärke oder Grieß** unter die Käsemasse rühren. Beides bindet beim Backen die Feuchtigkeit.
→ **Puddingpulver** erzielt die gleiche Wirkung und bringt zusätzlich Geschmack, z. B. nach Vanille.
→ **Käsekuchenhilfe** (bei den Backzutaten im Supermarkt) sorgt für eine schnittfeste und zugleich lockere Masse.

Zwetschgen-Käsekuchen

schnell | gelingt leicht
30 Min. + 60 Min. Backen
pro Stück ca. 320 kcal
11 g Fett · 13 g Eiweiß · 42 g Kohlenhydrate

ZUTATEN FÜR 1 SPRINGFORM (Ø 28 cm, 12 STÜCKE)

100 g Butter
300 g Zucker
1 Prise Salz
1 TL abgeriebene Bio-Zitronenschale · 4 Eier
1 kg Schichtkäse oder Magerquark
1 Päckchen Vanillepuddingpulver
50 g Hartweizengrieß
500 g Zwetschgen
50 g Löffelbiskuits
Fett für die Form
Grieß zum Ausstreuen
Puderzucker zum Bestäuben

ZUBEREITUNG

1. Butter mit Zucker, Salz, Zitronenschale und Eiern zu einer cremigen Masse rühren. Abgetropften Schichtkäse oder Quark (siehe Kasten unten) mit dem Puddingpulver unterrühren. Grieß unterheben.

2. Backofen auf 180° vorheizen. Zwetschgen waschen, abtropfen lassen, halbieren und entsteinen. Löffelbiskuits zerbröseln und mit den Zwetschgen mischen.

3. Eine Springform einfetten, mit Grieß ausstreuen. Ein Drittel des Quarkteigs einfüllen. Die Zwetschgen mit der runden Seite nach unten in die Masse legen. Den übrigen Teig darauf verteilen und glatt streichen. Im Backofen (untere Schiene, Umluft 160°) 60 Min. backen. In der Form auskühlen lassen, mit Puderzucker bestäuben.

Cottage Cheesecake

locker-leicht | amerikanisch
40 Min. + 2 Std. Backen
pro Stück ca. 355 kcal
14 g Fett · 15 g Eiweiß · 45 g Kohlenhydrate

ZUTATEN FÜR 1 SPRINGFORM (Ø 26 cm, 12 STÜCKE)

200–225 g Zwieback
350 g Zucker · 5 EL Öl
800 g Hüttenkäse (Cottage Cheese)
200 g Schmand (oder Crème fraîche)
1 Päckchen Vanillezucker · 4 getrennte Eier · 3 EL Speisestärke
1/2 TL Zimtpulver
Saft und abgeriebene Schale von 2 Bio-Limetten

ZUBEREITUNG

1. Den Zwieback grob zerbröckeln und mit einem Nudelholz oder im Mixer fein zerbröseln. Mit 150 g Zucker, Öl und 3 EL Wasser mischen. 3 EL davon beiseitestellen, mit der übrigen Zwiebackmischung Boden und Rand der Springform auskleiden.

2. Ofen auf 160° vorheizen. Hüttenkäse, Schmand, übrigen Zucker, Vanillezucker, Eigelbe, Speisestärke, Zimtpulver und Limettensaft pürieren. Limettenschale unterrühren. Eiweiße steif schlagen, unterheben.

3. Frischkäsemasse auf den Bröselboden füllen. Übrige Zwiebackmischung darüberstreuen. Im Ofen (2. Schiene von unten, Umluft 140°) 60 Min. backen. Kuchen im ausgeschalteten Ofen 60 Min. stehen lassen.

Das schmeckt dazu Stachelbeer- oder Ananaskompott und geschlagene Sahne

Back-Tipp 1 Tag im Voraus backen und den Kuchen im Kühlschrank durchziehen lassen – schmeckt noch besser!

Aprikosen-Quarkkuchen

sommerlich frisch
40 Min. + 60 Min. Kühlen
+ 1 Std. 30 Min. Backen
pro Stück ca. 310 kcal
12 g Fett · 11 g Eiweiß · 40 g Kohlenhydrate

ZUTATEN FÜR 1 SPRINGFORM (Ø 26 cm, 12 STÜCKE)

225 g Mehl
225 g feiner Zucker
1 Prise Salz
75 g Butter · 3 Eier
600 g reife Aprikosen (ersatzweise Aprikosen aus der Dose)
500 g Magerquark
200 g Schmand
1 EL Speisestärke
1 TL abgeriebene Bio-Zitronenschale
1–2 EL Mandelblättchen
Fett für die Form
Puderzucker zum Bestäuben

ZUBEREITUNG

1. Für den Teig das Mehl, 100 g Zucker, Salz, Butter und 1 Ei verkneten. Zur Kugel formen, in Folie wickeln und 60 Min. kalt stellen.

2. Ofen auf 180° (Umluft 160°) vorheizen. Die Form einfetten und mit dem Teig auskleiden. Im Ofen (Mitte) 15 Min. vorbacken.

3. Aprikosen in kochendem Wasser 30 Sek. blanchieren, abschrecken, häuten, dann halbieren und entsteinen. Quark mit Schmand, 2 Eiern, übrigem Zucker, Stärke und Zitronenschale gut verrühren. In die Form füllen und die Aprikosen mit der runden Seite nach oben dicht an dicht in die Quarkmasse setzen.

4. Den Kuchen im heißen Ofen (Mitte) 1 Std. 15 Min. backen, nach 30 Min. Mandeln aufstreuen. Fertig gebackenen Kuchen erkalten lassen. Mit Puderzucker bestäubt servieren.

Roter Birnenkuchen mit Mohn

fein im Herbst
40 Min. + 30 Min. Kühlen
+ 40 Min. Backen
pro Stück ca. 265 kcal
12 g Fett · 6 g Eiweiß · 33 g Kohlenhydrate

ZUTATEN FÜR 1 SPRINGFORM (Ø 26 cm, 12 STÜCKE)

200 g Mehl
1 TL abgeriebene Bio-Zitronenschale
50 g Zucker · 1 Prise Salz · 4 Eier
100 g kalte Butter
250 g Mohnbackmischung (Fertigprodukt) · 4 reife Birnen (ca. 600 g) · 3 EL Wildpreiselbeeren
Mehl zum Ausrollen
Fett für die Form
Puderzucker zum Bestäuben

ZUBEREITUNG

1. Das Mehl mit Zitronenschale, Zucker, Salz, 1 Ei und der Butter in Würfeln rasch zu einem Mürbeteig verkneten. In Folie gewickelt 30 Min. kalt stellen.

2. Den Backofen auf 180° (Umluft 160°) vorheizen. Teig auf bemehlter Fläche ausrollen, die gefettete Form damit auskleiden. Teig im Ofen (Mitte) 10 Min. vorbacken.

3. Die übrigen Eier trennen. Mohnbackmischung mit den Eigelben verrühren. Die Eiweiße steif schlagen und unterheben. Die Mohnmasse auf den vorgebackenen Teig streichen. Die Birnen schälen, halbieren und entkernen. Mit der runden Seite nach oben in der Mohnmasse anordnen. Im Ofen (Mitte) 30 Min. backen.

4. Die Preiselbeeren erhitzen und durch ein Sieb passieren. Die Birnen sofort nach dem Backen damit bestreichen. Den Kuchen erkalten lassen. Mit Puderzucker bestäuben.

Apfelmus-Linzer

Klassiker auf neue Art
40 Min. + 30 Min. Kühlen
+ 45 Min. Backen
pro Stück ca. 395 kcal
22 g Fett · 6 g Eiweiß · 43 g Kohlenhydrate

ZUTATEN FÜR 1 SPRINGFORM (Ø 26 cm, 12 STÜCKE)

300 g Mehl · 200 g gemahlene Haselnüsse
1/2 TL Backpulver
1 Prise Salz · 1 TL abgeriebene Bio-Zitronenschale · 1/2 TL Zimtpulver · 200 g Zucker
150 g weiche Butter
1 Ei · 6 EL Milch
2 EL Kakaopulver
25 Backoblaten (Ø 5 cm) · 300 g Apfelmus · Fett für die Form
Mehl zum Ausrollen
Puderzucker zum Bestäuben

ZUBEREITUNG

1. Mehl, Nüsse, Backpulver und Salz mischen. Zitronenschale, Zimtpulver, Zucker, Butter, Ei, Milch und Kakaopulver zugeben. Alles zu einem Teig verkneten. In Folie verpackt 30 Min. kalt stellen.

2. Den Backofen auf 180° vorheizen. Die Form fetten. Zwei Drittel des Teiges auf der bemehlten Fläche fingerdick ausrollen, Form damit auslegen und einen 3 cm hohen Rand hochdrücken. Oblaten auf den Teig legen. Apfelmus darauf verstreichen.

3. Den übrigen Teig ausrollen, mit Kuchenrädchen in 1,5 cm breite Streifen schneiden. Diese gitterartig im Abstand von 2 cm auf den Kuchen legen. Im Ofen (Mitte, Umluft 160°) 45 Min. backen. Vor dem Servieren mit Puderzucker bestäuben.

Austausch-Tipp Klassisch wird's, wenn Sie statt Apfelmus Preiselbeer- oder Johannisbeerkonfitüre nehmen.

Johannisbeer-Baiser-Kuchen

zuckersüß-säuerlich
30 Min. inkl. Vorbacken
+ 60 Min. Kühlen + 60 Min. Backen
pro Stück ca. 330 kcal
16 g Fett · 7 g Eiweiß · 39 g Kohlenhydrate

ZUTATEN FÜR 1 SPRINGFORM (Ø 26 cm, 12 STÜCKE)

200 g Mehl
280 g Zucker
120 g Butter · 1 Ei
1 Prise Salz
600 g rote Johannisbeeren · 4 Eiweiße
1 Päckchen Vanillezucker
1 EL Zitronensaft
150 g gemahlene Mandeln
Fett für die Form
Puderzucker zum Bestäuben

ZUBEREITUNG

1. Mehl, 80 g Zucker, klein gewürfelte Butter, Ei und Salz rasch zu einem Mürbeteig verkneten. Zu einer Kugel formen, in Folie gewickelt 60 Min. in den Kühlschrank legen.

2. Johannisbeeren waschen, von den Rispen streifen. Backofen auf 200° (Umluft 180°) vorheizen. Form fetten, mit dem Teig auskleiden. Dabei einen 5 cm hohen Rand formen. Im Ofen 15 Min. vorbacken.

3. Die Eiweiße ganz steif schlagen, übrigen Zucker, Vanillezucker und Zitronensaft langsam zufügen, dabei weiterschlagen, bis die Masse schnittfest ist. Mandeln und Beeren unterheben. Masse in die Form füllen, glatt streichen. Im Ofen bei 180° (Umluft 160°) 50–60 Min. backen. Mit Puderzucker bestäubt servieren.

Grundrezept süßer Hefeteig für Blechkuchen

frisch am besten
25 Min. + 45 Min. Gehen

pro Stück ca. 145 kcal
5 g Fett · 4 g Eiweiß · 22 g Kohlenhydrate

ZUTATEN FÜR 1 BACKBLECH (16 STÜCKE)

400 g Weizenmehl (Type 450 oder 550)
1 Prise Salz
40 g Zucker
1 Würfel frische Hefe (42 g) oder 1 Päckchen Trockenhefe
80 g Butter
200 ml Milch
Mehl zum Kneten

ZUBEREITUNG

1. Mehl, Salz und Zucker in eine große Schüssel geben und eine Mulde eindrücken. Zerbröckelte frische Hefe oder Trockenhefe hineingeben.

2. Die Butter schmelzen, Milch zufügen und erwärmen. Lauwarm unter Rühren mit den Knethaken des Handrührgeräts zum Mehl gießen. Den Teig so lange kneten, bis er sich vom Schüsselboden löst. Falls er zu fest ist, noch 1 bis 2 EL Milch zufügen.

3. Den Teig auf der bemehlten Arbeitsfläche mit den Händen in 5 Min. zu einem elastischen Teig verkneten. Teigkloß zurück in die Schüssel geben. Mit einem Tuch bedeckt an einem warmen Ort ca. 45 Min. gehen lassen, bis er sein Volumen verdoppelt hat.

4. Den Teig ausrollen, belegen und backen wie im jeweiligen Rezept angegeben.

Einfrier-Tipp Hefeteig können Sie einfrieren, bevor er aufgegangen ist. Im Gefrierfach hält er sich bis zu 3 Monaten. Bei Zimmertemperatur taut er in 3–4 Std. auf und kann dann wie frischer Hefeteig verarbeitet werden.

Tuning-Tipp Blechkuchen mit süßem Hefeteig finden Sie auf S. 45–47 und auf S. 152/153 die Klassiker Kleckskuchen und Gefüllter Bienenstich.

Hefe-Streuselkuchen

ganz einfach
30 Min. + 60 Min. Gehen
+ 30 Min. Backen
pro Stück ca. 355 kcal
18 g Fett · 6 g Eiweiß · 43 g Kohlenhydrate

ZUTATEN FÜR 1 BACKBLECH (16 STÜCKE)

1 Grundrezept süßer Hefeteig (S. 44)
1 Ei · 300 g Mehl
200 g Zucker
1 Vanilleschote
1 Msp. Zimtpulver
200 g Butter
50 g Kokosraspel
Fett für das Blech

ZUBEREITUNG

1. Hefeteig nach Rezept mit dem Ei herstellen. Backblech einfetten. Teig durchkneten, auf dem Blech ausrollen, zugedeckt 15 Min. gehen lassen. Ofen auf 180° vorheizen.

2. Für die Streusel Mehl, Zucker, das ausgekratzte Mark der Vanilleschote und Zimtpulver in eine Schüssel geben. Die Butter in kleinen Stückchen obenauf verteilen. Alles rasch mit den Fingerspitzen zu bröseligen Streuseln zerreiben. Diese mit den Kokosraspeln auf das Blech streuen. Den Kuchen im heißen Ofen (Mitte, Umluft 160°) 25–30 Min. backen.

Speed-Tipp Turboschnell geht's, wenn Sie die Streusel mit den Knethaken des Handrührgeräts herstellen.

Eierschecke mit Quark

typisch sächsisch
45 Min. + 60 Min. Gehen
+ 40 Min. Backen
pro Stück ca. 295 kcal
13 g Fett · 11 g Eiweiß · 34 g Kohlenhydrate

ZUTATEN FÜR 1 TIEFES BACKBLECH (20 STÜCKE)

1 Grundrezept süßer Hefeteig (S. 44)
150 g Butter
750 g Magerquark
200 g Zucker · 8 Eier
abgeriebene Schale von 1 Bio-Zitrone
1 EL Speisestärke
1 Prise Salz
100 g Rosinen
Fett für das Blech
Mehl zum Ausrollen
Puderzucker zum Bestäuben

ZUBEREITUNG

1. Aus den Zutaten einen Hefeteig nach Rezept (S. 44) kneten und gehen lassen.

2. Für den Belag 50 g Butter zerlassen. Abgekühlt mit Quark, 100 g Zucker, 3 Eiern und Zitronenschale verrühren.

3. Für den Guss die übrigen Eier trennen. 100 g Butter schmelzen. Eigelbe mit 100 g Zucker und Butter schaumig schlagen. Stärke unterrühren. Eiweiße mit Salz steif schlagen und unter die Eigelbcreme heben.

4. Das Backblech einfetten. Hefeteig auf bemehlter Fläche durchkneten und das Blech damit auskleiden. Quarkmasse aufstreichen, mit Rosinen bestreuen und mit dem Eierguss bedecken. Ofen auf 180° vorheizen. Kuchen 15 Min. gehen lassen, dann im Ofen (untere Schiene, Umluft 160°) 40 Min. backen. Mit Puderzucker bestäubt servieren.

Speed-Tipp Quarkmasse weglassen. Eiercreme auf dem Teig verteilen, mit Rosinen bestreuen. Kuchen backen wie angegeben.

Hefe – macht Teige luftig-locker

Hefe besteht aus lebenden Zellen. Und die brauchen genügend Futter, um sich vermehren zu können – Mehl, Zucker, Milch. Außerdem ab und zu eine Ruhepause und wohlige Wärme. Schon bei Zimmertemperatur vermehrt sich Hefe gleichmäßig. Viel schneller noch geht sie an einem warmen Ort auf, z. B. in Heizungsnähe oder im Backofen: 3 Min. auf 40° vorheizen, ausschalten und den Teig zum Gehen hineinstellen. Vorsicht: Bei Temperaturen über 40° stirbt die Hefe ab. Gegen Hitze ist sie viel empfindlicher als gegen Kälte. Sogar im Kühlschrank »arbeitet« sie, allerdings nur sehr langsam. Wer den Teig im Kühlen gehen lassen möchte sollte ihn schon am Vorabend ansetzen und dann in den Kühlschrank stellen.

→ **Frische Hefe** gibt's in Würfeln von 42 g im Kühlregal des Supermarktes. Gelblich grau, bröckelig und leicht feucht sollte sie sein. Verwenden Sie Hefe möglichst gleich. Wenn Sie nur ein Stück brauchen, den Rest einfrieren. Im TK-Fach hält Hefe sich etwa 1 Jahr.

→ **Trockenhefe** ist in Beutelchen von 7 g Inhalt erhältlich. Diese Menge entspricht 1/2 Würfel frischer Hefe. Trockenhefe ist länger haltbar als frische Hefe. Weiterer Pluspunkt: Sie brauchen keinen Vorteig anzusetzen, sondern können die Trockenhefe sofort mit allen Zutaten vermengen.

Butterkuchen

traditionell | ofenfrisch genießen
30 Min. + 60 Min. Gehen
+ 25 Min. Backen
pro Stück ca. 245 kcal
15 g Fett · 4 g Eiweiß · 23 g Kohlenhydrate

ZUTATEN FÜR 1 BACKBLECH (20 STÜCKE)

1 Grundrezept süßer Hefeteig (S. 44)
1 TL abgeriebene Bio-Zitronenschale
200 g kalte Butter
100 g gehackte Mandeln oder Mandelblättchen
100 g Zucker
Fett für das Blech
Mehl zum Ausrollen

ZUBEREITUNG

1. Den Hefeteig nach Rezept mit Zitronenschale herstellen. Backblech einfetten. Teig nochmals durchkneten, auf bemehlter Fläche ausrollen und das Blech auskleiden. Zugedeckt 15 Min. aufgehen lassen.

2. Backofen auf 200° vorheizen. Auf dem Teig im Abstand von 2 cm mit Zeige- und Mittelfinger Mulden eindrücken. Butter in Flöckchen in die Teiglöcher setzen. Mandeln und Zucker darüberstreuen. Den Kuchen im Ofen (Mitte, Umluft 180°) in 20–25 Min. goldbraun backen.

Einfrier-Tipp Im Gefrierfach hält sich der Kuchen 2–3 Monate. Aufgebacken wird er in 12–15 Min. bei 150° (Umluft 130°).

Zwetschgendatschi

echt bayerisch
45 Min. + 45 Min. Gehen
+ 40 Min. Backen
pro Stück ca. 270 kcal
9 g Fett · 5 g Eiweiß · 40 g Kohlenhydrate

ZUTATEN FÜR 1 BACKBLECH (16 STÜCKE)

1 Grundrezept süßer Hefeteig (Rezept S. 44)
1 Ei · 1,5 kg Zwetschgen
50 g Löffelbiskuits
100 g Zucker
1/4 TL Zimtpulver
75 g Butter
Fett für das Backblech
Mehl für die Arbeitsfläche

ZUBEREITUNG

1. Den Hefeteig nach dem Grundrezept (S. 44) zubereiten, dabei noch das Ei einarbeiten. Teig gehen lassen.

2. Inzwischen die Zwetschgen waschen, längs aufschlitzen und entsteinen. Vierteln, aber nicht ganz durchschneiden, damit sie noch zusammenhängen. Löffelbiskuits zerbröseln.

3. Ofen auf 200° vorheizen. Backblech fetten. Teig auf der bemehlten Fläche kräftig durchkneten, ausrollen. Das Blech damit auskleiden. Biskuits auf den Boden streuen. Die Zwetschgen leicht überlappend darauflegen.

4. Zucker und Zimtpulver vermischen, über die Zwetschgen streuen. Butter in Flöckchen auf dem Kuchen verteilen. Im heißen Ofen (Mitte, Umluft 180°) 40 Min. backen.

Das schmeckt dazu geschlagene Sahne

Tuning-Tipp **Zwetschgenkuchen mit Zimtstreuseln:** 300 g Mehl mit 200 g Zucker, 1/2 TL Zimtpulver und 200 g weicher Butter vermischen. Mit den Fingern kneten, bis Brösel entstehen. Diese statt Zimtzucker auf den Zwetschgenkuchen streuen.

Bunte Obstpizza

fein im Herbst
45 Min. + 45 Min. Gehen + 30 Min. Backen
pro Stück ca. 300 kcal
13 g Fett · 8 g Eiweiß · 37 g Kohlenhydrate

ZUTATEN FÜR 1 BACKBLECH (16 STÜCKE)

1 Grundrezept süßer Hefeteig (S.44)
250 g Magerquark
250 g Crème fraîche
4 Eier · 125 g Zucker
2 EL Speisestärke
1 Apfel · 1 Birne
200 g Brombeeren
200 g grüne Weintrauben
100 g Preiselbeeren oder Cranberries
Fett für das Backblech

ZUBEREITUNG

1. Hefeteig nach Rezept herstellen und das gefettete Blech auskleiden. Quark, Crème fraîche, Eier, 50 g Zucker und Stärke verrühren, auf den Teig streichen. Backofen auf 200° vorheizen.

2. Apfel und Birne waschen, vierteln, entkernen und in dünne Spalten schneiden. Beeren und Trauben waschen, Trauben halbieren. Obst auf dem Hefeteig verteilen, mit übrigem Zucker bestreuen. Im heißen Ofen (untere Schiene, Umluft 180°) 25–30 Min. backen.

Tuning-Tipp Pizza nach dem Backen mit 4 EL erwärmtem Akazienhonig bepinseln und mit 40 g Pistazienkernen oder mit gerösteten Pinienkernen bestreuen.

Kirsch-Gitterkuchen

raffiniert
1 Std. 10 Min. + 45 Min. Gehen
+ 35 Min. Backen
pro Stück ca. 195 kcal
4 g Fett · 4 g Eiweiß · 35 g Kohlenhydrate

ZUTATEN FÜR 1 BACKBLECH (20 STÜCKE)

1 Grundrezept süßer Hefeteig (S. 44)
je 500 g Süß- und Sauerkirschen (ersatzweise 1 kg entsteinte TK-Schattenmorellen)
300 ml Kirschsaft
4 EL Speisestärke
125 g Zucker
3 Eiweiße
60 g Puderzucker
Fett für das Backblech
Mehl zum Arbeiten

Außerdem:
Spritzbeutel

ZUBEREITUNG

1. Den Hefeteig wie im Rezept S. 44 beschrieben zubereiten und gehen lassen.

2. Kirschen waschen und entsteinen. TK-Kirschen antauen lassen. 125 ml Kirschsaft mit der Stärke verquirlen. Kirschen mit übrigem Saft und Zucker aufkochen. Die Stärkelösung einrühren und 2 Min. köcheln lassen. Vom Herd nehmen.

3. Backofen auf 200° vorheizen. Blech fetten. Teig auf bemehlter Fläche durchkneten, ausrollen und auf das Blech legen, Rand hochziehen. Kirschen auf dem Boden verteilen. Kuchen 20 Min. (Mitte, Umluft 180°) backen.

4. Die Eiweiße mit Puderzucker schnittfest schlagen und in einen Spritzbeutel mit dünner Tülle füllen. Den Kuchen aus dem Ofen nehmen, die Baisermasse gitterförmig aufspritzen. In 10–15 Min. fertig backen, bis das Baiser goldbraune Spitzen hat.

Rhabarber-Schmand-Kuchen

saisonal | supersaftig
45 Min. + 45 Min. Gehen
+ 30 Min. Backen
pro Stück ca. 270 kcal
14 g Fett · 5 g Eiweiß · 30 g Kohlenhydrate

ZUTATEN FÜR 1 BACKBLECH (20 STÜCKE)

1 Grundrezept süßer Hefeteig (S. 44)
1 kg Rhabarber
150 g Zucker · 1 EL Mehl
600 g Schmand (ersatzweise Crème fraîche)
1 Päckchen Vanille-Puddingpulver
1 Ei · 1 Päckchen Bourbon-Vanillezucker
100 g Mandelblättchen
Fett für das Backblech
Mehl zum Ausrollen

ZUBEREITUNG

1. Den Hefeteig nach dem Grundrezept S. 44 zubereiten und gehen lassen.

2. Inzwischen den Rhabarber waschen, putzen und in kleine Stücke (ca. 2 cm) schneiden. Mit 50 g Zucker und Mehl vermischen. Backofen auf 180° vorheizen. Blech einfetten.

3. Schmand mit übrigem Zucker, Puddingpulver, Ei und Vanillezucker verrühren. Den Teig auf der bemehlten Fläche durchkneten, ausrollen und das Blech auslegen. Rhabarber auf dem Boden verteilen, die Schmandmasse daraufgießen. Den Kuchen mit Mandelblättchen bestreuen und im Ofen (Mitte, Umluft 160°) 30 Min. backen.

Austausch-Tipp Außerhalb der Rhabarber-Saison frische Stachelbeeren oder rote Johannisbeeren nehmen.

Gugelhupf-Variationen:
Außer aus Hefeteig können Sie einen Gugelhupf auch aus Rührteig [➔ S. 24] oder Biskuit [➔ S. 96] backen.

Johannisbeer-Gugelhupf

Grundrezept Gugelhupf

Kuchenglück aus dem Elsass
30 Min. + 2 Std. 15 Min. Gehen + 60 Min. Backen
pro Stück ca. 290 kcal
14 g Fett · 6 g Eiweiß · 32 g Kohlenhydrate

ZUTATEN FÜR 1 GUGELHUPFFORM (Ø 24 cm, 20 STÜCKE)

200 g Rosinen · 125 ml Rum (ersatzweise Orangensaft)
500 g Mehl · 1 Prise Salz
1 Würfel frische Hefe (42 g)
ca. 125 ml lauwarme Milch
80 g Zucker · 3 Eier
250 g weiche Butter
100 g gehackte Mandeln
Mehl zum Formen und Bestäuben · Butter für die Form
Puderzucker zum Bestäuben

ZUBEREITUNG

1. Rosinen im Rum einweichen. Mehl und Salz in eine Schüssel sieben. In die Mitte eine Mulde drücken, die Hefe hineinbröckeln. Mit 50 ml Milch verrühren. Zugedeckt an warmem Ort 15 Min. gehen lassen.

2. Rosinen abtropfen lassen und mit Mehl bestäuben. Zucker, Eier, Butter, Rosinen und Mandeln in die Schüssel geben, alles gut verkneten. Dabei nach und nach so viel warme Milch dazugeben, dass ein weicher und geschmeidiger Teig entsteht. Auf der bemehlten Arbeitsfläche kräftig durchkneten. Nochmals 60 Min. gehen lassen, bis sich sein Volumen verdoppelt hat.

3. Die Backform gründlich einbuttern. Teig in die Form füllen – sie sollte nur zur Hälfte gefüllt sein. Zugedeckt 60 Min. gehen lassen, bis der Teig den Rand der Form erreicht hat.

4. Den Backofen auf 180° vorheizen. Gugelhupf (2. Schiene von unten, Umluft 160°) 50–60 Min. backen. Nach 10 Min. Abkühlen auf eine Platte stürzen. Mit Puderzucker bestäuben. Am besten noch lauwarm servieren.

Das schmeckt dazu Sie können den Gugelhupf mit Butter und Konfitüre servieren (z. B. zum Frühstück oder nachmittags zum Kaffee). Er schmeckt aber auch pur zum Wein, z. B. zu einem Gläschen Sylvaner.

Tuning-Tipp 50 g Zartbitterschokolade in Stücke schneiden und ebenfalls unter den Teig mengen.

Exotic-Gugelhupf

Teatime-Cake
35 Min. + 2 Std. 15 Min. Gehen
+ 60 Min. Backen
pro Stück ca. 290 kcal
14 g Fett · 5 g Eiweiß · 36 g Kohlenhydrate

ZUTATEN FÜR 1 GUGELHUPFFORM (Ø 24 cm, 20 STÜCKE)

500 g Mehl · 1 Prise Salz · 1 Würfel frische Hefe (42 g) · ca. 125 ml lauwarme Milch
100 g Zucker · 1 Päckchen Vanillezucker
abgeriebene Schale von 1 Bio Limette
3 Eier · 250 g weiche Butter · 100 g gemischte gewürfelte kandierte Früchte (z. B. Papaya, Mango, Ananas, Ingwer) · 100 g Cashewkerne · 100 g Rosinen · Butter für die Form
Puderzucker zum Bestäuben

ZUBEREITUNG

1. Den Hefeteig nach dem Grundrezept (oben) bis zum Vorteig vorbereiten, 15 Min. gehen lassen. Dann Zucker, Vanillezucker, Limettenschale sowie Eier, Butter und übrige Milch (Grundrezept) untermischen.

2. Kandierte Früchte klein würfeln. Cashewkerne hacken. Zusammen mit den Rosinen hinzufügen und gründlich unterkneten.

3. Den Teig zweimal gehen lassen und wie im Grundrezept angegeben im vorgeheizten Backofen bei 200° (Umluft 180°) 50–60 Min. backen. Stürzen und abkühlen lassen. Vor dem Servieren mit Puderzucker bestäuben.

Johannisbeer-Gugelhupf

sommerlich fein | gut vorzubereiten
40 Min. + 2 Std. 15 Min. Gehen
+ 60 Min. Backen
pro Stück ca. 275 kcal
16 g Fett · 5 g Eiweiß · 27 g Kohlenhydrate

ZUTATEN FÜR 1 GUGELHUPFFORM (Ø 24 cm, 20 STÜCKE)

500 g Mehl · 1 Prise Salz · 1 Würfel frische Hefe (42 g) · ca. 125 ml lauwarme Milch
250 g rote Johannisbeeren · 50 g weiße Kuvertüre · 100 g grob gehackte Pekannüsse (ersatzweise gehackte Mandeln)
1 EL Mehl · 120 g feiner Zucker · 3 Eier
250 g weiche Butter · 1 Vanilleschote · Butter für die Form · Puderzucker zum Bestäuben

ZUBEREITUNG

1. Den Hefe-Vorteig nach dem Grundrezept aus Mehl, Salz, Hefe und 5 EL lauwarmer Milch zubereiten und gehen lassen.

2. Die Johannisbeeren kurz waschen und von den Rispen streifen. Kuvertüre hacken. Johannisbeeren, Kuvertüre, Pekannüsse und 1 EL Mehl mischen. 120 g Zucker, Eier, Butter, übrige Milch (wie im Grundrezept), die Beeren und das ausgekratzte Vanillemark unter den Teig kneten. 60 Min. gehen lassen.

3. Teig in die gefettete Form füllen, 60 Min. gehen lassen. Ofen auf 180° vorheizen. Den Kuchen 50–60 Min. (2. Schiene von unten, Umluft 160°)backen. 10 Min. abkühlen lassen, stürzen, mit Puderzucker bestäuben.

Walnuss-Gugelhupf

raffiniert
40 Min. + 2 Std. 15 Min. Gehen
+ 60 Min. Backen
pro Stück ca. 285 kcal
17 g Fett · 6 g Eiweiß · 26 g Kohlenhydrate

ZUTATEN FÜR 1 GUGELHUPFFORM (Ø 24 cm, 20 STÜCKE)

500 g Mehl · 1 Prise Salz · 1 Würfel frische Hefe (42 g) · ca. 125 ml lauwarme Milch
100 g frischer Ingwer · 125 g Walnusskerne
125 g ganze Mandeln · 200 g Butter
125 g Zucker · 3 Eier · Butter für die Form
Puderzucker zum Bestäuben

ZUBEREITUNG

1. Den Vorteig für den Hefeteig aus Mehl, Salz, der Hefe und 5 EL lauwarmer Milch (Grundrezept) vorbereiten.

2. Den Ingwer schälen und fein würfeln. Walnüsse und Mandeln hacken. Butter und Zucker in einer Pfanne schmelzen lassen, Nüsse und Mandeln darin unter Wenden anrösten und goldgelb karamellisieren. Ingwer untermischen und kurz mit erhitzen. Vom Herd nehmen.

3. Die Ingwermischung sowie Eier und restliche Milch (Grundrezept) mit dem Mehl und Vorteig gründlich verkneten. Den Teig nach Anleitung gehen lassen und im Ofen bei 180° (2. Schiene von unten, Umluft 160°) 50–60 Min. backen. Vor dem Servieren mit Puderzucker bestäuben.

Grundrezept süßer Hefeteig zum Formen

ZUTATEN
FÜR 1 HEFEZOPF
(12 STÜCKE)

500 g Mehl
1 Würfel frische Hefe (42 g)
225 ml Milch
80 g Butter
60 g Zucker
1 Ei · 1 Prise Salz
2 EL Milch zum Bestreichen
Fett für das Backblech
Mehl für die Arbeitsfläche

gelingt leicht
20 Min. + 1 Std. 10 Min. Gehen + 40 Min. Backen

pro Stück ca. 240 kcal
7 g Fett · 6 g Eiweiß · 37 g Kohlenhydrate

ZUBEREITUNG

1. Das Mehl in eine Schüssel sieben. In die Mitte eine Mulde drücken, die Hefe zerbröseln und in die Mulde geben. Die Milch leicht erwärmen. Die Hälfte der Milch mit der Hefe verrühren, etwas Mehl vom Rand darüberstäuben und zugedeckt an einem warmen Ort 15 Min. gehen lassen.

2. Die Butter zerlassen, die restliche Milch dazugeben und mit dem Zucker und dem Ei und 1 Prise Salz zu dem Vorteig geben. Den Teig mit den Händen kräftig durchkneten, bis er Blasen wirft und sich vom Schüsselrand löst. Den Teig mit einem Tuch abdecken und an einem warmen Ort 40–45 Min. zur doppelten Größe gehen lassen. Backofen auf 180° vorheizen. Ein Backblech einfetten.

3. Den Hefeteig auf einer bemehlten Arbeitsfläche kräftig durchkneten, wenn der Teig zu weich ist noch etwas Mehl unterkneten. Den Teig in drei gleich große Stücke teilen und zu Rollen von etwa 60 cm formen. Die Rollen an einem Ende etwas zusammendrücken und zu einem Zopf formen, unten ebenfalls zusammendrücken. Den Zopf auf das Blech legen und nochmals 10 Min. gehen lassen. Den Zopf mit Milch einpinseln und im Ofen (Mitte, Umluft 160°) ca. 40 Min. backen.

Variante Mini-Gugelhüpfchen: Eine 12er-Mini-Gugelhupfform mit Butter oder Öl einpinseln. Den Backofen auf 180° vorheizen. Den Teig wie im Grundrezept beschrieben zubereiten und gehen lassen. Den Teig zu einer Rolle formen. Die Rolle in 24 Stücke teilen. 12 Stücke leicht ausrollen, in die Förmchen geben und im Ofen (Mitte, Umluft 160°) 20–25 Min. backen. Kurz auskühlen lassen und aus der Form stürzen. Form wieder einfetten. Übrige Stücke leicht ausrollen, in die Form geben und backen.

Wichtig

- → Alle Zutaten für den Hefeteig müssen **zimmerwarm** sein.
- → Den Hefeteig zur **doppelten Größe** gehen lassen.
- → Vor dem Portionieren nochmals gut **durchkneten.**
- → Damit der Zopf gleichmäßig wird, die Hefestücke für die Rollen **abwiegen.**

Gefüllter Hefezopf

ZUTATEN
FÜR 12 STÜCKE

1 Grundrezept Hefeteig
Fett für das Backblech
Mehl für die Arbeitsfläche

Für die Füllung:
100 g getrocknete Feigen
100 g getrocknete Datteln
50 g Marzipanrohmasse
50 g gehackte Mandeln
1/4 TL Zimtpulver
1 TL Vanillezucker
1 EL Grappa (ersatzweise Zitronensaft) · 2 EL Sahne
1 Eigelb · 2 EL Milch

gut vorzubereiten | für Gäste
25 Min. + 1 Std. 10 Min. Gehen + 45 Min. Backen

pro Stück ca. 345 kcal
12 g Fett · 8 g Eiweiß · 52 g Kohlenhydrate

ZUBEREITUNG

1. Den Hefeteig wie im Grundrezept beschrieben zubereiten und in 40–45 Min. zur doppelten Größe gehen lassen. Inzwischen die Früchte in kleine Würfel schneiden und in einen Topf geben. So viel Wasser dazugießen, dass die Früchte bedeckt sind. Die Früchte 10 Min. leicht köcheln, kurz abkühlen lassen und mit dem Sud im Mixer pürieren.

2. Die Masse in eine Schüssel geben, Marzipanrohmasse mit dem Gemüsehobel darüberhobeln, Mandeln, Zimt und Vanillezucker, Grappa oder Zitronensaft unterrühren. Zugedeckt stehen lassen.

3. Ein Backblech fetten. Den Hefeteig auf bemehlter Arbeitsfläche kräftig durchkneten. Den Teig in drei gleich große Stücke teilen. Jedes Teil zu einem Rechteck von 60 x 30 cm ausrollen und mit Sahne bestreichen. Je ein Drittel Füllung darauf verteilen, je einen fingerbreiten Rand aussparen. Von der Längsseite her aufrollen. Die Kanten mit Wasser verkleben.

4. Die Rollen zu einem Zopf flechten und an den Enden gut festdrücken. Den Hefezopf mit einem Tuch abdecken und nochmals 10 Min. gehen lassen. Den Backofen auf 180° vorheizen. Eigelb mit Milch verrühren. Den Zopf damit bestreichen. Im Ofen (Mitte, Umluft 160°) in ca. 45 Min. goldgelb backen. Herausnehmen und abkühlen lassen.

Tuning-Tipp 200 g Puderzucker mit 4 EL lauwarmer Milch und 1 TL Zitronensaft zu einem dickflüssigen Guss verrühren. Den Hefezopf damit bestreichen.

Rosenkuchen

Rosenkuchen

lohnt sich
25 Min. + 1 Std. 15 Min. Gehen + 40 Min. Backen
bei 12 Stücken pro Stück ca. 435 kcal
19 g Fett · 10 g Eiweiß · 56 g Kohlenhydrate

ZUTATEN FÜR 1 AUFLAUFFORM (8–12 STÜCKE)

1 Grundrezept Hefeteig
Fett für die Form · Mehl für die Arbeitsfläche

Für die Füllung:
200 g gemahlene Haselnüsse
2 Eier, getrennt
100 g Puderzucker
1/4 TL Zimtpulver
1 Prise gemahlener Kardamom
1 Prise Nelkenpulver
2 TL Kakaopulver
2 Tropfen Bittermandelöl · 150 g Aprikosenkonfitüre
2 EL flüssige Sahne

ZUBEREITUNG

1. Hefeteig nach Grundrezept zubereiten und gehen lassen. Haselnüsse in einer Pfanne leicht anrösten. Eiweiße steif schlagen. Eigelbe mit Puderzucker verrühren. Haselnüsse, Gewürze, Kakaopulver und Bittermandelöl dazugeben. mit 1 EL Aprikosenkonfitüre gut vermischen. Den Eischnee unterheben.

2. Teig auf bemehlter Arbeitsfläche durchkneten, zu einem Rechteck von 50 x 30 cm ausrollen. Mit Sahne bestreichen. Die Nussmasse darauf verstreichen. Von der Längsseite her aufrollen, in 8–12 Scheiben schneiden. Diese mit der Schnittfläche nach oben in die gefettete Form setzen. Zugedeckt 15 Min. gehen lassen. Ofen auf 180° vorheizen.

3. Kuchen 40–45 Min. backen (Mitte, Umluft 160°). Inzwischen übrige Aprikosenkonfitüre erwärmen. Heißen Kuchen damit glasieren.

Fruchtiger Hefekuchen (Panettone)

gut vorzubereiten
25 Min. + 1 Std. 10 Min. Gehen + 45 Min. Backen
pro Stück ca. 250 kcal
9 g Fett · 5 g Eiweiß · 38 g Kohlenhydrate

ZUTATEN FÜR 1 PANETTONEFORM ODER KRANZSPRINGFORM (16 STÜCKE)

1 Grundrezept Hefeteig
Fett für die Form · Mehl für die Arbeitsfläche

Für die Füllung:
je 40 g Zitronat und Orangeat · 100 g Rosinen · 1 EL Zitronensaft
je 1 Päckchen geriebene Zitronen- und Orangenschale · 1 Päckchen Vanillezucker
1/4 TL Anispulver
40 g Pinienkerne (ersatzweise Mandelstifte)
30 g Butter · Puderzucker zum Bestäuben

ZUBEREITUNG

1. Hefeteig nach Grundrezept zubereiten und zugedeckt an einem warmen Ort 40–45 Min. gehen lassen. Die Form fetten.

2. Zitronat und Orangeat klein würfeln, mit den Rosinen und Zitronensaft vermischen. Den Hefeteig auf bemehlter Arbeitsfläche nochmals kräftig durchkneten. Die Früchte, Zitronen- und Orangenschale, Vanillezucker, Anispulver und Pinienkerne unter den Teig kneten. Den Teig in die Form füllen und zugedeckt nochmals 25 Min. gehen lassen.

3. Ofen auf 180° vorheizen. Teigoberfläche mit einem Messer leicht einritzen. Im Ofen (Mitte, Umluft 160°) 45 Min. backen. Die Butter zerlassen und nach 15 Min. Backzeit die Einkerbungen damit bestreichen. Kuchen leicht abgekühlt mit Puderzucker bestäuben.

Grundrezept Apfelstrudel

klassisch | fruchtig
40 Min. + 20 Min. Ruhen
+ 40 Min. Backen
pro Stück ca. 330 kcal
16 g Fett · 5 g Eiweiß · 42 g Kohlenhydrate

ZUTATEN FÜR 12 STÜCKE

Für den Strudelteig:
250 g Mehl · 1/4 TL Salz
1 Eigelb · 4 EL Öl · Mehl zum Arbeiten

Für die Füllung:
3 EL Semmelbrösel · 1/2 TL Zimtpulver
1 Bio-Zitrone · 100 g Rosinen
1 kg säuerliche Äpfel (z. B. Boskoop)
75 g feiner Zucker · 1 Päckchen Vanillezucker
100 g Mandelstifte

Außerdem:
100 g Butter zum Bestreichen
2 EL Puderzucker zum Bestäuben

ZUBEREITUNG

1. Das Mehl in eine Schüssel geben, in die Mitte eine Mulde drücken. Salz, Eigelb und 3 EL Öl hinzufügen. Ca. 125 ml lauwarmes Wasser dazugießen. Alles mit den Händen zügig zu einem glatten, elastischen Teig verkneten. Die Teigkugel mit 1 EL Öl bestreichen und in Frischhaltefolie wickeln oder in einen Gefrierbeutel geben und 20 Min. ruhen lassen.

2. Für die Füllung die Brösel in einer Pfanne ohne Fett leicht anrösten, mit Zimt mischen. Die Zitrone heiß waschen, trocken reiben, 1 TL Schale abreiben. Den Saft auspressen, zu den Rosinen geben. Äpfel schälen, vierteln, entkernen und quer in dünne Scheiben schneiden. Mit Zucker, Vanillezucker, Zitronenschale und Rosinen vermischen. Mandelstifte unterheben.

3. Ofen auf 200° vorheizen. Ein Blech mit Backpapier belegen. Butter zerlassen. Den Teig auf ein großes, leicht bemehltes Küchentuch geben, dünn ausrollen, dann über dem Handrücken hauchdünn ausziehen. Den Teig mit 2–3 EL zerlassener Butter bestreichen, mit Semmelbröseln bestreuen. Die Füllung auf dem unteren Drittel des Teiges verteilen.

4. Teigenden einschlagen, den Strudel mithilfe des Tuchs aufrollen. Mit der Naht nach unten auf das Blech legen, mit Wasser bestreichen und im Ofen (Mitte, Umluft 180°) in ca. 40 Min. goldbraun backen. Zwischendurch mit der übrigen zerlassenen Butter bestreichen. Noch warm mit Puderzucker bestäuben.

Strudelteig ohne Ei Zusätzlich 1 TL Essig zu dem lauwarmen Wasser für die Zubereitung des Strudelteiges geben.
Strudel einfrieren Den fertig gebackenen, abgekühlten Strudel auf eine Platte legen und für 10 Min. offen in das Tiefkühlgerät stellen. Danach in einen großen Gefrierbeutel geben und einfrieren.

Füll-Variante: Birnenstrudel

750 g weiche Birnen schälen, vierteln und ohne Kerngehäuse in dünne Scheiben schneiden. Mit 2 EL Zitronensaft vermischen. Den ausgezogenen Strudelteig mit 2 EL Butter bestreichen, Nussbrösel und Birnen darauf verteilen, aufrollen und backen.

Quarkstrudel

ZUTATEN
FÜR 1 AUFLAUFFORM
(12 STÜCKE)

1 Grundrezept Strudelteig · Mehl zum Arbeiten
Fett für die Form

Für die Füllung:
3 Eier · 150 g Sahne
125 g weiche Butter
125 g Zucker
1 Päckchen Vanillezucker
500 g Magerquark
1 Päckchen Vanillesaucenpulver zum Kochen
100 ml Milch zum Begießen

saftig | gelingt leicht
40 Min. + 20 Min. Ruhen + 45 Min. Backen

pro Stück ca. 345 kcal
19 g Fett · 11 g Eiweiß · 33 g Kohlenhydrate

ZUBEREITUNG

1. Den Strudelteig nach dem Grundrezept zubereiten und 20 Min. ruhen lassen.

2. Inzwischen die Eier trennen. Eiweiße zusammen mit der Sahne in einem hohen Rührbecher zu einer cremigen Masse aufschlagen. Die Butter mit Zucker, Vanillezucker und Eigelben schaumig schlagen. Quark und Saucenpulver unterrühren. Die Eiweißmasse locker unter die Quarkcreme heben.

3. Den Backofen auf 200° vorheizen. Die Form gut fetten. Ein Küchenhandtuch mit Mehl bestäuben. Den Strudelteig dünn ausrollen und über den Handrücken hauchdünn ausziehen. Den Strudelteig mit Wasser bestreichen. Die Quarkcreme darauf verteilen, dabei einen 1 cm breiten Rand frei lassen.

4. Den Teigrand leicht über die Füllung schlagen. Den Strudel mithilfe des Küchenhandtuchs aufrollen und mit der Nahtstelle nach unten in die Auflaufform gleiten lassen. Nochmals mit Wasser bestreichen.

5. Den Quarkstrudel im Backofen (Mitte, Umluft 180°) ca. 45 Min. backen. Nach 20 Min. Backzeit den Strudel mit der Milch begießen und fertig backen.

Tuning-Tipp 100 g Rumrosinen unter die fertige Quarkcreme mischen.

Das schmeckt dazu 200 g Sahne mit 1 Päckchen Sahnesteif steif schlagen. 3 EL Karamellsauce oder Vanillesauce aus dem Glas (Fertigprodukt) unterrühren. Zu dem warmen Quarkstrudel servieren.

Aprikosen-Nuss-Strudel

ZUTATEN
FÜR 12 STÜCKE

1 Grundrezept Strudelteig · Mehl zum Arbeiten

Für die Füllung:
750 g frische Aprikosen
2 EL Agavendicksaft (ersatzweise Honig)
100 g Amarettini
50 g gehackte Haselnüsse
50 g Puderzucker
1 TL abgeriebene Bio-Orangenschale
2 EL Aprikosenkonfitüre
3 EL Milch
Puderzucker zum Bestäuben

nussig | fruchtig
40 Min. + 20 Min. Ruhen + 40 Min. Backen

pro Stück ca. 235 kcal
9 g Fett · 4 g Eiweiß · 33 g Kohlenhydrate

ZUBEREITUNG

1. Den Strudelteig nach dem Grundrezept zubereiten und 20 Min. ruhen lassen. Aprikosen kurz abbrausen und auf einem Sieb abtropfen lassen. Aprikosen halbieren, den Stein entfernen, die Hälften in jeweils drei Spalten schneiden, in einer Schüssel mit Agavendicksaft mischen. Zugedeckt durchziehen lassen.

2. Amarettini in einen Gefrierbeutel geben und mit dem Nudelholz zerbröseln. Mit den Nüssen und Puderzucker vermischen und in einer Pfanne ohne Fett leicht anrösten. Nussbrösel mit Orangenschale vermischen.

3. Den Backofen auf 200° vorheizen. Ein Küchenhandtuch mit Mehl bestäuben. Den Strudelteig ausrollen und über dem Handrücken dünn ausziehen. Den Teig mit Wasser bestreichen und die Aprikosenkonfitüre darauf verstreichen. Die Nussbrösel auf das untere Drittel des Teiges geben, Aprikosen darauf verteilen. Die Enden etwas einschlagen.

4. Den Strudel mithilfe des Tuchs aufrollen und auf ein mit Backpapier belegtes Backblech legen. Im Ofen (Mitte, Umluft 180°) ca. 40 Min. backen. Zwischendurch immer wieder mit Milch bestreichen. Den abgekühlten Strudel mit Puderzucker bestäuben.

Austausch-Tipp Sie können den Strudel auch mit Früchten aus dem Tiefkühlfach oder aus dem Glas zubereiten, z. B. mit Aprikosen, Kirschen oder Mirabellen.

Aprikosen-Nuss-Strudel

Philadelphia-Kuchen

zartschmelzendes Vergnügen

20 Min. + 3 Std. Kühlen

pro Stück ca. 315 kcal

24 g Fett · 5 g Eiweiß · 20 g Kohlenhydrate

ZUTATEN FÜR 1 SPRINGFORM (Ø 26 cm, 12 STÜCKE)

150 g Löffelbiskuit
125 g Butter
1 Zitrone
600 g Frischkäse
300 g Naturjoghurt
1 Beutel rote Götterspeise
75 g Zucker

ZUBEREITUNG

1. Löffelbiskuits in einem Gefrierbeutel mit dem Nudelholz zerbröseln. Butter schmelzen, mit den Bröseln vermischen. Die Brösel auf den Boden der Springform drücken.

2. Die Zitrone auspressen. Saft mit Frischkäse und Joghurt cremig rühren. Götterspeise mit Zucker in einem Kochtopf mischen und mit 225 ml Wasser verrühren, unter Rühren erhitzen, bis alles gelöst ist. Nicht kochen. Abkühlen lassen, unter die Frischkäsecreme rühren.

3. Die Creme auf den vorbereiteten Boden in die Springform füllen und glatt streichen. Den Kuchen mindestens 3 Std. kühl stellen.

Tuning-Tipp 50 g Puderzucker in einer Pfanne schmelzen, 40 g gehackte Walnüsse dazugeben, unter Rühren karamellisieren. Abkühlen lassen. Den Kuchen vor dem Servieren mit den Karamellnüssen bestreuen.

Variante 2 Tassenportionen Cappuccinopulver unter die Käsecreme rühren. Den Kuchen mit Schokobohnen verzieren.

Mango-Kokos-Kuchen

exotischer Verführer

30 Min. + 3 Std. Kühlen

pro Stück ca. 400 kcal

33 g Fett · 5 g Eiweiß · 21 g Kohlenhydrate

ZUTATEN FÜR 1 SPRINGFORM (Ø 26 cm, 12 STÜCKE)

150 g Kokoszwieback (7 Stück)
125 g Butter
1 Dose Mangos (225 g Abtropfgewicht)
50 g Puderzucker
6 Blatt Gelatine
250 ml Kokosmilch (aus der Dose)
300 g Sahne
400 g Frischkäse
2 EL Honig
50 g Kokosraspel

ZUBEREITUNG

1. Kokoszwieback in einem Gefrierbeutel mit dem Nudelholz fein zerbröseln. Butter zerlassen und mit den Bröseln vermischen. Die Masse auf den Boden der Form drücken. Die Mangos in einem Sieb abtropfen lassen, würfeln und mit Puderzucker pürieren.

2. Die Gelatine in Wasser einweichen. Kokosmilch im Topf erwärmen. Gelatine ausdrücken, unter Rühren in der Kokosmilch auflösen. Kühl stellen, bis die Masse leicht geliert.

3. Die Sahne steif schlagen. Frischkäse mit Honig cremig rühren, Kokosguss und ein Drittel Mangopüree unterrühren. Sahne vorsichtig unterziehen. Die Masse auf den Boden geben und mindestens 3 Std. kühl stellen.

4. Vor dem Servieren den Kuchenrand mit Kokosraspel bestreuen. Übriges Mangopüree auf der Oberfläche verteilen und mit einem Holzstäbchen graffitiartig auseinanderziehen.

Austausch-Tipp Nehmen Sie statt Mangos Dosenpfirsiche oder -aprikosen.

Kühler Kirschkuchen

lohnt sich | gut vorzubereiten
30 Min. + 3 Std. Kühlen
pro Stück ca. 410 kcal
24 g Fett · 9 g Eiweiß · 39 g Kohlenhydrate

ZUTATEN FÜR 1 SPRINGFORM (Ø 26 cm, 12 STÜCKE)

50 g Butter
100 g Schokoraspel
100 g Cornflakes
1 Glas Sauerkirschen (370 g Abtropfgewicht)
ca. 250 ml Kirschsaft (zusätzlich zum Saft der eingelegten Kirschen)
2 EL Zucker · 1 Päckchen Vanillepuddingpulver
Fruchtsaft zum Anrühren · 500 g Magerquark · 250 g Mascarpone · 100 g Puderzucker
1 Päckchen Vanillezucker · 1 EL Mandellikör (nach Belieben)
300 g Sahne · 1 Päckchen Sahnesteif
12 Kirschen zum Verzieren

ZUBEREITUNG

1. Die Butter zerlassen, Schokoraspel unter Rühren darin schmelzen lassen. Cornflakes in einem Gefrierbeutel mit dem Nudelholz fein zerdrücken, mit der Schokomasse vermischen. Die Masse in die Form drücken. Die Kirschen in einem Sieb abtropfen lassen, den Saft dabei auffangen.

2. Den aufgefangenen Kirschsaft mit zusätzlichem Kirschsaft auf 450 ml auffüllen und mit Zucker zum Kochen bringen. Puddingpulver mit ca. 6 EL Kirschsaft anrühren, dazugeben und unter Rühren zu einem Pudding kochen. Abgetropfte Kirschen unterheben. Die Masse auf dem Boden verteilen. Kühl stellen.

3. Quark mit Mascarpone, Puderzucker, Vanillezucker und ggf. Likör cremig rühren. Die Sahne mit Sahnesteif steif schlagen und unter die Käsecreme heben. Die Käsecreme auf die Kirschen geben und glatt streichen. Den Kuchen 3 Std. kühl stellen. Vor dem Servieren mit den Kirschen verzieren.

Beeren-Sauerrahm-Kuchen

sommerlich | leicht
30 Min. + 3 Std. Kühlen
pro Stück ca. 340 kcal
25 g Fett · 5 g Eiweiß · 20 g Kohlenhydrate

ZUTATEN FÜR 1 SPRINGFORM (Ø 26 cm, 12 STÜCKE)

150 g Amaretti
125 Butter
600 g frische Beeren (z. B. Himbeeren, Brombeeren, Heidelbeeren, Erdbeeren)
2 EL Himbeersirup
400 g Sauerrahm
400 g Frischkäse
4 EL Sofort-Gelatine (Gelatine Fix, ohne Quellen und Aufkochen)
100 g Puderzucker
3 Baisers (40 g)

ZUBEREITUNG

1. Amaretti in einem Gefrierbeutel mit dem Nudelholz fein zerdrücken. Die Butter schmelzen und mit den Bröseln vermischen. Die Mischung auf den Boden der Form drücken. Beeren verlesen, wenn nötig kurz abbrausen. 200 g schöne Beeren beiseitelegen. 400 g Beeren mit Himbeersirup im Mixer pürieren.

2. Sauerrahm mit Frischkäse cremig schlagen. Das Fruchtpüree und Gelatinepulver dazugeben und nochmals kräftig durchmixen, Puderzucker unterrühren. Die Käsecreme auf den Boden geben. Den Kuchen mindestens 3 Std. kühl stellen. Vor dem Servieren die Baisers zerbröseln. Beeren und Baiserbrösel auf dem Kuchen verteilen.

Austausch-Tipp Sie können auch tiefgekühlte Beeren nehmen. Beeren vor dem Pürieren auf ein Sieb geben und antauen lassen.

Deko-Tipp 200 g Beeren unter die Beerencreme heben. Den Kuchen kühl stellen. Vor dem Servieren mit Amarettini dekorieren.

Schneeweißchen-Kuchen

saftig-exotisch

25 Min. + 40 Min. Backen

pro Stück ca. 440 kcal

27 g Fett · 6 g Eiweiß · 44 g Kohlenhydrate

ZUTATEN FÜR 1 SPRINGFORM (Ø 26 cm, 12 STÜCKE)

(1 Becher = 200 ml)
1 Dose Ananas in Stücken
200 g weiche Butter
1 Becher Zucker · 4 Eier
1 Becher Kokosraspel
2 Becher Mehl
1/2 TL Backpulver
2 EL Ananaskonfitüre (ersatzweise Aprikosenkonfitüre)
1 Becher Sahne
1 Päckchen Sahnesteif
1 Päckchen Vanillezucker
2 EL Kokoschips oder Kokosraspel
Fett für die Form

ZUBEREITUNG

1. Den Backofen auf 180° vorheizen. Die Form fetten. Die Ananasstücke auf einem Sieb abtropfen lassen. Die Butter mit Zucker schaumig rühren, Eier nach und nach unterrühren. Die Kokosraspel mit Mehl und Backpulver mischen und unter den Teig rühren. Die Ananasstücke unterheben.

2. Den Teig in die Form füllen. Im Ofen (Mitte, Umluft 160°) 40 Min. backen. Den Kuchen abkühlen lassen und aus der Form lösen.

3. Konfitüre kurz erwärmen. Den Kuchen damit bestreichen. Die Sahne mit Sahnesteif und Vanillezucker steif schlagen. Die Sahne mit einem Löffel auf dem Kuchen verteilen und mit Kokoschips oder Kokosraspel bestreuen.

Kerniger Nusskuchen

macht viele glücklich

25 Min. + 25 Min. Backen

pro Stück ca. 415 kcal

15 g Fett · 13 g Eiweiß · 57 g Kohlenhydrate

ZUTATEN FÜR 1 BACKBLECH (20 STÜCKE)

Für den Teig:
(1 Becher = 200 ml)
1 Becher Sahne
1 Becher Rohrzucker
1 Päckchen Vanillezucker · 3 Eier
1 Becher Dinkelmehl (Type 630)
1/2 TL Backpulver
2 Becher gemahlene Haselnüsse
Fett für das Blech

Für den Belag:
100 g Nusskernmischung · 2 EL Honig
1 EL weiche Butter
1 EL Sesamsamen

ZUBEREITUNG

1. Den Backofen auf 180° vorheizen. Das Blech fetten. Sahne mit Zucker, Vanillezucker und Eiern verrühren. Mehl mit Backpulver mischen und mit den Nüssen unter den Teig rühren. Den Teig auf ein Backblech streichen.

2. Die Nusskernmischung grob hacken. Honig mit Butter in einem Topf erwärmen, Nüsse und Sesam unterrühren.

3. Die Nussmischung mit einem Löffel auf die Oberfläche des Teiges geben und den Kuchen im Backofen (Mitte, Umluft 160°) 25 Min. backen. Den Kuchen abkühlen lassen und in Stücke schneiden.

Einfrier-Tipp Den Nusskuchen kann man prima auf Vorrat backen. Den Kuchen in Stücke schneiden, in einen Gefrierbeutel oder eine Gefrierbox geben und einfrieren.

Zebrakuchen

süß gestreift

25 Min. + 45 Min. Backen

pro Stück ca. 370 kcal

20 g Fett · 6 g Eiweiß · 42 g Kohlenhydrate

ZUTATEN FÜR 1 KASTENFORM (24 cm, 1,25 l INHALT, 12 STÜCKE)

(1 Becher = 200 ml)
1 Päckchen weiche Butter (250 g)
1 Becher Zucker
1 Päckchen Vanillezucker · 4 Eier
3 Becher Mehl
1 TL Backpulver
2 EL Kakaopulver
2 EL Milch
Fett für die Form

ZUBEREITUNG

1. Den Backofen auf 180° vorheizen. Die Kastenform gut einfetten. Butter mit Zucker und Vanillezucker cremig rühren. Die Eier nach und nach unterrühren. Das Mehl mit dem Backpulver mischen und unter die Buttermischung rühren. Ein Drittel des Teiges in eine Rührschüssel geben, mit dem Kakaopulver und der Milch verrühren.

2. Zuerst die Hälfte des hellen Teiges in die Form geben und glatt streichen. Die Hälfte des dunklen Teiges daraufgeben und glatt streichen. So weiterverfahren, bis der Teig aufgebraucht ist. Im Ofen (Mitte, Umluft 160°) 45 Min. backen. Herausnehmen, abkühlen lassen und aus der Form lösen.

Tuning-Tipp 4 rechteckige Oblaten zurechtschneiden und jede Teigschicht – bis auf die oberste – mit Oblaten abdecken und mit Milch bestreichen.

Browny-Cake

schokoladig und bärenstark

25 Min. + 40 Min. Backen

pro Stück ca. 395 kcal

26 g Fett · 6 g Eiweiß · 34 g Kohlenhydrate

ZUTATEN FÜR 1 QUADRATISCHE SPRINGFORM (26 cm, 12 STÜCKE)

(1 Becher = 200 ml)
1 Päckchen Schokoraspel (100 g)
1/2 Becher Sahne
1 EL Kakaopulver
1/2 Päckchen Butter (125 g)
1 Becher Zucker
4 Eier
2 Becher gemahlene Haselnüsse
1 Becher Mehl
Fett für die Form

Außerdem:
3 EL Puderzucker
1 Bärenschablone aus Papier (s. Deko-Muster im Buch)

ZUBEREITUNG

1. Den Backofen auf 160° vorheizen. Die Form einfetten. Die Schokoraspel mit Sahne und Kakaopulver in einem Topf bei geringer Hitze schmelzen lassen.

2. Die Butter mit Zucker cremig rühren, die Eier nach und nach dazugeben. Die Schokosahne unterrühren. Die Nüsse und das Mehl zu der Schokomasse geben und vorsichtig unterheben. Den Teig in die Form füllen.

3. Im Backofen (Mitte, Umluft 140°) 40 Min. backen. Den Kuchen abkühlen lassen und aus der Form lösen. Die Bärenschablone in die Mitte legen und den Kuchen dick mit Puderzucker bestäuben. Schablone vorsichtig vom Kuchen nehmen.

Tuning-Tipp 75 g Marzipan zwischen Frischhaltefolie ausrollen, mithilfe von Ausstechformen mehrere kleine Bären oder andere Tiere ausstechen und damit die Oberfläche des Kuchens verzieren.

Zitronen-Joghurt-Kuchen

Blitzschnelles Erfrischendes
10 Min. + 45 Min. Backen
pro Stück ca. 185 kcal
5 g Fett · 2 g Eiweiß · 32 g Kohlenhydrate

ZUTATEN FÜR 8 STÜCKE

1 Packung backfertiger Blitzkuchen Zitrone (225 g, in der Form)
50 ml Milch
100 g Naturjoghurt
100 g Puderzucker
2 EL Zitronensaft

ZUBEREITUNG

1. Ofen auf 180° vorheizen. Kuchenmischung in der Form aus der Packung nehmen. Milch und Joghurt verrühren. Die Backmischung in der Form mit der Joghurtmilch mithilfe einer Gabel zu einer glatten Masse verrühren. Im Ofen (Mitte, Umluft 160°) 45 Min. backen.

2. Nach 15 Min. den Kuchen mit einem spitzen Messer der Länge nach tief einschneiden. Abgekühlt aus der Form lösen. Für den Guss Puderzucker mit Zitronensaft verrühren. Den Kuchen mit dem Zitronenguss glasieren.

Variante **Möhrenkuchen:** Den Kuchen statt mit Milch mit 125 ml Möhrensaft zubereiten. Wer mag, kann noch zusätzlich 2 EL fein geriebene Möhren unter den Teig heben. Den Kuchen wie oben angegeben backen. 100 g Puderzucker mit 2 EL Orangensaft verrühren. Den abgekühlten Kuchen glasieren. Mit kandierten Orangenstücken dekorieren.

Schoko-Marshmallow-Kuchen

Blitzschnelles für Süßschnäbel
10 Min. + 45 Min. Backen
pro Stück ca. 180 kcal
7 g Fett · 3 g Eiweiß · 28 g Kohlenhydrate

ZUTATEN FÜR 8 STÜCKE

1 Packung backfertiger Blitzkuchen Schoko (225 g, in der Form)
125 ml Milch
50 g Schokotröpfchen (Fertigprodukt)
50 g Marshmallows

ZUBEREITUNG

1. Backofen auf 180° vorheizen. Teig in der Form aus der Packung nehmen. Die Backmischung in der Form mit der Milch mit einer Gabel zu einer glatten Masse verrühren. Die Schokotröpfchen unterheben. Die Marshmallows mit einer Schere klein schneiden.

2. Den Kuchen im Ofen (Mitte, Umluft 160°) 45 Min. backen. Nach 15 Min. den Kuchen der Länge nach tief einschneiden. Die Marshmallows darauf verteilen und mit einem Löffel locker in den Teig drücken. Den Kuchen in 30 Min. fertig backen.

Variante **Birnen-Helene-Kuchen:** Backfertigen Schokokuchen in der Kastenform (450 g, Kühlregal) zubereiten und 10 Min. vorbacken. 4 Birnenhälften aus der Dose leicht in den Teig drücken. Den Kuchen in 30 Min. fertig backen. Abgekühlt mit 100 g Schokoglasur überziehen.

Latte-Macchiato-Kuchen

Blitzschnelles für Kaffeefans
15 Min. + 60 Min. Kühlen
pro Stück ca. 180 kcal
8 g Fett · 4 g Eiweiß · 22 g Kohlenhydrate

ZUTATEN FÜR 1 RUNDE BACKFORM (Ø 26 cm, 12 STÜCKE)

3 Blatt Gelatine
100 ml starker Espresso (frisch gekocht)
1 Schokoladenbiskuitboden (Fertigprodukt, z. B. Wiener Boden)
400 ml Mich
200 g Sahne · 2 EL Kaffeelikör (nach Belieben)
2 Päckchen Mousse à la Vanille

Außerdem:
Herzformschablonen in verschiedenen Größen (s. Deko-Muster im Buch)
Kakaopulver zum Bestäuben

ZUBEREITUNG

1. Die Gelatine in kaltem Wasser einweichen. In 2 EL heißem Espresso auflösen. Übrigen Espresso abkühlen lassen. Biskuitboden in die Form legen, mit dem kalten Espresso tränken. Milch mit Sahne und Kaffeelikör nach Belieben in eine Rührschüssel geben, Cremepulver hinzufügen, Bei niedriger Stufe ca. 1 Min. verrühren, auf höchster Stufe mindestens 5 Min. cremig aufschlagen, dabei die aufgelöste Gelatine unterrühren.

2. Creme auf den Biskuit streichen. Kuchen mindestens 60 Min. kühl stellen. Mit Herzformschablonen und Kakaopulver die Umrisse von Herzen auf den Kuchen stäuben.

Austausch-Tipp **Biskuit: schnell gerührt**
3 Eier mit 90 g Zucker schaumig schlagen. 1 TL Kakaopulver mit 90 g Mehl über die Eigelbmasse sieben, locker unterheben. Springform (Ø 26 cm) mit Backpapier belegen. Den Biskuit in die Form geben, im Ofen bei 180° (Mitte, Umluft 160°)20 Min. backen. Creme wie im Rezept oben beschrieben zubereiten.

Fixer Beeren-Sahne-Kuchen

Blitzschnelles mit Obst
20 Min. + 2 Std. Kühlen
pro Stück ca. 280 kcal
15 g Fett · 4 g Eiweiß · 34 g Kohlenhydrate

ZUTATEN FÜR 12 STÜCKE

1 Packung heller Wiener Boden (Ø 26 cm, 3-teilig, aus dem Backwarenregal)
300 g TK-Beerenmischung
2 EL Puderzucker
2 Fruchtzwerge (Himbeergeschmack)
400 g Sahne
100 g frische Beeren (z. B. Heidelbeeren)
2 EL Kokosraspel

ZUBEREITUNG

1. Böden aus der Packung nehmen. Beerenmischung auftauen lassen und mit Puderzucker und den Fruchtzwergen vermischen.

2. Sahne steif schlagen und vorsichtig mit der Beerenmasse vermischen. 1 Wiener Boden mit der Beerensahne bestreichen, zweiten Boden darauflegen, mit Beerensahne bestreichen. Dritten Boden auflegen und mit der übrigen Beerensahne rundum überziehen.

3. Mit frischen Beeren bestreuen. Die Kokosraspel leicht anrösten, abkühlen lassen, den Rand des Kuchens damit bestreuen.

Variante **Obstgarten-Kuchen:** 100 g Erdbeerkonfitüre mit 2 EL Orangensaft verrühren und 1 Wiener Boden damit bestreichen. 750 g gemischte Früchte (Erdbeeren, Heidelbeeren, in Scheibchen geschnitttene Kiwi, abgetropfte Mandarinen aus der Dose) auf dem Kuchen verteilen. 1 Päckchen heller Tortenguss mit Mandarinensaft nach Packungsangabe zubereiten. Über die Früchte geben.

Latte-Macchiato-Kuchen

KUCHEN VERZIEREN UND GARNIEREN

Was das Make-up für die Damen, ist die Glasur für den Kuchen. Beide machen schöner, heben Vorzüge hervor oder kaschieren kleine Fehler. Was zu hell geraten ist, wird mit einer farbigen Zuckerglasur aufgefrischt, eine zu dunkel geratene Schicht unter einer Spritzglasur versteckt. Was glänzen soll, wird mit einer Konfitürenglasur »lackiert«.

Spritzglasur

2 Eiweiße verquirlen. Nach und nach mit 250 g Puderzucker und ein paar Tropfen Zitronensaft dickflüssig verrühren oder schaumig aufschlagen, bis eine feste, zähe Masse entstanden ist. Die Glasur trocknet rasch, daher nur in kleinen Portionen zubereiten. Die schneeweiße, dichte Glasur eignet sich zum Überziehen von Flächen, aber auch zum Spritzen von Zacken, Linien und Tupfern mit einer selbst gedrehten Pergamenttüte (S. 92).

Zuckerglasur

250 g Puderzucker durchsieben, sodass er pulverfein wird, und mit 3–4 EL Wasser zu einer streichfähigen Masse verrühren. Statt Wasser können Sie auch Orangen- oder Zitronensaft, Fruchtsaft, Alkohol, Kaffee, Milch oder angerührten Kakao verwenden. Und so wird die Glasur bunt: einfach mit ein paar Tropfen Speisefarbe einfärben. Natürlich färben können Sie mit Rote-Bete-Saft, Spinatsaft oder aufgelösten Safranfäden (jeweils von der Flüssigkeitsmenge abziehen!). Die Zuckerglasur ist die einfachste Art, Kuchen und Plätzchen zu verzieren und mit poppig bunten Farben zu schmücken.

Aprikosenglasur

450 g Aprikosenkonfitüre mit 2 EL Wasser, Zitronen- oder Orangensaft verrühren, einmal aufkochen lassen und durch ein Sieb streichen. Die Glasur noch heiß mit einem Pinsel auf Kuchen oder Gebäckstücke streichen. Auch andere Konfitüren eignen sich, z. B. Himbeer-, Johannisbeer-, Quittengelee. Das Aprikotieren erfüllt gleich mehrere Zwecke: Es bringt Kuchen und Gebäckstücke zum Glänzen, vor allem Obstkuchen sehen schöner aus. Poren werden ausgefüllt – ideale Voraussetzung für einen glatten Glasurüberzug. Und Kuchen und Gebäckstücke werden vor dem Austrocknen geschützt.

Dreifarbiges Marmor-Gelee

In drei separaten Töpfchen jeweils 1/2 Päckchen Tortengusspulver mit 125 ml schwarzem Johannisbeersaft bzw. Himbeersaft bzw. Orangensaft unter Rühren aufkochen. Wenn der Tortenguss leicht andickt, ihn großflächig nebeneinander auf die Kuchenoberfläche verteilen. Mit der Rückseite eines Esslöffels die drei Gussmassen ineinander verziehen, sodass ein Marmormuster entsteht. Erstarren lassen.

Verzierungen fixieren

→ **Glasurrest** in einem Schälchen abgedeckt aufbewahren, damit er nicht eintrocknet. Er dient später als Klebstoff für die Verzierungen, z. B. für Zuckerblümchen und Kügelchen.

So wird Ihr Kuchen zum Schmuckstück

→ Bunte Zuckerperlen, Zuckerstreusel, Smarties	→ für Kindergeburtstagskuchen und Gebäck
→ Zuckerfiguren und Zuckerblümchen	→ als Schmuck für Kuchen, Torten und Muffins zum Kindergeburtstag
→ Krokant, Kokosraspel, gehackte Pistazien	→ zum Bestreuen von Kuchen und Gebäck, auch als Rand für Sahnetorten
→ Dekorzucker, Puderzucker, Kakaopulver	→ zum Bestäuben von Kuchen und Gebäck durch ein Sieb
→ roter Tortenguss	→ leuchtend roter Guss für Obstkuchen
→ Back- und Speisefarbe	→ zum Einfärben von Zuckerglasuren in kräftigen oder pastelligen Tönen
→ Minze- und Zitronenmelisse-Blättchen	→ Frische-Touch für Obstkuchen und -gebäck

Tipps

→ **Streudekor** wie Zuckerperlen, Zucker, Krokant, gehackte Nüsse immer auf den noch feuchten Guss streuen, damit es haften bleibt.

→ Übrigens gibt es auch **fertigen weißen Zuckerguss** im Beutel zu kaufen, der sich noch nach Belieben einfärben lässt.

Fruchtige Füllung hinter Gittern

→ **Mürbeteig-Gitter** Mürbeteig auf der bemehlten Arbeitsfläche dünn ausrollen. Den Teig mit einem Messer in 1 1/2 cm breite Streifen schneiden oder mit einem Teigrädchen ausradeln. Die Hälfte der Streifen nebeneinander mit etwa 1 cm Abstand über die Füllung (z. B. Früchte, Konfitüre) legen und am Rand passend schneiden. Die restlichen Streifen quer darüberlegen, sodass ein Gitter entsteht (→ Apfelmus-Linzer, S. 43). Für eine goldgelbe Farbe das Teiggitter vor dem Backen mit Eigelb einpinseln, das Sie mit 1–2 EL Sahne oder Milch verrührt haben.

→ **Baiser-Gitter** Eiweiße mit Zucker schnittfest schlagen. In einen Spritzbeutel mit kleiner Stern- oder Lochtülle füllen und gitterförmig auf die Fruchtmasse auf den Kuchen spritzen. (→ Kirsch-Gitter-Kuchen, S. 46). Im vorgeheizten Backofen bei 250° (Umluft 220°) oder unter dem heißen Grill in 1–2 Min. leicht bräunen und knusprig überbacken. Für eine überbackene Baiserhaube die Eischneemasse schön wolkig auftragen und im heißen Ofen oder unter dem Grill zart an den Spitzen bräunen.

Spinnennetz-Verzierung

Einen Kuchen mit weißem Zuckerguss überziehen und diesen etwas antrocknen lassen. Dann eine Spirale aus rosa Zuckerguss hauchdünn auf die Oberfläche spritzen – am besten geht das mit einem kleinen Spritzbeutel aus Pergamentpapier – und die Glasur sofort mit einem Holzstäbchen von innen nach außen verziehen. Fertig ist eine schöne Kuchenoberfläche mit Spinnennetz-Muster!

Mit Puderzucker und Kakaopulver bestäubt

So bekommen **schlichte Kuchen** im Nu eine **effektvolle Dekoration:** Die Oberfläche gleichmäßig mit Puderzucker durch ein Sieb bestäuben. Wahlweise ein Kuchengitter, mehrere 2 cm breite Papierstreifen, ein zartes Herz-Ornament (selbst gemacht s. Deko-Muster im Buch oder fertig gekauft) oder ein anderes hübsches Muster, z. B. Zick-Zack oder Wellen auflegen. Kakaopulver darübersieben, dann die Schablone behutsam entfernen – fertig! Sie können die Garnitur auch umgekehrt gestalten: erst Kakaopulver über den Kuchen sieben, dann Puderzucker. Wichtig: Die Garnitur nur auf eine trockene Oberfläche aufstäuben.

Halt! Zeit für eine **kleine Pause!** Einfach mal abschalten und entspannen. Ein Latte macchiato oder ein Tässchen heiße Schokolade und dazu ein **kleiner**

Verführer

– das macht glücklich. Ob Zwetschgenknöpfe oder Mandelhörnchen: Unsere Minis sind **schnell gemacht** oder prima vorzubereiten. Lassen Sie sich spontan verführen – immer wenn Sie eine **kleine Auszeit** vom Alltag brauchen. Unsere süßen Stückchen sorgen sofort für

bessere Laune – bei kleinen und großen Pausenfans. Denn wenn wir sie in aller Ruhe genießen, bildet unser Gehirn mehr **Glückshormone.** Und schon vergessen wir den Alltag. Also: **Kleine Pause gefällig?**

Grundrezept Quark-Öl-Teig – süße Variante

schnell | unkompliziert
10 Min.

bei 12 Stücken pro Stück ca. 140 kcal
weniger als 1 g Fett · 4 g Eiweiß · 22 g Kohlenhydrate

ZUTATEN
FÜR 10–12 STÜCKE

125 g Magerquark
4 EL Milch · 4 EL Rapsöl
60 g Zucker · 1 Päckchen Vanillezucker
1 Prise Salz · 250 g Mehl
3 gestr. TL Backpulver
Mehl zum Ausrollen

ZUBEREITUNG

1. Den Quark mit der Milch, dem Öl, Zucker, Vanillezucker und Salz in einer Rührschüssel kräftig verquirlen.

2. Mehl und Backpulver mischen. Mit den Knethaken des Handrührgeräts unter die Quarkmasse arbeiten.

3. Den Teig auf die leicht bemehlte Arbeitsfläche geben und das Ganze rasch zu einem geschmeidigen Teig verarbeiten. Den Teig wie in den Rezepten beschrieben weiterverarbeiten.

Austausch-Tipp Anstelle von Magerquark können Sie auch jede andere Fettstufe verwenden – allerdings wird das Gebäck dann schwerer und kalorienreicher. Wichtig: bei jeder Quarksorte die Molke, also die wässrige überstehende Flüssigkeit, vor dem Verarbeiten abgießen.

Mehr draus machen Die doppelte Menge Quark-Öl-Teig zubereiten und diese anstelle von Hefe- oder Mürbeteig als Grundlage für frische Obstkuchen, Torten oder Kuchen verwenden.

Nussnugat-Schnecken

Kinderhit | gelingt leicht

30 Min. + 20 Min. Backen

pro Stück ca. 155 kcal

4 g Fett · 4 g Eiweiß · 20 g Kohlenhydrate

ZUTATEN FÜR 16 STÜCK

1 Grundrezept Quark-Ölteig (S. 64)
50 g Nuss-Nugat-Creme (Fertigprodukt)
100 g getrocknete Cranberries
60 g Haselnussblättchen · 1 Ei
Mehl zum Ausrollen

ZUBEREITUNG

1. Den Quark-Öl-Teig wie beschrieben zubereiten. Auf der bemehlten Fläche zu einem Rechteck (35 x 15 cm) ausrollen. Mit der Nugatcreme bestreichen. Den Backofen auf 200° (Umluft 180°) vorheizen.

2. Cranberries grob hacken, mit den Nüssen mischen und auf die Teigplatte streuen. Diese von der Längsseite her aufrollen und mit dem verquirlten Ei bestreichen. In 16 Scheiben schneiden. Auf ein mit Backpapier belegtes Blech setzen. Im Ofen (Mitte) 15–20 Min. backen.

Tuning-Tipp 50 g Puderzucker mit 1 EL Zitronensaft verrühren, in einen kleinen Plastikbeutel füllen, eine Ecke abschneiden und den Guss über die Schnecken träufeln.

Quark und Öl für einen Quick-Teig

→ **Dauert gerade mal 5 Minuten** So schnell sind die Zutaten für einen Quark-Öl-Teig verknetet. Bitte rasch arbeiten, sonst wird der Teig klebrig! Und gehen Sie beim Ausrollen und Formen sparsam mit Mehl um – der Teig wird schnell zu fest, das Gebäck später zu trocken.
→ **Quick zubereitet, quick verspeist** Frisch, direkt aus dem Ofen, schmeckt Gebäck aus Quark-Öl-Teig am besten – also unbedingt am Tag der Zubereitung essen!

Teig mit Gelinggarantie

Ob für **frische Obstkuchen** [→ S. 34] , **Blechkuchen** [→ S. 44] oder **süßes Gebäck** [→ S. 81] – der Quark-Öl-Teig ist da richtig, wo Zeit und Geduld für einen etwas aufwendigeren Hefe- oder Mürbeteig fehlen.
Quark-Öl-Teig ist auch super für **herzhaftes Gebäck** [→ S. 133]. Zucker im Teig weglassen, dafür 1 TL Salz unterkneten. Nach Geschmack noch Pfeffer oder frische, gehackte Kräuter einarbeiten. Für eine **Pizza** [→ S. 116] das Öl im Grundteig durch kräftiges Olivenöl ersetzen.

Zwetschgenknöpfe

ganz einfach

15 Min. + 2 x 15 Min. Backen

pro Stück ca. 395 kcal

4 g Fett · 10 g Eiweiß · 58 g Kohlenhydrate

ZUTATEN FÜR 10 STÜCK

300 g Zwetschgen
3 EL Rotwein (ersatzweise Kirschsaft)
1/2 Zimtstange
1 EL Zucker
1 g pflanzliches Bindemittel (Reformhaus)
2 Grundrezepte Quark-Öl-Teig (S. 64) · 1 Ei
10 TL Schmand (ca. 90 g) · Mehl zum Ausrollen und Formen
Puderzucker zum Bestäuben

ZUBEREITUNG

1. Die Zwetschgen waschen, entsteinen und klein würfeln. Mit Wein, Zimtstange und Zucker aufkochen und 3 Min. dünsten. Das Bindemittel einrühren, noch 1–2 Min. garen. Kompott etwas abkühlen lassen.

2. Den Quark-Öl-Teig nach dem Rezept in doppelter Menge zubereiten und das Ei einarbeiten. Den Backofen auf 200° (Umluft 180°) vorheizen.

3. Auf der bemehlten Fläche aus dem Teig eine dicke Rolle formen, in zehn Scheiben schneiden. Zu runden Fladen (9 cm Ø) formen und auf zwei mit Backpapier belegte Bleche setzen. Die Mitte flach drücken, sodass ein Wulst am Rand entsteht.

4. Jeweils 1 EL Kompott in die Mitte geben und darauf jeweils 1 TL Schmand. Nacheinander im Ofen (Mitte) 15 Min. backen. Abkühlen lassen und mit Puderzucker bestäubt servieren.

Speed-Tipp Wenn die Zeit drängt, statt des Kompotts Zwetschgenmus als Füllung für die Taler nehmen.

Apfel-Mohn-Taschen

fein im Herbst

45 Min. + 15 Min. Backen

pro Stück ca. 270 kcal

3 g Fett · 7 g Eiweiß · 41 g Kohlenhydrate

ZUTATEN FÜR 8 STÜCK

1 Grundrezept Quark-Öl-Teig (S. 64)
1 Apfel (z. B. Boskoop)
1 EL Zitronensaft
1 EL brauner Zucker
1 EL flüssiger Honig
50 g Mohnbackmischung (Fertigprodukt)
1 Ei, getrennt
2 EL Milch
Mehl zum Ausrollen

ZUBEREITUNG

1. Teig wie im Rezept beschrieben zubereiten. Auf wenig Mehl etwa 1/2 cm dick ausrollen und in 12 cm große Quadrate schneiden.

2. Den Backofen auf 200° (Umluft 180°) vorheizen. Apfel vierteln, entkernen, schälen und in kleine Würfel schneiden. Sofort mit Zitronensaft, Zucker, Honig und Mohn vermischen. Auf die Teigquadrate verteilen. Die Ränder mit Eiweiß bestreichen, zu Dreiecken legen und die Kanten fest andrücken.

3. Die Teigtaschen auf ein mit Backpapier belegtes Blech setzen und mit Eigelb, verquirlt mit Milch, bestreichen. Im heißen Ofen (Mitte) in 15 Min. goldbraun backen.

Tuning-Tipp 2 EL Aprikosenkonfitüre erhitzen, glatt rühren und auf die heißen Apfeltaschen streichen. Mit Mohn bestreuen.

Schweinsohren

beliebter Klassiker
45 Min. + 10 Min. Kühlen
+ 20 Min. Backen
pro Stück ca. 215 kcal
11 g Fett · 2 g Eiweiß · 27 g Kohlenhydrate

ZUTATEN
FÜR 15 STÜCK

8 Scheiben TK-Blätterteig (ca. 600 g)
200 g Zucker

ZUBEREITUNG

1. Je 4 Blätterteigscheiben aufeinanderlegen und auftauen lassen. Jeweils mit 2 EL Zucker bestreuen und zum Rechteck (20 x 40 cm) ausrollen. Beide Rechtecke aufeinanderlegen, leicht festrollen. Mit einem Drittel des übrigen Zuckers bestreuen, leicht festrollen.

2. Das Teigrechteck von den Breitseiten her jeweils dreimal zur Mitte hin einschlagen, dabei immer wieder mit Zucker bestreuen. Beide Teighälften aufeinanderlegen, sodass ein Teigpaket entsteht. 10 Min. kalt stellen, dann in 1 cm dicke Scheiben schneiden. Den Backofen auf 200° (Umluft 180°) vorheizen.

3. Die Teigscheiben im Abstand von 10 cm auf ein mit Backpapier belegtes Backblech legen. Im Ofen (2. Schiene von unten) in 12–15 Min. goldbraun backen. Das Gebäck wenden, noch 5 Min. weiterbacken.

Orangen-Marzipanbrezeln

braucht etwas Zeit | raffiniert
1 Std. 10 Min. + 10 Min. Kühlen
+ 2 x 20 Min. Backen
pro Stück ca. 290 kcal
19 g Fett · 5 g Eiweiß · 26 g Kohlenhydrate

ZUTATEN
FÜR 15 STÜCK

8 Scheiben TK-Blätterteig (ca. 600 g)
150 g Marzipanrohmasse
75 g Puderzucker
abgeriebene Schale von 1 Bio-Orange
2 EL Orangensaft · 1 Ei
120 g Mandelblättchen
1 Eigelb · 5 EL Milch
Mehl zum Ausrollen

ZUBEREITUNG

1. Blätterteigplatten nebeneinander auftauen lassen. Für die Füllung Marzipan grob würfeln, mit Puderzucker, Orangenschale und -saft und dem Ei glatt pürieren. Je 4 Teigplatten aufeinanderlegen und auf bemehlter Arbeitsfläche zu einem Rechteck von 30 x 25 cm ausrollen. Marzipanmasse auf eine Platte streichen. Zweite Platte darauflegen, leicht andrücken. Zugedeckt 10 Min. kühl stellen.

2. Teigplatte von der Längsseite her in 15 ca. 1,5 cm breite Streifen schneiden. Jeden Streifen auf 40 cm Länge ausziehen. Von beiden Enden her zu einer Spirale verdrehen und zu einer Brezel schlingen. Die Enden leicht andrücken.

3. Ofen auf 200° (Umluft 180°) vorheizen. Mandeln zerbröseln. Eigelb und Milch verquirlen, Brezeln bestreichen und in die Brösel drücken. Auf mit Backpapier belegte Bleche setzen. Im Ofen (2. Schiene von unten) 20 Min. backen.

Kirschtaschen

einfach zum Reinbeißen!
60 Min. + 20 Min. Backen
pro Stück ca. 270 kcal
15 g Fett · 4 g Eiweiß · 30 g Kohlenhydrate

ZUTATEN
FÜR 6 STÜCK

1 Glas Sauerkirschen (350 g Abtropfgewicht)
Mark 1 Vanilleschote
50 g Zucker
6 quadratische Scheiben TK-Blätterteig (ca. 270 g)
1 Eigelb · 1 EL Sahne
Mehl zum Ausrollen

ZUBEREITUNG

1. Die Kirschen gut abtropfen lassen (Saft anderweitig verwenden!), dann mit dem Pürierstab grob zerkleinern. Mit dem ausgekratzten Vanillemark und Zucker aufkochen und bei milder Hitze offen 20–25 Min. einkochen lassen, bis die Fruchtmasse dicklich ist. Ab und zu umrühren. Abkühlen lassen.

2. Die Blätterteigplatten nebeneinander auftauen lassen. Auf bemehlter Fläche jede auf 12 x 14 cm ausrollen. Kirschmus auf der unteren Hälfte der Rechtecke verteilen, einen schmalen Rand frei lassen. Obere Hälfte der Teigrechtecke dreimal schräg einschneiden.

3. Backofen auf 220° (Umluft 200°) vorheizen. Eigelb und Sahne verrühren, Teigränder damit einstreichen. Teig über die Füllung klappen, Ränder zusammendrücken. Die Oberfläche mit der übrigen Eigelbmischung bestreichen. Taschen auf ein mit Backpapier belegtes Blech setzen. Im Ofen (2. Schiene von unten) 15–20 Min. backen.

Aprikosen-Windräder

knusprig-fruchtig
40 Min. + 20 Min. Backen
pro Stück ca. 235 kcal
11 g Fett · 4 g Eiweiß · 30 g Kohlenhydrate

ZUTATEN
FÜR 10 STÜCK

5 TK-Blätterteigplatten (je 75 g)
125 g Magerquark
1 Päckchen Vanillezucker
2 EL Puderzucker
1 Eigelb
10 Aprikosenhälften (Dose)
150 g Aprikosenkonfitüre
Mehl zum Ausrollen

Außerdem:
10 Holzspießchen

ZUBEREITUNG

1. Blätterteigplatten nebeneinander auf der bemehlten Fläche auftauen lassen, dann in zehn Quadrate von 10 x 10 cm schneiden. Auf ein mit Backpapier belegtes Blech geben. Von den Ecken aus etwa 4 cm zur Mitte hin einschneiden.

2. Den Backofen auf 220° (Umluft 200°) vorheizen. Quark mit einem sauberen Tuch ausdrücken. Mit dem Vanillezucker, Puderzucker und Eigelb verrühren. Die Mischung auf die Teigstücke verteilen. Aprikosen abtropfen lassen und mit der gewölbten Seite nach oben auf je ein Teigstück legen.

3. Jede zweite Spitze zur Mitte hin einschlagen und die Spitzen mit einem Holzspießchen feststecken. Im Ofen (2. Schiene von unten) 20 Min. backen. Konfitüre erhitzen, durch ein Sieb passieren. Das noch warme Gebäck bepinseln.

Schoko-Sandwiches (oben), Amaretti (hinten), Pinienkernplätzchen (vorne)

Grundrezept Baiser

blitzschnell | gelingt leicht
15 Min. + 2 Std. Trocknen

pro Schale ca. 35 kcal
0 g Fett · 1 g Eiweiß · 9 g Kohlenhydrate

ZUTATEN FÜR 12 BAISERSCHALEN

2 Eiweiße
1 Prise Salz
100 g Zucker
1/2 TL Speisestärke

Außerdem:
Spritzbeutel

ZUBEREITUNG

1. Für das Wasserbad einen Topf zu einem Drittel mit Wasser füllen. Eine passende Schüssel, am besten eine Edelstahlschüssel, in den Topf einhängen. Die Eiweiße mit Salz in die Schüssel geben. Zucker mit Speisestärke mischen und dazugeben. Im heißen Wasserbad die Masse mit den Schneebesen des Handrührgeräts rühren, bis die Masse schnittfest ist.

2. Den Backofen auf 100° vorheizen. Ein Blech mit Backpapier belegen. Die Masse in einen Spritzbeutel mit großer gezackter Tülle füllen und 12 Baisers auf das Blech spritzen.

3. Die Baisers im Ofen (Mitte, Umluft 80°) ca. 2 Std. trocknen. Die Baisers bei leicht geöffneter Ofentür nachtrocknen lassen. Abgekühlte Baisers bei Zimmertemperatur und trocken lagern.

Variante 2 Eiweiße mit 1 Prise Salz steif schlagen. 100 g feinen Zucker unter Rühren dazugeben und rühren, bis die Masse schnittfest ist. Den Backofen auf 100° vorheizen. Ein Blech mit Backpapier belegen. Mit zwei Teelöffeln kleine Häufchen auf das Blech setzen. Im Ofen (Mitte, Umluft 180°) 2–3 Std. trocknen lassen. Bei leicht geöffneter Backofentür noch nachtrocknen lassen.

Austausch-Tipp Baisermasse in einen Spritzbeutel mit großer gezackter Tülle füllen. Vier Törtchen auf das Blech spritzen und wie oben angegeben backen.

Kinder machen mit Baisermasse auf drei Schälchen verteilen. Kinder färben mit je 1 Tropfen roter und grüner Speisefarbe je eine Portion, spritzen aus dem Teig Herzen, Ringe, Stangen oder Tupfen auf das Blech und bestreuen diese mit Zuckerperlen.

Amaretti

italienischer Klassiker
20 Min. + 15 Min. Backen
pro Stück ca. 40 kcal
3 g Fett · 1 g Eiweiß · 3 g Kohlenhydrate

ZUTATEN FÜR 40 STÜCK

200 g geschälte gemahlene Mandeln
100 g Zucker · 1/2 Fläschchen Bittermandelöl
2 Eiweiße

ZUBEREITUNG

1. Backofen auf 150° vorheizen. Ein Blech mit Backpapier belegen. Mandeln mit 50 g Zucker und Bittermandelöl gut vermischen. Eiweiße steif schlagen, restlichen Zucker unter Rühren einrieseln lassen und weiterschlagen, bis die Masse schön glänzt. Die Mandelmischung unter die Eiweißmasse heben.

2. Mit zwei Teelöffeln Teighäufchen auf das Backblech setzen. Die Amaretti im Ofen (Mitte, Umluft 130°) 15 Min. backen. Den Ofen ausschalten und die Plätzchen 60 Min. nachtrocknen lassen.

3. Die Amaretti vom Backpapier lösen und zum Aufbewahren in dicht verschließbare Dosen füllen.

Variante Schoko-Amaretti: 1 TL Kakaopulver und 40 g geriebene Zartbitterschokolade mit unter die Eiweißmasse heben. Nach dem Backen mit Kakaopulver bestäuben.

Schoko-Sandwiches

Kinder-Hit
25 Min. + 3 Std. Trocknen
pro Stück ca. 280 kcal
14 g Fett · 3 g Eiweiß · 36 g Kohlenhydrate

ZUTATEN FÜR 6 STÜCK

Für die Füllung:
100 g Sahne · 2 EL Puderzucker · 150 g Zartbitterkuvertüre · 1 Prise geriebene Muskatnuss · 1 TL Öl · 1 Päckchen Sahnesteif

Für die Baisermasse:
2 Eiweiße · 1 Prise Salz · 100 g Zucker
1/2 TL Speisestärke · Schokopulver (oder Kakao) zum Bestäuben · Spritzbeutel

ZUBEREITUNG

1. Sahne mit Puderzucker erhitzen. Die Kuvertüre hacken, unter Rühren darin schmelzen, Muskat und Öl einrühren. Abkühlen lassen. Ofen auf 100° vorheizen. Eiweiße mit Salz, Zucker und Stärke über dem heißen Wasserbad schnittfest aufschlagen, in einen Spritzbeutel mit glatter Tülle geben.

2. Auf ein mit Backpapier belegtes Blech 5 cm große Kreise spritzen. Im Ofen (Mitte, Umluft 80°) 2 Std. trocknen. 60 Min. im abgeschalteten Ofen bei leicht geöffneter Ofentür nachtrocknen lassen. Schokolade mit Sahnesteif aufschlagen. Creme auf die Hälfte der Baiserböden verteilen, übrige Böden auflegen. Mit Schokopulver bestäuben.

Pinienkernplätzchen

Gaumenschmeichler
25 Min. + 10 Min. Backen
pro Stück ca. 75 kcal
5 g Fett · 2 g Eiweiß · 7 g Kohlenhydrate

ZUTATEN FÜR 40 STÜCK

150 g Pinienkerne · 200 g geschälte gemahlene Mandeln · 2 EL Speisestärke
200 g Zucker · 1 TL abgeriebene Bio-Limettenschale · 2 Eiweiße · 1 Prise Salz

ZUBEREITUNG

1. 100 g Pinienkerne grob hacken und mit Mandeln, Speisestärke, Zucker und Limettenschale mischen. Backofen auf 180° vorheizen. Ein Blech mit Backpapier belegen.

2. Die Eiweiße mit Salz steif schlagen. Die Pinienkern-Mandelmischung vorsichtig unterrühren. Mit einem Teelöffel etwa walnussgroße Teighäufchen auf das Blech setzen. In jedes Häufchen 2–3 Pinienkerne drücken. Die Plätzchen im Ofen (Mitte, Umluft 160°) 10 Min. backen. Die Plätzchen mit dem Papier vom Blech ziehen und abkühlen lassen.

Vorrats-Tipp Die abgekühlten Plätzchen in eine gut verschließbare Dose füllen und an einem kühlen, trockenen Ort aufbewahren. So halten sich die Plätzchen 3–4 Wochen.

Kolatschen

Klassiker aus Böhmen
50 Min. + 30 Min. Gehen
+ 25 Min. Backen
pro Stück ca. 365 kcal
10 g Fett · 13 g Eiweiß · 57 g Kohlenhydrate

ZUTATEN
FÜR 12 STÜCK

Für den Quark-Hefeteig:
100 ml Milch · 75 g weiche Butter · 60 g Zucker
1 Ei · 250 g Magerquark
400 g Mehl · 1 Päckchen Trockenhefe
Mehl zum Arbeiten

Für den Belag:
12 Aprikosenhälften (aus der Dose)
250 g Magerquark
1 Päckchen Vanillesaucenpulver
50 g Zucker · 1 Ei
250 g Mohn-Back
150 g Pflaumenmus (ersatzweise Hagebuttenmus)

ZUBEREITUNG

1. Die Milch erwärmen. Butter mit Zucker, Ei, Quark und Milch verrühren. Mehl mit der Hefe mischen. Die Quarkcreme unterrühren, alles zu einem glatten, geschmeidigen Teig verkneten. Den Teig zugedeckt 30 Min. an einem warmen Ort gehen lassen.

2. Die Aprikosen in einem Sieb abtropfen lassen. Den Quark mit Saucenpulver, Zucker und Ei verrühren. Ein Blech mit Backpapier belegen. Den Backofen auf 180° vorheizen.

3. Den Teig auf bemehlter Arbeitsfläche durchkneten. Eine Rolle formen und in 12 Scheiben schneiden. Die Scheiben etwas flach drücken, dabei den Rand etwas dicker formen, und auf das Blech legen. Je 1 Klecks Quarkcreme, Mohnmasse, Pflaumenmus und Aprikosen daraufgeben. Im Ofen (Mitte, Umluft 160°) etwa 20–25 Min. backen.

Sesam-Mandelhörnchen

der Clou ist die Füllung
50 Min. + 30 Min. Gehen
+ 20 Min. Backen
pro Stück ca. 415 kcal
20 g Fett · 13 g Eiweiß · 48 g Kohlenhydrate

ZUTATEN
FÜR 12 STÜCK

Für den Teig:
1 Rezept Quark-Hefeteig (s. Kolatschen)
Mehl zum Arbeiten

Für die Füllung:
100 g Puderzucker
200 g Mandelstifte
50 g Sesamsamen
100 g Marzipanrohmasse · 1 EL Aprikosenkonfitüre · 2 Prisen Pimentpulver
1 Ei, getrennt
2 EL Milch
Puderzucker zum Bestäuben

ZUBEREITUNG

1. Den Teig wie links bei den Kolatschen zubereiten und gehen lassen. Puderzucker in einer Pfanne schmelzen. Mandelstifte mit 40 g Sesam dazugeben, gut vermischen und auf Backpapier abkühlen lassen. Marzipan auf der Rohkostreibe grob reiben, mit Konfitüre und Pimentpulver vermischen. Ein Blech mit Backpapier belegen. Ofen auf 180° vorheizen.

2. Teig auf bemehlter Fläche auf 45 x 50 cm ausrollen, mit Eiweiß bepinseln. In drei Streifen und diese zu je vier Dreiecken schneiden. Jeweils etwas Orangenmarzipan und Krokant daraufgeben und von der Breitseite her aufrollen. Zu Hörnchen formen.

3. Eigelb mit Milch verrühren, die Hörnchen damit bestreichen. Mit übrigem Sesamsamen bestreuen. Im Ofen (Mitte, Umluft 160°) ca. 20 Min. backen. Mit Puderzucker bestäuben.

Krapfen (Berliner Pfannkuchen)

da kann keiner widerstehen
40 Min. + 55 Min. Gehen
pro Stück ca. 250 kcal
10 g Fett · 5 g Eiweiß · 34 g Kohlenhydrate

ZUTATEN
FÜR 16 STÜCK

Für den Teig:
500 g Weizenmehl (Type 550)
1 Würfel frische Hefe (42 g)
200 ml lauwarme Milch
75 g Zucker · 3 EL neutrales Öl · 2 Eier
1 TL abgeriebene Bio-Zitronenschale
Mehl zum Arbeiten

Außerdem:
150 g Hagebuttenmus
1 kg Butterschmalz zum Frittieren
Puderzucker zum Bestäuben

ZUBEREITUNG

1. Das Mehl in eine Schüssel sieben und in die Mitte eine Mulde drücken. Hefe hineinbröckeln und mit etwas lauwarmem Wasser verrühren, etwas Mehl vom Rand darüberstäuben. Zugedeckt 15 Min. an einem warmen Ort gehen lassen. Milch, Zucker, Öl, Eier und Zitronenschale verrühren, zu dem Vorteig geben und zu einem glatten, geschmeidigen Teig verarbeiten und zugedeckt 30 Min. gehen lassen.

2. Den Teig nochmals auf etwas Mehl durchkneten, ca. 2 cm dick ausrollen, 32 Scheiben mit 8 cm Durchmesser ausstechen. Je 1 Klecks Hagebuttenmus auf 16 Scheiben setzen, die Ränder mit Wasser bepinseln und je 1 Scheibe Teig daraufgeben, gut andrücken. Die Krapfen mit einem Tuch bedeckt 10 Min. gehen lassen.

3. Butterschmalz in einem großen, breiten Topf oder einer Fritteuse erhitzen. Die Krapfen darin portionsweise von jeder Seite 4–5 Min. goldbraun frittieren. Auf Küchenpapier abtropfen lassen und vor dem Servieren mit Puderzucker bestäuben.

Puddingschnecken

Kinderlieblinge
40 Min. + 45 Min. Gehen
+ 25 Min. Kühlen + 20 Min. Backen
pro Stück ca. 385 kcal
10 g Fett · 8 g Eiweiß · 66 g Kohlenhydrate

ZUTATEN
FÜR 12 STÜCK

1 Rezept Hefeteig (s. links, Krapfen)
1 Bio-Zitrone
1/2 l Milch
2 Päckchen backfestes Vanillepuddingcremepulver (ohne Kochen, für je 250 ml Milch)
50 g Rohrzucker
100 g Rosinen
50 g Butter
Puderzucker zum Bestäuben

ZUBEREITUNG

1. Den Hefeteig zubereiten, wie Krapfenrezept links beschrieben, und gehen lassen. Die Zitrone heiß waschen, trocken reiben, 1 TL Schale abreiben, den Saft auspressen. Die Milch in einen Rührbecher geben, das Puddingpulver dazugeben und mit dem Mixer cremig schlagen. Zitronensaft und -schale unterrühren.

2. Den Hefeteig auf bemehlter Arbeitsfläche durchkneten und auf 50 x 30 cm ausrollen. Die Puddingcreme darauf verteilen. 30 g Rohrzucker und die Rosinen darüberstreuen und aufrollen. Die Rolle quer einmal durchschneiden und 25 Min. kühl stellen.

3. Ein Blech mit Backpapier belegen. Den Backofen auf 180° vorheizen. Die Rollen jeweils in sechs Stücke schneiden, auf das Backblech legen und ca. 20 Min. (Mitte, Umluft 160°) backen. Butter mit restlichem Zucker schmelzen, die noch heißen Schnecken damit bestreichen. Mit Puderzucker bestäuben.

Grundrezept Waffeln

ZUTATEN FÜR 10 STÜCK (Ø 18 cm)

125 g weiche Butter
80 g Zucker
1 Päckchen Vanillezucker
3 Eier · 250 g Mehl
1 TL Backpulver
375 ml Milch
Fett für das Waffeleisen
Puderzucker zum Bestäuben

schmecken einfach immer
30 Min. + 20 Min. Ruhen + 40 Min. Backen

ZUBEREITUNG

1. Butter mit Zucker und Vanillezucker cremig rühren. Nach und nach die Eier dazugeben und gründlich unterrühren. Mehl und Backpulver mischen, mit der Milch unter die Eiermasse rühren. Waffelteig 20 Min. quellen lassen. Falls der Teig zu dick ist, noch etwas Milch unterrühren.

2. Das Waffeleisen auf der mittleren Stufe 10 Min. vorheizen. Die Backflächen einfetten. Pro Waffel 3 EL Teig auf die untere Backfläche geben und glatt streichen. Waffeleisen schließen. Waffeln nacheinander in 3–5 Min. goldbraun backen. Fertige Waffeln herausnehmen und auf einem Kuchengitter auskühlen lassen. Mit Puderzucker bestäuben.

pro Stück ca. 265 kcal
14 g Fett · 6 g Eiweiß · 30 g Kohlenhydrate

Das schmeckt dazu Obstsalat oder -kompott, Konfitüre, geschlagene Sahne

Tuning-Tipp Noch vanillearomatischer werden die Waffeln, wenn Sie das ausgekratzte Mark einer Vanilleschote hinzufügen.

Kinder machen mit Unter Ihrer Aufsicht können die Größeren die Waffeln schon selber backen. Die Kleinen dürfen zum Schluss den Puderzucker darübersieben.

Haselnuss-Crunchy-Waffeln

fein im Winter
30 Min. + 20 Min. Ruhen
+ 40 Min. Backen
pro Stück ca. 335 kcal
19 g Fett · 7 g Eiweiß · 35 g Kohlenhydrate

ZUTATEN FÜR 10 STÜCK

1 Grundrezept Waffeln (Teilrezept S. 72)
50 g gemahlene Haselnüsse
1/2 TL abgeriebene Bio-Orangenschale
120 g Crunchies (Knusperflocken)
Fett für das Waffeleisen
Puderzucker zum Bestäuben

ZUBEREITUNG

1. Waffelteig nach dem Grundrezept auf S. 72 zubereiten, dabei 50 g Mehl durch Nüsse ersetzen und die Orangenschale unterrühren. Den Teig 20 Min. ruhen lassen. Zuletzt die Crunchies unterheben.

2. Das Waffeleisen vorheizen, einfetten und die Waffeln wie im Rezept (S. 72) beschrieben hellbraun backen. Mit Puderzucker bestäubt servieren.

Das schmeckt dazu Vanille- oder Mandarinen-Eiscreme

Tuning-Tipp Für die weihnachtliche Variante 1 TL Lebkuchengewürz unter den Waffelteig rühren.

Grießwaffeln mit Erdbeeren

raffiniert | auch als Dessert
45 Min. + 20 Min. Ruhen
+ 40 Min. Backen
pro Stück ca. 400 kcal
24 g Fett · 6 g Eiweiß · 40 g Kohlenhydrate

ZUTATEN FÜR 9 STÜCK

125 g weiche Butter
100 g Zucker
abgeriebene Schale von 1 Bio-Zitrone · 3 Eier
125 g Hartweizengrieß
100 g Speisestärke
1 TL Backpulver
250 ml Milch
500 g Erdbeeren
2 EL Orangensaft
2 EL Himbeerkonfitüre
250 g Sahne
Fett für das Waffeleisen
Puderzucker zum Bestäuben

ZUBEREITUNG

1. Die Butter mit 75 g Zucker und Zitronenschale cremig rühren. Eier trennen. Eigelbe nach und nach unterrühren. Grieß, Speisestärke und Backpulver mischen, mit der Milch unterrühren. Den Teig 20 Min. ruhen lassen. Dann die Eiweiße zu steifem Schnee schlagen und unterheben.

2. Das Waffeleisen vorheizen, einfetten und die Waffeln wie im Rezept auf S. 72 beschrieben hellbraun backen.

3. Die Erdbeeren kurz abbrausen, putzen und je nach Größe halbieren oder vierteln. Orangensaft und Konfitüre glatt rühren, Erdbeeren darin wenden. Sahne mit dem übrigen Zucker steif schlagen. Die Waffeln mit Puderzucker bestäuben. Mit Erdbeeren und Sahne servieren.

Austausch-Tipp Statt Erdbeeren passen auch Himbeeren, Brombeeren oder Heidelbeeren oder eine Beerenmischung zu den Grießwaffeln. Oder wie wäre es mit einem Rhabarber-Erdbeer-Kompott? Perfekt!

Bei Waffeln lacht das Herz!

Ganz frisch, direkt vom heißen Eisen, schmecken die Waffeln am besten. Wenn Sie die Knusperstücke aber lieber beim Nachmittagskaffee gemeinsam genießen wollen: Fertige Waffeln in ein Geschirrtuch einschlagen und im Backofen bei 100° **warm halten**. Falls Reste übrig bleiben – kein Problem! **In Folie verpacken** und am nächsten Tag im Ofen bei 150° kurz aufbacken. So werden sie wieder knusprig. Oder die Waffelreste an der Luft trocknen lassen, bis sie hart wie Kekse sind. Dann in **Blechdosen** aufbewahren.

Waffel-Variationen

→ **Schokoladenwaffeln** Den Teig nach dem Grundrezept [→ S. 72] zubereiten, dabei 1 EL Kakaopulver und 100 g geriebene Blockschokolade unterrühren.
→ **Orangenwaffeln** Die abgeriebene Schale von 1 Bio-Orange, 2 EL Orangenlikör und 350 ml Orangensaft statt der Milch unter den Grundteig [→ S. 72] mischen. 50 g Mehl durch Speisestärke ersetzen.
→ **Espressowaffeln** 2 EL lösliches Espressopulver in die Milch einrühren und darin auflösen, die Espresso-Milch unter den Grundteig [→ S. 72] rühren.

Knusprige Limettenwaffeln

erfrischend | leicht
35 Min. + 20 Min. Ruhen
+ 40 Min. Backen
pro Stück ca. 280 kcal
13 g Fett · 6 g Eiweiß · 36 g Kohlenhydrate

ZUTATEN FÜR 10 STÜCK

2 Bio-Limetten
1 Grundrezept Waffeln (Teilrezept S. 72)
150 g Zucker
250 g Buttermilch
Fett für das Waffeleisen
Puderzucker zum Bestäuben

ZUBEREITUNG

1. Die Limetten heiß waschen, trocken reiben und die Schale fein abreiben. Den Saft der Limetten auspressen.

2. Waffelteig nach dem Grundrezept auf S. 72 mit 150 g Zucker herstellen. Die Limettenschale, den Limettensaft und die Buttermilch nach und nach unter die Eiermasse rühren. Den Teig zugedeckt 20 Min. quellen lassen.

3. Die Waffeln nacheinander nach Grundrezept backen. Mit Puderzucker bestäuben.

Das schmeckt dazu **Obstsalat und Sahne:** 500 g gemischte Früchte, z. B. Kiwi, Erdbeeren, Orange, blaue Weintrauben waschen und putzen oder schälen und klein schneiden. Mit einer Marinade aus je 2 EL Puderzucker und Limettensaft beträufeln. Mit 250 g geschlagener Sahne zu den Waffeln servieren.

Krokant-Muffins (hinten), Heidelbeeer-Muffins (links), Schoko-Kokos-Muffins (rechts)

Grundrezept Muffins

ZUTATEN FÜR 1 12ER-MUFFINSBLECH (12 STÜCK)

250 g Mehl
2 TL Backpulver
80 ml neutrales Öl (z. B. Sonnenblumen- oder Rapsöl)
125 g Zucker
2 Eier · 250 g Buttermilch

Außerdem:
12 Papierbackförmchen oder Fett für das Blech

wandelbare Minikuchen
20 Min. + 25 Min. Backen

ZUBEREITUNG

1. Den Backofen auf 175° vorheizen. Papierbackförmchen in die Mulden des Blechs setzen oder diese mit Öl oder Butter ausstreichen. Das Mehl mit Backpulver mischen.

2. Das Öl mit dem Zucker, Eiern und Buttermilch gut verrühren. Die Mehlmischung zügig unterrühren. Den Teig in die Blechmulden füllen. Im Ofen (Mitte, Umluft 160°) 20–25 Min. backen.

3. Die Muffins herausnehmen und ca. 5 Min. im Blech ruhen lassen. Dann – sofern keine Papierförmchen verwendet wurden – mit einem kleinen Ruck aus den Blechmulden drehen.

pro Stück ca. 165 kcal
5 g Fett · 4 g Eiweiß · 26 g Kohlenhydrate

Austausch-Tipp Öl gegen 100 g zerlassene Butter tauschen und Buttermilch 1:1 gegen Joghurt oder Dickmilch.

Tipp Mischen Sie 250 g Obst frisch oder aus der Dose unter den Muffin-Grundteig. Obst vorbereiten, abtropfen lassen oder klein schneiden und zum Schluss vorsichtig unter den Teig mengen. Oder 100 g gewürfelte Trockenfrüchte unter den Teig rühren.

Tipp In Original-Muffin-Rezepten wird meistens als Lockerungsmittel Natron verwendet. Sie können nach Belieben zusätzlich 1/4 TL Natron unter das Mehl mischen. Vorsicht bei der Dosierung: Muffins mit zu viel Natron schmecken leicht seifig.

Heidelbeer-Muffins

klassisch | fruchtig
20 Min. + 25 Min. Backen
pro Stück ca. 175 kcal
6 g Fett · 5 g Eiweiß · 26 g Kohlenhydrate

ZUTATEN FÜR 1 12ER-MUFFINSBLECH (12 STÜCK)

200 g frische Heidelbeeren (oder tiefgekühlt unaufgetaut) · 250 g Dinkelmehl (Type 630) 2 TL Backpulver · 80 ml Öl · 125 g Zucker 2 Eier · 1 TL abgeriebene Bio-Zitronenschale 250 g Naturjoghurt · Puderzucker zum Bestäuben

Außerdem:
12 Papierbackförmchen oder Fett für das Blech

ZUBEREITUNG

1. Den Backofen auf 180° vorheizen. Die Papierbackförmchen in die Blechmulden setzen oder diese fetten. Frische Heidelbeeren verlesen. Mehl mit Backpulver mischen.

2. Öl mit Zucker, Eiern, Zitronenschale und Joghurt glatt rühren. Die Mehlmischung zügig unterrühren. Frische Heidelbeeren locker unterheben, tiefgekühlte Heidelbeeren unaufgetaut unterheben.

3. Den Teig in die Blechmulden füllen. Im Ofen (Mitte, Umluft 160°) 20–25 Min. backen. Herausnehmen und ca. 5 Min. im Blech ruhen lassen. Muffins aus der Form lösen. Mit Puderzucker bestäuben.

Krokant-Muffins

saftig-nussig
20 Min. + 25 Min. Backen
pro Stück ca. 280 kcal
15 g Fett · 5 g Eiweiß · 31 g Kohlenhydrate

ZUTATEN FÜR 1 12ER-MUFFINSBLECH (12 STÜCK)

175 g Mehl · 100 g geschälte gemahlene Mandeln · 2 TL Backpulver · 100 g geschmolzene Butter · 125 g Zucker · 2 Eier 1 EL Orangen-Marmelade (ersatzweise Aprikosenkonfitüre) · 200 g Sauerrahm 100 g Krokant (Fertigprodukt) · Puderzucker zum Bestäuben

Außerdem:
12 Papierbackförmchen oder Fett für das Blech

ZUBEREITUNG

1. Den Backofen auf 180° vorheizen. Das Muffinsblech nach Grundrezept vorbereiten. Das Mehl mit Mandeln und Backpulver in einer Schüssel mischen. Die Butter mit Zucker und den Eiern verrühren. Orangenmarmelade und Sauerrahm dazugeben. Die Mandel-Mehlmischung und Krokant zügig unterrühren.

2. Den Teig in die Blechmulden füllen. Im Ofen (Mitte, Umluft 160°) 20–25 Min. backen. Herausnehmen, ca. 5 Min. ruhen lassen. Die Muffins aus der Form lösen. Mit Puderzucker bestäuben.

Schoko-Kokos-Muffins

exotisch-schokoladig
20 Min. + 25 Min. Backen
pro Stück ca. 250 kcal
16 g Fett · 4 g Eiweiß · 23 g Kohlenhydrate

ZUTATEN FÜR 1 12ER-MUFFINSBLECH (12 STÜCK)

100 g Zartbitterschokolade · 100 ml Milch 100 g weiche Butter · 150 g Mehl 2 TL Backpulver · 100 g Kokosraspel 100 g Puderzucker · 2 Eier

Außerdem:
12 Papierbackförmchen oder Fett für das Blech

ZUBEREITUNG

1. Ofen auf 180° vorheizen. Backblech nach Grundrezept vorbereiten. Die Schokolade in Stücke brechen und bei geringer Hitze in der Milch schmelzen lassen. Butter unterrühren, leicht abkühlen lassen. Mehl mit Backpulver und Kokosraspel mischen.

2. Puderzucker und Eier verrühren. Die Schokomasse unterrühren. Mehlmischung zügig einrühren. Den Teig in die Blechmulden füllen. Im Ofen (Mitte, Umluft 160°) 20–25 Min. backen. Herausnehmen, nach ca. 5 Min. die Muffins aus der Form lösen.

Kinder machen mit Sie können fertige Muffins mit geschmolzener Kuvertüre bestreichen und mit Smarties garnieren.

Mini-Amerikaner

Hit bei Kids
20 Min. + 2 x 15 Min. Backen
pro Stück ca. 160 kcal
5 g Fett · 2 g Eiweiß · 26 g Kohlenhydrate

ZUTATEN FÜR 20 STÜCK (2 BACKBLECHE)

Für den Rührteig:
100 g weiche Butter
100 g Zucker · 2 Eier
1 Päckchen Sahne-Puddingpulver
250 g Mehl
3 TL Backpulver
6 EL Milch

Für den Guss:
200 g Puderzucker
3 EL lauwarme Milch
1 TL Kakaopulver

ZUBEREITUNG

1. Den Backofen auf 175° vorheizen. Zwei Bleche mit Backpapier belegen. Butter mit Zucker cremig rühren. Eier und Puddingpulver unterrühren. Das Mehl mit Backpulver mischen. Abwechselnd mit 4 EL Milch unter den Teig rühren.

2. Mit zwei Teelöffeln kleine Häufchen mit etwa 5 cm Abstand auf die Backbleche setzen. Die Amerikaner nacheinander 10 Min. (Mitte, Umluft 160) backen. Mit der restlichen Milch bestreichen und in 5 Min. fertig backen.

3. Die Amerikaner auf einem Kuchengitter auskühlen. Den Puderzucker mit Milch zu einem glatten Guss verrühren. Die Hälfte des Gusses mit 1 TL Kakaopulver verrühren. Die flache Seite der Amerikaner je zur Hälfte mit hellem und dunklem Guss bestreichen und gut trocknen lassen.

Einfrier-Tipp Die Amerikaner abkühlen lassen und ohne Glasur in eine Gefrierbox legen und einfrieren.

Kinder machen mit Lassen Sie Ihre Kinder die Amerikaner glasieren und mit Smarties, Liebesperlen oder Gummibärchen verzieren.

Deko-Tipp **Marienkäfer:** Die Amerikaner mit rosa Zuckerguss bestreichen. Mit Schokoladenguss in der Mitte eine Linie ziehen. Rechts und links Tüpfchen aufmalen.

Deko-Ideen für die Kinderparty

Igel: 50 g Mandelstifte in einer Pfanne ohne Fett leicht anrösten, abkühlen lassen. 100 g Schokoglasur (Fertigprodukt) im Wasserbad schmelzen. Die gewölbte Seite der Amerikaner mit der Schokolade überziehen. Als Stacheln Mandelstifte hineinstecken.

Kaktus: 150 g Puderzucker, 2–3 EL lauwarme Milch und 1 Tropfen grüne Speisefarbe bzw. 1 TL Waldmeistersirup verrühren. 50 g Mandelstifte leicht anrösten. Gewölbte Seite der Amerikaner mit grüner Glasur bestreichen, je 2–3 Mandelstifte gebündelt hineinstecken.

Brownies

saftige Schokolieblinge
25 Min. + 25 Min. Backen
pro Stück ca. 295 kcal
18 g Fett · 5 g Eiweiß · 28 g Kohlenhydrate

ZUTATEN FÜR 1 ECKIGE BACKFORM (35 X 24 cm, 16 STÜCKE)

150 g gehackte Mandeln
1 EL Puderzucker
200 g Schokoraspel
150 g Butter · 3 Eier
200 g Rohrzucker
1 Päckchen Vanillezucker · 1 Prise Salz
150 g Dinkelmehl (Type 630)
1 TL Backpulver
Fett für die Backform
1 TL Kakaopulver zum Bestäuben
2 EL Puderzucker zum Bestäuben

ZUBEREITUNG

1. Backform gut einfetten und mit Kakaopulver bestäuben. Kühl stellen. Den Backofen auf 180° vorheizen. Gehackte Mandeln mit Puderzucker mischen und in einer Pfanne ohne Fett leicht anrösten. Abkühlen lassen. Schokoraspel mit Butter über dem heißen Wasserbad unter Rühren schmelzen.

2. Eier mit Rohrzucker, Vanillezucker und Salz schaumig rühren. Schoko-Buttermasse unterrühren. Dinkelmehl mit Backpulver mischen und zusammen mit den Mandeln unterheben. Teig in die Form füllen und glatt streichen. Im Ofen (Mitte, Umluft 160°) ca. 25 Min. backen. Den abgekühlten Kuchen in Quadrate schneiden und dick mit Puderzucker bestäuben.

Deko-Tipp 100 g Kuvertüre mit 1 EL neutralem Öl über dem heißen Wasserbad schmelzen. Brownies damit überziehen.

Kinder machen mit Sie können aus bunt gefärbtem Marzipan Tiere formen und die Brownies damit verzieren.

Bärentatzen

köstlich süße Pfötchen
25 Min. + 15 Min. Ruhen + 15 Min. Backen
pro Stück ca. 120 kcal
8 g Fett · 2 g Eiweiß · 11 g Kohlenhydrate

ZUTATEN FÜR 30 STÜCK

2 EL Sahne
50 g Schokoraspel
150 g weiche Butter
75 g Puderzucker
2 Prisen geriebene Muskatnuss
1 TL Kakaopulver
150 g gemahlene Mandeln
250 g Mehl
2 EL Zucker

Außerdem:
1 Bärentatzenförmchen

ZUBEREITUNG

1. Die Sahne mit den Schokoraspeln in einen Topf geben und bei geringer Hitze unter Rühren schmelzen lassen. Die Butter mit Puderzucker, Muskatnuss, Kakaopulver und der Schokosahne verrühren. Die Mandeln mit dem Mehl mischen, nach und nach unterrühren und alles zu einem glatten Teig verkneten. In Frischhaltefolie wickeln und 15 Min. bei Zimmertemperatur ruhen lassen.

2. Den Backofen auf 175° (Mitte, Umluft 160°) vorheizen. Ein Blech mit Backpapier belegen. Aus dem Teig walnussgroße Kugeln formen, kurz in das Förmchen drücken und auf das Backblech legen. Das Förmchen ab und zu mit Zucker ausstreuen, damit der Teig nicht klebt. Die Bärentatzen ca. 15 Min. backen. Mit dem Papier vom Blech ziehen und abkühlen lassen.

Deko-Tipp 100 g dunkle Schokoladenglasur nach Packungsangabe erwärmen, die Tatzen zur Hälfte eintauchen, gut trocknen lassen.

Kinder machen mit Sie können aus dem Teig walnussgroße Kugeln formen, etwas flach drücken und mit Mandelstiften die Krallen formen und auf das Backblech legen.

XL-Cookies

blitzschnell | für unterwegs
20 Min. + 18 Min. Backen
pro Stück ca. 90 kcal
5 g Fett · 1 g Eiweiß · 10 g Kohlenhydrate

ZUTATEN FÜR 30 STÜCK

100 g gehackte Haselnüsse
2 EL zarte Haferflocken
90 g weiche Butter
150 g brauner Zucker
1 TL Vanillezucker
1 Ei · 175 g Mehl
1/2 TL Backpulver
1 Prise Salz

ZUBEREITUNG

1. Backofen auf 180° vorheizen. Ein Blech mit Backpapier belegen. Die Haselnüsse mit den Haferflocken leicht anrösten. Abkühlen lassen. Die Butter mit Zucker, Vanillezucker und Ei schaumig rühren. Das Mehl mit Backpulver und Salz mischen und mit der gerösteten Nussmischung unter den Teig rühren.

2. Mit zwei Teelöffeln Häufchen auf das Backblech setzen und etwas flach drücken. Im Backofen (Mitte, Umluft 160°) in 15–18 Min. goldbraun backen. Herausnehmen, mit dem Papier vom Blech ziehen und abkühlen lassen.

Tuning-Tipp 50 g getrocknete Aprikosen klein würfeln, mit 1 EL Agavendicksaft (oder flüssigem Honig) vermischen und mit den Nüssen zu dem Teig geben. Abgekühlte Nuss-Cookies leicht mit Puderzucker bestäuben.

XL-Cookies

Grundrezept Brandteig

ZUTATEN FÜR CA. 16 STÜCK (2 BACKBLECHE)

250 ml Milch oder Wasser
60 g Butter
1/2 TL Salz
150 g Mehl
4 Eier

gut vorzubereiten
30 Min. + 2 x 25 Min. Backen

bei 16 Stück pro Stück ca. 90 kcal
5 g Fett · 3 g Eiweiß · 8 g Kohlenhydrate

ZUBEREITUNG

1. Den Backofen auf 220° vorheizen. 250 ml Milch oder Wasser in einen Topf geben. Die Butter in Stücken sowie das Salz hinzufügen und bei mittlerer Hitze zum Kochen bringen.

2. Das Mehl sieben, auf einmal dazugeben und mit einem Kochlöffel rühren, bis die Masse glatt ist, sich zu einem Kloß bildet und vom Topfboden löst. Auf dem Topfboden sollte eine dünne weiße Schicht zu sehen sein. Den Topf vom Herd nehmen und etwas abkühlen lassen.

3. Die Eier einzeln einrühren und immer so lange rühren, bis sich wieder ein Kloß bildet. Zwei Bleche mit Backpapier belegen. Mithilfe von zwei Esslöffeln Teighäufchen mit ca. 5 cm Abstand auf die Backbleche setzen.

4. Den Ofen auf 200° (Mitte, Umluft 180°) zurückschalten. Die Teighäufchen in 20–25 Min. goldbraun backen. Während der ersten 10 Min. den Backofen nicht öffnen, damit die Windbeutel nicht zusammenfallen. Die fertigen Windbeutel noch warm mit einem scharfen Messer oder einer Schere quer durchschneiden und abkühlen lassen.

Variante Profiteroles mit Schokocreme: Den Brandteig in einen Spritzbeutel mit glatter Tülle füllen, kleine Tupfen auf die Bleche spritzen und backen. Abkühlen lassen. 50 g Sahne mit 10 g Butter erwärmen, 100 g Zartbitterschokolade in Stücke brechen und darin schmelzen, bei Zimmertemperatur abkühlen lassen. Creme in einen Spritzbeutel mit kleiner Metalltülle füllen. Creme auf einer Seite in die Windbeutel spritzen. 50 g fertige Schokoglasur erwärmen, die Oberseite der Profiteroles in die Glasur tauchen und trocknen lassen.

Brandteig braucht Platz

Setzen Sie die Teighäufchen mit **viel Abstand** auf das Blech, sie vergrößern sich beim Backen mindestens um **das Doppelte.** Kleine Unregelmäßigkeiten auf der Oberfläche verschwinden dabei beim Aufgehen.

Windbeutel mit Vanillesahne

ZUTATEN FÜR 16 STÜCK

1 Grundrezept Brandteig (oben)
400 g Sahne
2 Päckchen Sahnesteif
2 Päckchen Vanillezucker
50 g Puderzucker zum Bestäuben

Außerdem:
Spritzbeutel

verführerisch sahnig
30 Min. + 2 x 25 Min. Backen

pro Stück ca. 190 kcal
13 g Fett · 4 g Eiweiß · 14 g Kohlenhydrate

ZUBEREITUNG

1. Den Brandteig wie im Rezept oben beschrieben zubereiten. Die Windbeutel backen, noch warm mit der Schere oder einem scharfen Messer quer durchschneiden und abkühlen lassen.

2. Sahne mit Sahnesteif und Vanillezucker steif schlagen. Sahne in einen Spritzbeutel mit gezackter Tülle füllen und auf die untere Hälfte der Windbeutel spritzen. Den Deckel locker darauflegen. Die Windbeutel mit Puderzucker bestäuben und frisch servieren.

Variante Windbeutel mit Himbeersahne: 100 g Himbeeren mit 2 EL Puderzucker pürieren und mit 150 g Mascarpone verrühren. 250 g Sahne steif schlagen, Himbeerpüree esslöffelweise unterrühren. Die Himbeersahne auf die unteren Windbeutelhälften spritzen, den Deckel locker aufsetzen. Mit Puderzucker bestäuben.

Eclairs mit Karamellsahne

Eclairs mit Karamellsahne

cremiger Klassiger
30 Min. + 30 Min. Kühlen
+ 2 x 25 Min. Backen
pro Stück ca. 230 kcal
13 g Fett · 4 g Eiweiß · 23 g Kohlenhydrate

ZUTATEN FÜR 16 STÜCK (2 BACKBLECHE)

1 Grundrezept Brandteig (S. 78)
10 weiche Karamellbonbons
400 g Sahne
150 g Puderzucker
3 EL lauwarme Milch
2 Päckchen Sahnesteif

Außerdem:
Spritzbeutel

ZUBEREITUNG

1. Brandteig nach Grundrezept zubereiten. Backofen auf 220° vorheizen. Zwei Bleche mit Backpapier belegen. Teig in einen Spritzbeutel mit gezackter Tülle füllen und längliche Streifen von ca. 10 cm auf die Bleche spritzen. Ofen auf 200° (Mitte, Umluft 180°) herunterschalten und 20–25 Min. backen. Mit einer Schere aufschneiden, abkühlen lassen.

2. Karamellbonbons grob würfeln. Mit 100 g Sahne in einem Topf bei geringer Hitze unter Rühren schmelzen lassen. 30 Min. kühl stellen. Puderzucker mit Milch und 1 EL Karamellsahne zu einem glatten Guss verrühren. Obere Eclairhälften damit bestreichen.

3. Übrige Sahne mit Sahnesteif steif schlagen, übrige Karamellsahne unterziehen. Mit dem Spritzbeutel auf die unteren Eclair-Hälften spritzen. Deckel aufsetzen, frisch servieren.

Zitronen-Spritzkuchen

unwiderstehliche Ringe
30 Min. + 20 Min. Frittieren
pro Stück ca. 170 kcal
10 g Fett · 3 g Eiweiß · 17 g Kohlenhydrate

ZUTATEN FÜR 16 STÜCK

1 Grundrezept Brandteig (S. 78)
150 g Puderzucker
2 EL Zitronensaft
Öl zum Bestreichen
Butterschmalz zum Frittieren

Außerdem:
Spritzbeutel

ZUBEREITUNG

1. Brandteig nach Grundrezept zubereiten. Aus Backpapier 16 Quadrate (ca. 12 x12 cm) ausschneiden und mit Öl bestreichen. Den Teig in einen Spritzbeutel mit gezackter Tülle füllen und Ringe auf die Quadrate spritzen.

2. Butterschmalz in einem breiten Topf oder in der Fritteuse erhitzen. Mit einem Holzstäbchen prüfen, ob das Fett heiß genug ist. Es müssen sich kleine Bläschen um das Stäbchen bilden. Die Ringe nacheinander mithilfe des Backpapiers in das heiße Fett gleiten lassen. Die Ringe von jeder Seite in 3–4 Min. goldbraun frittieren.

3. Herausnehmen, auf Küchenpapier abtropfen lassen. Puderzucker mit 2–3 EL Wasser und Zitronensaft zu einer dünnflüssigen Glasur verrühren, die Spritzkuchen glasieren.

Speed-Tipp Schneller geht es, wenn Sie die Ringe direkt in das Fett spritzen.

Super für Überraschungsgäste

Die knusprigen schiffchenähnlichen oder runden Mürbeteigböden kann man auch gut auf Vorrat backen. In einer fest schließenden Keksdose halten sie sich 4–6 Wochen.

Traubentörtchen

Grundrezept Mürbeteig-Torteletts

ZUTATEN FÜR 6 TORTELETT- ODER SCHIFFCHENFÖRMCHEN (Ø 12 cm ODER 11 cm LANG, 12 STÜCK)

300 g Mehl
100 g Puderzucker
abgeriebene Schale von 1/2 Bio-Zitrone
1 Prise Salz · 1 Ei
200 g kalte Butter
Mehl zum Ausrollen
Fett für die Förmchen

gut vorzubereiten
35 Min. + 60 Min. Kühlen + 2 x 15 Min. Backen

ZUBEREITUNG

1. Mehl, Puderzucker, Zitronenschale, Salz, Ei und die klein geschnittene Butter auf die Arbeitsfläche häufen. Alles mit einem großen Messer durchhacken, dann mit den Händen rasch zu einem festen Mürbeteig verkneten. Zur Kugel formen, in Folie wickeln. Für 60 Min. kalt stellen.

2. Die Förmchen einfetten. Den Backofen auf 200° (Umluft 180°) vorheizen. Die Hälfte des Teiges auf etwas Mehl 2 mm dünn ausrollen. Portionsweise über die Förmchen legen, mit der Teigrolle darüberrollen. So gleitet der Teig direkt in die Formen. Ihn mit den Fingern leicht hineindrücken. Die Böden mit einer Gabel mehrmals einstechen.

pro Stück ca. 255 kcal
15 g Fett · 3 g Eiweiß · 27 g Kohlenhydrate

3. Im Ofen (Mitte) in 12–15 Min. goldbraun backen. Etwas abkühlen, dann aus den Förmchen stürzen und erkalten lassen. Zweite Teighälfte genauso backen. Torteletts wie in den Rezepten beschrieben belegen.

Back-Tipp Blindbacken brauchen Sie diese Torteletts nicht – sie wölben sich kaum auf.

Austausch-Tipp Statt aus Mürbeteig können Sie die Torteletts auch aus Biskuit-Obstkuchenteig (S. 34) backen und anschließend belegen.

Erdbeerschiffchen

ahoi!
1 Std. 15 Min. + 60 Min. Kühlen + 2 x 15 Min. Backen
pro Stück ca. 380 kcal
21 g Fett · 5 g Eiweiß · 42 g Kohlenhydrate

ZUTATEN FÜR 6 SCHIFFCHENFÖRMCHEN (12 STÜCK)

1 Grundrezept Mürbeteig-Torteletts (Rezept oben) · 100 g dunkle Kuvertüre · 1 Päckchen Karamell-Puddingpulver · 250 ml Milch
3 EL Zucker · 125 g Sahne · 400 g Erdbeeren
Puderzucker zum Bestäuben

ZUBEREITUNG

1. 12 Mürbeteigschiffchen nach dem Grundrezept (oben) backen. Stürzen und auskühlen lassen.

2. Die Kuvertüre im Wasserbad schmelzen. Die Schiffchen innen damit dick bestreichen. Trocknen lassen. Das Puddingpulver nach Packungsangabe mit Milch und Zucker zubereiten. Abkühlen lassen. Die Sahne steif schlagen und portionsweise unter den Pudding ziehen.

3. Die Erdbeeren waschen, gut abtropfen lassen, verlesen, entstielen und je nach Größe halbieren oder vierteln. Die Schiffchen mit der Puddingcreme bestreichen. Mit den Erdbeeren belegen und dick mit Puderzucker überstäuben.

Back-Tipp Wer keine Schiffchenförmchen hat, nimmt Tortelettformen.

Tarteletts mit Melonen

erfrischend sommerlich
1 Std. 15 Min. + 2 Std. Kühlen + 2 x 15 Min. Backen
pro Stück ca. 355 kcal
15 g Fett · 5 g Eiweiß · 49 g Kohlenhydrate

ZUTATEN FÜR 6 TORTELETTFÖRMCHEN (12 STÜCK)

1 Grundrezept Mürbeteig-Torteletts (Rezept oben) · je 800 g Honig- und Wassermelone · 4 Blatt weiße Gelatine
2 Zitronen · 6 EL Zucker · 4 EL Zitronenmarmelade · 1–2 Zweige Zitronenmelisse
200 g Naturjoghurt

ZUBEREITUNG

1. Tortelettböden nach dem Grundrezept (oben) backen und abkühlen lassen. Melonen halbieren, entkernen und mit einem Kugelausstecher Melonenbällchen ausstechen. Reste der Melonen anderweitig verwenden, z. B. für einen Drink.

2. Gelatine in kaltem Wasser einweichen. Zitronen auspressen, Zitronensaft mit Wasser auf 200 ml auffüllen. Mit dem Zucker einmal aufkochen lassen. Vom Herd nehmen, etwas abkühlen lassen, dann die ausgedrückte Gelatine untermischen. Im Kühlschrank kalt werden lassen, bis die Masse etwas geliert.

3. Marmelade erwärmen, auf die Torteletts streichen. Mit den Melonenkugeln belegen. Zitronenmelisse abzupfen, feinstreifig schneiden und aufstreuen. Mit dem Zitronengelee beträufeln und in 60 Min. erstarren lassen. Mit je 1 EL Joghurt und Melisse garnieren.

Traubentörtchen

verführerisch | für Gäste
60 Min. + 60 Min. Kühlen + 2 x 15 Min. Backen
pro Stück ca. 440 kcal
28 g Fett · 5 g Eiweiß · 42 g Kohlenhydrate

ZUTATEN FÜR 6 TORTELETTFÖRMCHEN (12 STÜCK)

1 Grundrezept Mürbeteig-Torteletts (Rezept oben) · 50 g gemahlene Haselnusskerne · 2 EL Haselnussblättchen
je 300 g grüne und blaue kernlose Weintrauben · 250 g Mascarpone · 1 EL Puderzucker · 1 Päckchen Vanillezucker
1/2 TL Zimtpulver · 4 EL Quittengelee

ZUBEREITUNG

1. Mürbeteig-Torteletts nach dem Grundrezept oben zubereiten, dabei 50 g Mehl durch gemahlene Haselnüsse ersetzen, und backen. Die Haselnussblättchen in einer Pfanne anrösten, vom Herd nehmen und abkühlen lassen.

2. Trauben waschen, abzupfen und halbieren. Mascarpone mit Puderzucker, Vanillezucker und Zimtpulver verrühren. In die Torteletts streichen. Abwechselnd mit je 1 grünen und blauen Traubenhälfte belegen.

3. Das Quittengelee erwärmen und glatt rühren. Die Trauben damit bepinseln. Mit den Haselnussblättchen bestreuen.

Austausch-Tipp Statt mit Trauben die Torteletts mit blauen Feigen, in dünne Spalten geschnitten, belegen.

Ananas-Ingwer-Krapfen

raffiniert kombiniert
40 Min. + 50 Min. Gehen
+ 15 Min. Ausbacken
pro Stück ca. 150 kcal
8 g Fett · 3 g Eiweiß · 18 g Kohlenhydrate

ZUTATEN
FÜR 16 STÜCK

300 g Mehl
1/2 Würfel frische Hefe (ca. 20 g)
1 Prise Salz
30 g Zucker
100 ml lauwarme Milch
40 g weiche Butter
1 Ei · 1 Eigelb
abgeriebene Schale von 1 Bio-Limette
1 EL Limettensaft
1 TL Ingwerpulver
300 g frische Ananas
Mehl zum Ausrollen
Butterschmalz zum Ausbacken
Puderzucker zum Bestäuben

ZUBEREITUNG

1. Mehl in eine Schüssel geben, in die Mitte eine Mulde drücken. Hefe hineinbröckeln, mit Salz, Zucker und 5 EL Milch verrühren. Vorteig 15 Min. gehen lassen, dann mit Butter, Ei und Eigelb, übriger Milch, Limettenschale und -saft und Ingwerpulver verkneten. Teig zugedeckt 15 Min. gehen lassen.

2. Inzwischen die Ananas putzen, schälen und sehr klein würfeln. Den Hefeteig durchkneten und auf der bemehlten Arbeitsfläche auf 20 x 35 cm ausrollen. Die Ananasstückchen darauf verteilen, dabei einen 1 cm breiten Rand frei lassen. Teig von der Breitseite her aufrollen, in 16 Scheiben schneiden, jede etwas flach drücken. Nochmals 20 Min. gehen lassen.

3. Das Schmalz zum Frittieren (160–170°) erhitzen. Die Krapfen portionsweise von beiden Seiten in 3–4 Min. goldbraun ausbacken. Mit einer Schaumkelle herausheben und auf Küchenpapier abtropfen lassen. Mit Puderzucker bestäuben.

Marzipanbirnen im Schlafrock

saftig | formvollendet
40 Min. + 35 Min. Backen
pro Stück ca. 360 kcal
22 g Fett · 6 g Eiweiß · 35 g Kohlenhydrate

ZUTATEN
FÜR 6 STÜCK

4 Scheiben TK-Blätterteig (etwa 300 g)
6 kleine, feste Birnen
2 EL Zitronensaft
50 g Marzipanrohmasse
2 EL Crème fraîche
2 EL grob gehackte Haselnüsse
1 Ei · 2 EL Milch
Mehl zum Ausrollen

Außerdem:
Kernhausausstecher

ZUBEREITUNG

1. Blätterteigplatten nebeneinander auftauen, dann aufeinanderlegen und auf der bemehlten Fläche zu einem Quadrat von 30 x 45 cm ausrollen. 6 Quadrate von 15 x 15 cm ausschneiden.

2. Die Birnen schälen, mit dem Kernhausausstecher durchbohren. Innen und außen mit Zitronensaft einstreichen. Auf jede Teigplatte 1 Birne setzen.

3. Den Backofen auf 200° vorheizen. Für die Füllung Marzipan raspeln, mit Crème fraîche und Nüssen verrühren, in die Birnen füllen – am besten mit einem Löffelstiel. Ei trennen. Teigränder mit Eiweiß bestreichen. Teig über der Birne zuklappen und festdrücken. Aus dem übrigen Teig Blätter ausschneiden und mit Eiweiß auf die Birnen »kleben«.

4. Eigelb mit Milch verquirlen, Teig damit bestreichen. Auf ein mit Backpapier belegtes Blech heben. Im Ofen (Mitte, Umluft 160°) 30–35 Min. backen.

Apfelküchlein

Kinderliebling | Klassiker
20 Min. + 30 Min. Ruhen
+ 30 Min. Ausbacken
pro Portion ca. 535 kcal
29 g Fett · 6 g Eiweiß · 54 g Kohlenhydrate

ZUTATEN
FÜR 4 PORTIONEN

2 Eier · 250 ml Bier (ersatzweise Mineralwasser) · 75 g Mehl
6 EL Zucker
1 Prise Salz
4 säuerliche Äpfel (z. B. Boskoop)
1 Zitrone
2 TL Zimtpulver
Butterschmalz zum Ausbacken

ZUBEREITUNG

1. Die Eier trennen. Eigelbe, Bier, Mehl und 3 EL Zucker glatt rühren. Den Teig 30 Min. ruhen lassen.

2. Eiweiße mit Salz steif schlagen, vorsichtig unter den Teig ziehen. Äpfel schälen, Kerngehäuse ausstechen. Die Äpfel quer in 1/2 cm dicke Scheiben schneiden. Zitrone auspressen, die Apfelscheiben im Saft wenden.

3. Fett zum Ausbacken in einem schweren Topf auf 180° erhitzen. Apfelringe nacheinander durch den Teig ziehen, dann portionsweise im heißen Schmalz in 4–5 Min. goldbraun ausbacken. Auf Küchenpapier gut abtropfen lassen. Mit 3 EL Zucker, vermischt mit Zimtpulver, bestreuen.

Das schmeckt dazu Preiselbeerkompott oder Vanillesauce

Ausgebackene Zimt-Zwetschgen

versteckte Früchtchen
20 Min. + 30 Min. Ruhen
+ 15 Min. Ausbacken
pro Portion ca. 515 kcal
37 g Fett · 8 g Eiweiß · 34 g Kohlenhydrate

ZUTATEN
FÜR 4 PORTIONEN

24 Mandelkerne (ca. 20 g)
50 g Butter
120 g Mehl
125 ml Bier (ersatzweise Mineralwasser)
2 Eier · 24 reife Zwetschgen (ca. 400 g)
Butterschmalz zum Ausbacken
Puderzucker zum Bestäuben

ZUBEREITUNG

1. Die Mandeln überbrühen und kurz ziehen lassen, dann abgießen und häuten. Die Butter zerlassen und abkühlen lassen. Für den Teig Mehl, Bier, Butter und Eier zu einem glatten Teig verrühren. 30 Min. quellen lassen.

2. Zwetschgen waschen, längs aufschneiden und entsteinen. Statt des Steins jeweils einen Mandelkern hineinstecken.

3. Das Schmalz zum Frittieren erhitzen (180°). Die Zwetschgen portionsweise durch den Teig ziehen und im heißen Schmalz in 2–3 Min. schwimmend goldbraun ausbacken. Auf Küchenpapier kurz abtropfen lassen. Mit Puderzucker bestäubt servieren.

Das schmeckt dazu Vanillesauce

Erdnusskekse

schmeckt nach Amerika
25 Min. + 60 Min. Kühlen
+ 2x 20 Min. Backen
bei 40 Stück pro Stück ca. 130 kcal
8 g Fett · 3 g Eiweiß · 12 g Kohlenhydrate

ZUTATEN FÜR CA. 40 STÜCK (2 BACKBLECHE)

175 g weiche Butter
75 g Erdnussbutter
125 g brauner Zucker · 1 Ei
175 g geröstete, ungesalzene Erdnüsse (geschält)
375 g Mehl · 1 Päckchen Vanillezucker
75 g Schokoladentröpfchen (Fertigprodukt)

ZUBEREITUNG

1. Butter und Erdnussbutter cremig rühren. Zucker und Ei zufügen und kurz mitschlagen. Erdnüsse hacken, 50 g beiseitelegen. Die übrigen Nüsse mit dem Mehl, Vanillezucker und Schokotröpfchen unter die Buttermasse kneten. Den Teig zu drei Rollen von 5 cm Durchmesser formen. In Folie wickeln und 60 Min. im Kühlschrank ruhen lassen.

2. Backofen auf 150° (Umluft 130°) vorheizen. Von den Teigrollen gut 1 cm dicke Scheiben abschneiden und auf mit Backpapier belegte Bleche legen. Kekse mit den übrigen gehackten Erdnüssen bestreuen und diese etwas andrücken. Im Ofen (Mitte) 20 Min. backen und auf einem Kuchengitter abkühlen lassen.

Tuning-Tipp 50 g braunen Zucker und 1 Päckchen Vanillezucker vermischen, die Plätzchen nach dem Backen darin wälzen.

Ingwer-Shortbread

traditionell | schottisch
30 Min. + 60 Min. Kühlen
+ 2 x 30 Min. Backen
bei 45 Stück pro Stück ca. 60 kcal
3 g Fett · 1 g Eiweiß · 7 g Kohlenhydrate

ZUTATEN FÜR CA. 45 STÜCK (2 BACKBLECHE)

50 g kandierter Ingwer
250 g Mehl
150 g feiner Zucker
150 g weiche Butter
1 Prise Salz
Mehl zum Ausrollen

ZUBEREITUNG

1. Ingwer fein hacken. Mehl in einer Schüssel mit 100 g Zucker, Ingwer, Butter und Salz gut vermischen, auf der bemehlten Arbeitsfläche rasch zu einem glatten Teig verkneten. Teig in Folie gewickelt 60 Min. kalt stellen.

2. Ofen auf 180° vorheizen. Teig auf bemehlter Fläche portionsweise 1 cm dick ausrollen. Die Oberfläche mehrfach mit einer Gabel einstechen oder mit einem Messer einkerben. Den Teig in 3 cm große Quadrate schneiden. Auf mit Backpapier belegte Bleche legen.

3. Im Ofen (2. Schiene von unten, Umluft 160°) in 20–30 Min. goldbraun backen. Die Plätzchen vom Blech lösen, noch heiß in dem übrigen Zucker wälzen.

Mehr draus machen Teig als große runde Plätzchen (12 cm Ø) backen, dann in Keile schneiden.

Nussecken

Klassiker mit Biss
45 Min. + 30 Min. Kühlen
+ 25 Min. Backen
bei 40 Stück pro Stück ca. 255 kcal
17 g Fett · 3 g Eiweiß · 23 g Kohlenhydrate

ZUTATEN FÜR 1 TIEFES BACKBLECH (CA. 40 STÜCK)

350 g weiche Butter
350 g Zucker
3 Päckchen Vanillezucker · 2 Eier
1 TL abgeriebene Bio-Zitronenschale
320 g Mehl
1 TL Backpulver
4 EL Johannisbeergelee
4 EL Orangensaft
je 200 g gemahlene und gehackte Haselnüsse
2 Eiweiße · 400 g Zartbitterkuvertüre
Fett für das Backblech

ZUBEREITUNG

1. 150 g Butter cremig rühren, nach und nach 150 g Zucker, 2 Päckchen Vanillezucker, Eier und Zitronenschale dazugeben. Mehl mit Backpulver vermischt rasch darunterkneten. Teig 30 Min. kalt stellen.

2. Teig auf einem gefetteten tiefen Backblech ausrollen. Das Gelee erwärmen, auf den Teig streichen. Ofen auf 180° vorheizen. Für den Belag 200 g Butter, 200 g Zucker, Orangensaft, übrigen Vanillezucker und 2 EL Wasser in einem Topf aufkochen. Nüsse einrühren, abkühlen lassen. Eiweiße steif schlagen, unterheben. Die Masse auf dem Teig verstreichen.

3. Im Ofen (Mitte, Umluft 160°) 20–25 Min. backen. 10 Min. abkühlen lassen, in 8 x 8 cm große Quadrate schneiden, diese diagonal in Dreiecke. Abkühlen lassen. Kuvertüre hacken, im Wasserbad schmelzen. Ränder der Nussecken damit einstreichen. Antrocknen lassen.

Cantuccini

Knuspriges aus der Toskana
45 Min. + 60 Min. Trocknen
+ 60 Min. Kühlen + 25 Min. Backen
bei 60 Stück pro Stück ca. 50 kcal
2 g Fett · 1 g Eiweiß · 6 g Kohlenhydrate

ZUTATEN FÜR CA. 60 STÜCK

180 g Mandeln
250 g Mehl
1 TL Backpulver
180 g Zucker
2 Päckchen Vanillezucker
1 Prise Salz
30 g Butter · 2 Eier

ZUBEREITUNG

1. Die Mandeln überbrühen, abgießen, abschrecken und häuten. Auf einem Tuch 60 Min. trocknen lassen.

2. Mehl und Backpulver mischen, auf die Arbeitsfläche häufen, in die Mitte eine Mulde drücken. Zucker, Vanillezucker und Salz hinzufügen, Butter, Eier und Mandeln in die Mulde geben und rasch verkneten. Den Teig in sechs gleich große Stücke teilen, aus jedem Stück eine 25 cm lange Rolle formen. In Folie wickeln und 60 Min. kalt stellen.

3. Ofen auf 200° vorheizen. Ein Blech mit Backpapier belegen, Teigrollen im Abstand von ca. 8 cm darauflegen. Im Ofen (2. Schiene von unten, Umluft 180°) 15 Min. backen. Abkühlen lassen. Schräg in 1 cm dicke Scheiben schneiden. Diese mit der Schnittfläche nach oben auf das Blech legen. In 8–10 Min. goldbraun backen. Abkühlen lassen.

Schoko-Ingwer-Törtchen (hinten), Gefüllte Mandeltaler (Mitte), Erdbeertürmchen (vorne)

Grundrezept Biskuittaler

ZUTATEN FÜR 48 STÜCK (2 BACKBLECHE)

4 Eier
50 g feiner Zucker
100 g Puderzucker
1 Päckchen Vanillezucker
150 g Mehl

gelingt leicht
20 Min. + 2 x 5 Min. Backen

ZUBEREITUNG

1. Backofen auf 200° (Umluft 180°) vorheizen. Zwei Bleche mit Backpapier belegen. Die Eier trennen. Eiweiße steif schlagen, 50 g Zucker einrieseln lassen. Die Eigelbe mit Puderzucker und Vanillezucker weißcremig rühren. Den Eischnee dazugeben und das Mehl darübersieben. Alles locker vermischen.

2. Mit zwei Teelöffeln mit etwas Abstand auf jedes Blech 24 kleine Teigportionen setzen. Im Ofen (Mitte) nacheinander ca. 5 Min. backen. Aus dem Ofen nehmen und die Taler abkühlen lassen.

pro Stück ca. 30 kcal
1 g Fett · 1 g Eiweiß · 6 g Kohlenhydrate

Blitzschnelle Varianten Für **Espresso-Taler** 2 TL Espressopulver unter die fertige Biskuitmasse rühren. Die gebackenen Taler mit Vanilleeis oder Mokkaeis und Sahne servieren. Für **Nuss-Taler** 50 g gemahlene Haselnüsse leicht anrösten und abgekühlt unter die fertige Biskuitmasse rühren. 1 EL Maronenpüree aus der Dose mit 1 EL Kirschwasser oder Orangensaft verrühren. 200 g Sahne steif schlagen, Maronenmasse unterrühren. Die Nusstaler damit füllen.

Einfrier-Tipp Biskuittaler kann man auf Vorrat backen und abgekühlt in einer Gefrierbox einfrieren.

Erdbeertürmchen

fruchtige Hochstapler
20 Min. + 2 x 5 Min. Backen
pro Stück ca. 205 kcal
10 g Fett · 4 g Eiweiß · 24 g Kohlenhydrate

ZUTATEN FÜR 16 STÜCK (2 BLECHE)

1 Grundrezept Biskuittaler
400 g frische Erdbeeren · 75 g Puderzucker
1 EL Zitronensaft · 150 g Mascarpone
200 g Sahne · 1 Päckchen Sahnesteif
Zitronenmelisseblättchen zum Garnieren
Puderzucker zum Bestäuben

Außerdem:
Spritzbeutel

ZUBEREITUNG

1. Biskuittaler nach Grundrezept zubereiten, backen, abkühlen lassen. Erdbeeren putzen, kurz abbrausen. 16 Beeren beiseitelegen. Die übrigen mit Puderzucker und Zitronensaft pürieren. Mascarpone unterrühren.

2. Die Sahne mit Sahnesteif steif schlagen. Das Erdbeerpüree unterziehen. Die Creme in einen Spritzbeutel mit gezackter Tülle füllen.

3. Erdbeercreme auf die Biskuittaler spritzen. Jeweils drei Taler zu einem Turm zusammensetzen. Die ganzen Erdbeeren fächerartig einschneiden. Die Türmchen mit den Erdbeeren und den Zitronenmelisseblättchen garnieren. Leicht mit Puderzucker bestäuben.

Austausch-Tipp Die Creme mit 400 g Himbeeren zubereiten. Oder 250 g Johannisbeeren mit 1 EL Cassislikör vermischen, Mascarpone mit Zitronensaft verrühren, Sahne mit Sahnesteif steif schlagen. Alles verrühren.

Schoko-Ingwer-Törtchen

exotisch-raffiniert
20 Min. + 25 Min. Kühlen
+ 2 x 5 Min. Backen
pro Stück ca. 145 kcal
7 g Fett · 3 g Eiweiß · 16 g Kohlenhydrate

ZUTATEN FÜR 24 STÜCK (2 BLECHE)

1 Grundrezept Biskuittaler · 2 TL Kakaopulver · 300 g Sahne · 30 g kandierter Ingwer
100 g weiße Schokolade · 1 EL Orangenlikör (ersatzweise 1 TL abgeriebene Bio-Orangenschale) · 6 Amicelli (Waffelröllchen mit Cremefüllung und Schokoüberzug)

Außerdem:
Spritzbeutel

ZUBEREITUNG

1. Zwei Bleche mit Backpapier belegen. Ofen auf 200° (Umluft 180°) vorheizen. Den Biskuitteig nach Grundrezept zubereiten. Kakao auf den Teig sieben, locker untermischen. Die Taler wie im Grundrezept fertig stellen.

2. Für die Creme 100 g Sahne in einen Topf geben. Kandierten Ingwer in winzig kleine Würfel schneiden und zu der Sahne geben. Schokolade grob hacken. Ingwersahne erhitzen, Schokolade unter Rühren darin schmelzen, Orangenlikör unterrühren. Die Masse 25 Min. in den Kühlschrank stellen.

3. 200 g Sahne steif schlagen. Ingwer-Schokosahne löffelweise unterrühren. Die Creme in einen Spritzbeutel mit gezackter Tülle füllen. Die Amicelli vierteln. Die Hälfte der Creme auf 24 Taler spritzen und je einen Biskuittaler daraufsetzen, mit übriger Creme und Amicellivierteln verzieren.

Gefüllte Mandeltaler

schmecken nach Italien
20 Min. + 2 x 5 Min. Backen
pro Stück ca. 140 kcal
7 g Fett · 3 g Eiweiß · 16 g Kohlenhydrate

ZUTATEN FÜR 24 STÜCK (2 BLECHE)

1 Grundrezept Biskuittaler · 50 g gemahlene Mandeln · 50 g Amaretti (italienisches Mandelgebäck) ·50 g Frischkäse
50 g Puderzucker · 1 EL Mandellikör (nach Belieben) · 200 g Sahne · 1 Päckchen Sahnesteif · 50 g Zartbitterkuvertüre · 1 TL Öl

ZUBEREITUNG

1. Ofen auf 200° (Umluft 180°) vorheizen. Zwei Bleche mit Backpapier belegen. Den Biskuitteig wie im Grundrezept beschrieben zubereiten. Zum Schluss die Mandeln unterheben. Mit einem Teelöffel kleine Tupfen auf die Backbleche geben und jede Portion im Ofen (Mitte) jeweils 5 Min. backen.

2. Für die Creme die Amaretti in einen Gefrierbeutel füllen, grob mit dem Nudelholz zerdrücken. Frischkäse mit Puderzucker und Mandellikör nach Belieben glatt rühren. Die Sahne mit Sahnesteif steif schlagen. Die Käsecreme löffelweise unter Rühren dazugeben. Amarettibrösel unterheben. Je 2 Mandeltaler mit der Creme zusammensetzen und nebeneinander auf Backpapier setzen.

3. Die Kuvertüre grob hacken, mit dem Öl in eine Schüssel geben und über dem heißen Wasserbad schmelzen lassen. Kuvertüre in einen Gefrierbeutel füllen, ein winziges Loch einstechen, die Taler damit verzieren.

Grundrezept Petits Fours

ZUTATEN
FÜR 20 STÜCK

Für den Biskuit:
5 Eier · 250 g Zucker
100 g geschälte fein gemahlene Mandeln · 50 g Mehl
Zucker zum Bestreuen

Für die Füllung:
400 g Aprikosenkonfitüre
2 EL Orangenlikör
(ersatzweise Zitronensaft)

Zum Verzieren:
500 g Puderzucker · 4 EL lauwarme Milch · 1 EL Zitronensaft
kandierte Früchte

gut vorzubereiten
1 Std. 15 Min. + 12 Std. Ruhen + 15 Min. Backen

pro Stück ca. 280 kcal
4 g Fett · 3 g Eiweiß · 56 g Kohlenhydrate

ZUBEREITUNG

1. Den Backofen auf 200° (Umluft 180°) vorheizen. Ein Blech mit Backpapier belegen. Die Eier trennen, Eiweiße steif schlagen und 50 g Zucker dazurühren. Die Eigelbe mit 200 g Zucker schaumig schlagen. Eiweißmasse und Mandeln zur Eigelbcreme geben und das Mehl darübersieben. Alles vorsichtig mit einem Spatel oder Kochlöffel vermischen. Den Teig auf das Blech geben und glatt streichen. Im Ofen (Mitte) ca. 15 Min. backen.

2. Ein Geschirrtuch oder Backpapier in Größe des Blechs mit Zucker bestreuen. Den Biskuit daraufstürzen und abkühlen lassen. Danach in drei gleich große Streifen schneiden. Die Aprikosenkonfitüre mit dem Orangenlikör oder Zitronensaft verrühren. Zwei Teigstreifen mit zwei Drittel der Konfitüre bestreichen und aufeinandersetzen. Mit dem dritten Streifen abdecken, in Folie wickeln, mit einem Brett beschweren, damit sich die Streifen gut verbinden und 12 Std. kühl ruhen lassen.

3. Übrige Konfitüre erwärmen und durch ein Sieb streichen. Den Biskuit damit bestreichen, leicht antrocknen lassen und danach in kleine Quadrate oder Rechtecke schneiden. Puderzucker mit Milch und Zitronensaft zu einer dickflüssigen Glasur verrühren. Die Biskuitteilchen mit der Glasur überziehen und mit kandierten Früchten dekorieren.

Marzipan-Petits-Fours

gästefein
1 Std. 15 Min. + 12 Std. Ruhen + 15 Min. Backen
pro Stück ca. 380 kcal
8 g Fett · 4 g Eiweiß · 72 g Kohlenhydrate

ZUTATEN FÜR 20 STÜCK

1 Grundrezept Biskuit für Petits Fours
400 g Aprikosenkonfitüre
2 EL Orangensaft
300 g Marzipanrohmasse
700 g Puderzucker
1 EL Mandellikör (ersatzweise Zitronensaft)
1 EL Zitronensaft
4 EL lauwarme Milch
Speisefarbe (rot/grün/gelb)

ZUBEREITUNG

1. Backofen auf 200° (Umluft 180°) vorheizen. Ein Blech mit Backpapier belegen. Den Teig wie im Grundrezept beschrieben zubereiten und backen. Abgekühlt in drei gleich große Streifen schneiden. Aprikosenkonfitüre mit Orangensaft erwärmen und durch ein Sieb streichen.

2. Das Marzipan mit 100 g Puderzucker und dem Mandellikör verkneten. Zwischen Frischhaltefolie ausrollen und zwei Streifen in Größe des Biskuits ausschneiden. Zwei Streifen mit Aprikosenkonfitüre bestreichen und aufeinandersetzen. Einen Marzipanstreifen daraufgeben und den dritten Biskuitstreifen darauflegen. Mit übriger Aprikosenkonfitüre bestreichen, mit dem zweiten Marzipanstreifen abdecken. In Frischhaltefolie wickeln, mit einem Brett beschweren und 12 Std. ruhen lassen. Danach in kleine Quadrate, Rechtecke oder Dreiecke schneiden.

3. 500 g Puderzucker mit dem Zitronensaft und der Milch zu einem dickflüssigen Guss verrühren. Die Teilchen damit überziehen und antrocknen lassen. Für die Verzierung 100 g Puderzucker mit 2 EL lauwarmem Wasser verrühren. Die Glasur dritteln und mit Speisefarbe einfärben. Jeweils in einen Gefrierbeutel füllen, ein winziges Loch einschneiden. Feine Linien, chinesische Schriftzeichen, Buchstaben oder Zahlen usw. aufspritzen.

Schoko-Petits-Fours

nicht nur Kinder lieben sie
1 Std. 10 Min. + 30 Min. Backen
pro Stück ca. 400 kcal
21 g Fett · 6 g Eiweiß · 46 g Kohlenhydrate

ZUTATEN FÜR 1 SPRINGFORM (Ø 28 cm, 12 STÜCK)

1 Grundrezept Biskuit für Petits Fours
200 g Zartbitterschokolade
150 g Sahne
1 Päckchen Vanillezucker
150 g Schokoladenglasur (Fertigprodukt)
50 g Puderzucker

ZUBEREITUNG

1. Den Backofen auf 200 ° vorheizen. Den Boden der Form mit Backpapier belegen. Den Biskuit wie im Grundrezept beschrieben zubereiten und in die Springform füllen. Im Ofen (Mitte Umluft 180°) ca. 30 Min. backen.

2. Inzwischen die Schokolade grob hacken. Sahne erwärmen, Schokolade und Vanillezucker dazugeben, unter Rühren schmelzen lassen. Zum Abkühlen in den Kühlschrank stellen. Abgekühlten Kuchen aus der Form nehmen, Backpapier abziehen. Den Biskuit quer halbieren und wieder aufeinanderlegen. Mit einer runden Ausstechform Kreise von 4–5 cm ausstechen.

3. Abgekühlte Schokoladenmasse kurz durchrühren. Die Hälfte der Kreise mit Schokocreme bestreichen, die andere Hälfte daraufsetzen und andrücken. Ein Kuchengitter auf Papier oder Alufolie stellen. Die Petits Fours dicht an dicht auf das Kuchengitter setzen. Die Schokoglasur nach Packungsangabe im Wasserbad schmelzen und mithilfe eines Löffels die Petits Fours damit überziehen und trocknen lassen.

4. Puderzucker mit 2 TL lauwarmem Wasser zu einer dickflüssigen Glasur verrühren. Kleine Papiertüten falten (s. S. 92) die Glasur einfüllen, die Tütenspitze abschneiden. Kleine Kreise, Wellenlinien oder andere Motive auf die Törtchen spritzen.

Speed-Tipp Die Schichten eines Wiener Bodens (Fertigprodukt) mit Aprikosenkonfitüre bestreichen, ausgerollte Marzipanplatten (Fertigprodukt) darauflegen. Die Böden aufeinandersetzen, in Quadrate oder Rauten schneiden und wie oben beschrieben verzieren.

Französische süße Kleinigkeiten

»Petits Fours« heißt übersetzt kleine Öfchen und meint Kleingebäck aus dem Ofen. Das lässt sich wunderbar vorbereiten und ist als Mitbringsel, passend verziert zum jeweiligen Anlass, immer etwas Besonderes. Backfreudige Kinder haben sicher ihren Spass, beispielsweise zum Muttertag, die kleinen Kuchen zu backen und ganz individuell zu verzieren.

Wenn die Zeit knapp ist

→ Im Supermarkt und beim Konditor gibt es **fertige Törtchen** aus Mürbeteig, Biskuit und Baiser. Mindestens eine Sorte davon sollten Sie immer in Ihrem Vorratsregal haben.

→ Auch **Fertigteige** aus der Tiefkühltruhe (z. B. Blätterteig) oder aus dem Kühlregal (z. B. Strudelteig, Hefe- oder Mürbeteig) lassen sich ideenreich abwandeln.

→ Mit **Obst à la saison** schnell und raffiniert gefüllt, erfreuen sie große und kleine Überraschungsgäste. Ganz einfach!

Ananastörtchen mit Kokos-Baiser

Exotisches unter der Haube
20 Min. + 30 Min. Kühlen + 2 Min. Backen
pro Stück ca. 260 kcal
12 g Fett · 3 g Eiweiß · 33 g Kohlenhydrate

ZUTATEN FÜR 10 STÜCK

1 kleine Dose Ananasringe (260 g Abtropfgewicht) · 1 Päckchen heller Tortenguss
80 g Zucker
1 EL Vanillezucker
10 Mürbeteig-Torteletts (gekauft oder nach Rezept S. 81; ca. 250 g)
75 g Kokosraspel
3 Eiweiße
1 TL Zitronensaft
Puderzucker zum Bestäuben

ZUBEREITUNG

1. Ananas abgießen, Saft auffangen und mit Wasser auf 200 ml auffüllen. Ananas in Stückchen schneiden. Tortenguss mit 1 EL Zucker, Vanillezucker und dem Saft verrühren, aufkochen. Ananasstücke zugeben, Kompott abkühlen lassen.

2. Die Torteletts mit 2 EL Kokosraspeln bestreuen. Kompott darauf verteilen und 30 Min. kalt stellen.

3. Eiweiße mit Zitronensaft steif schlagen, übrigen Zucker dabei einrieseln lassen. Restliche Kokosraspel unterheben, Baisermasse auf die Törtchen streichen. Unter dem vorgeheizten Grill (2. Schiene von oben) 2 Min. übergrillen. Mit Puderzucker bestäuben.

Tuning-Tipp Besonders dekorativ wird's, wenn Sie die Kokosmasse in einen Spritzbeutel mit großer Lochtülle füllen und als Rosette auf die Ananas spritzen.

Blätterteigkissen mit Grütze

süßer Sandwich
25 Min. + 2 x 15 Min. Backen
pro Stück ca. 270 kcal
18 g Fett · 3 g Eiweiß · 24 g Kohlenhydrate

ZUTATEN FÜR 12 STÜCK (2 BACKBLECHE)

450 g TK-Blätterteig (in 6 Scheiben)
1 Eigelb · 250 g Sahne
1 Päckchen Sahnesteif
1 Päckchen Vanillezucker
375 g rote Grütze (Kühlregal)
2 EL Schokoladenraspel
Puderzucker zum Bestäuben

ZUBEREITUNG

1. Den Blätterteig auftauen lassen. Jede Teigplatte halbieren, sodass zwei Rechtecke von 9 x 10 cm entstehen. Diese auf zwei mit Backpapier belegte Bleche geben. Eigelb mit 1 EL Wasser verrühren, den Teig damit bestreichen.

2. Backofen auf 220° (Umluft 200°) vorheizen. Den Blätterteig im Ofen (2. Schiene von unten) in jeweils 15 Min. goldbraun backen. Herausnehmen und abkühlen lassen.

3. Sahne mit Sahnesteif und Vanillezucker steif schlagen. Die Blätterteigstücke mit einem Sägemesser waagerecht aufschneiden, sodass sie noch an einer Seite zusammenhängen. Mit jeweils 1 EL Grütze und 1 EL Sahne füllen, einige Schokoraspel daraufstreuen, Teig etwas zusammendrücken. Die Stücke auf einer Platte anrichten und mit Puderzucker bestäuben. Sofort servieren.

Austausch-Tipp Je nach Angebot können Sie die rote Grütze auch durch eine gelbe oder grüne Grütze ersetzen.

Zitronen-Beeren-Torteletts

fruchtig | frisch
15 Min. + 15 Min. Kühlen
pro Stück ca. 130 kcal
2 g Fett · 2 g Eiweiß · 26 g Kohlenhydrate

ZUTATEN FÜR 12 STÜCK

1/2 Päckchen Zitronen-Cremepulver für 1/2 l Wasser (ohne Kochen)
50 g Puderzucker
3 EL Zitronensaft
200 g Naturjoghurt
12 Wiener Biskuit-Torteletts (Ø 8 cm)
500 g gemischte Beeren (z. B. Erdbeeren, Heidelbeeren, Himbeeren)
1 Päckchen Vanillezucker

ZUBEREITUNG

1. Das Cremepulver mit dem Puderzucker, 2 EL Zitronensaft und Joghurt in einem kleinen Topf kräftig verrühren. Unter Rühren bis kurz vor den Kochpunkt erhitzen, bis die Creme andickt. Diese auf die Torteletts verteilen und 10–15 Min. kalt stellen.

2. Inzwischen die Beeren verlesen, nur wenn nötig kurz abbrausen und trocken tupfen. Mit dem Vanillezucker und dem übrigen Zitronensaft mischen, auf die Füllung in die Törtchen verteilen.

Austausch-Tipp Anstatt der frischen Beeren eine TK-Beerenmischung nehmen und auftauen lassen.

Back-Tipp Das Tütchen Cremepulver insgesamt abwiegen. Die Hälfte davon für die Zitronencreme verwenden.

Birnen-Walnuss-Röllchen

fein im Herbst
30 Min. + 2 x 20 Min. Backen
pro Stück ca. 165 kcal
5 g Fett · 3 g Eiweiß · 28 g Kohlenhydrate

ZUTATEN FÜR 15 STÜCK (2 BACKBLECHE)

450 g Hefeteig für Blechkuchen (Kühlregal)
2 feste Birnen (ca. 250 g)
2 EL Zitronensaft
1 Päckchen Vanillezucker
2 EL brauner Zucker
1/2 TL Zimtpulver
2 EL Doppelrahm-Frischkäse · 40 g gehackte Walnüsse
Puderzucker zum Bestäuben
Mehl zum Ausrollen

ZUBEREITUNG

1. Den Hefeteig (25 x 40 cm) auf der bemehlten Arbeitsfläche ausrollen und mit einer Gabel einstechen. In zwölf Rechtecke von je ca. 8 x 10 cm Größe schneiden.

2. Den Backofen auf 200° (Umluft 180°) vorheizen. Birnen vierteln, schälen, entkernen und klein würfeln. Sofort mit Zitronensaft beträufeln. Mit Vanillezucker, Zucker, Zimtpulver, Frischkäse und Nüssen vermischen.

3. Birnenmischung auf die Teigrechtecke verteilen, jeweils einen 1 cm breiten Rand frei lassen. Von der Längsseite her aufrollen. Die Oberfläche mehrmals schräg einschneiden. Auf zwei mit Backpapier belegte Bleche setzen. Im Ofen (Mitte) in je 15–20 Min. goldbraun backen. Mit Puderzucker bestäuben.

Austausch-Tipp Statt Hefeteig 2 Packungen Strudelteig (Kühlregal) verwenden.

SCHÖNE DEKO FÜRS GEBÄCK

Mit einfachen Dekomitteln kann man je nach Anlass tolle Effekte erzielen. Und erlaubt ist alles, was gefällt.

Pergamenttüten formen

→ Aus Pergamentpapier oder Backpapier ein Dreieck in passender Größe ausschneiden. Das Papierdreieck von der langen Seite her zu einer Tüte formen. Die Enden nach innen umknicken, damit die Tüte hält. Alternativ einen Gefrierbeutel mit gekappter Ecke verwenden.

Graffiti

→ Kuvertüre über dem Wasserbad erwärmen, bis sie geschmolzen ist. In die Pergamenttüte füllen, ein winziges Loch einstechen und mit zartem Druck kreuz und quer **Linien auf das Gebäck** (z. B. Petits Fours) spritzen.

Herzen

→ Puderzucker mit Zitronensaft zu einer dickflüssigen Glasur verrühren, in eine Spritztüte (s. links) füllen und Herzen dicht an dicht auf das Gebäck spritzen.

→ Sie können auch kleine Blüten, Herzen oder Buchstaben mit geschmolzener Kuvertüre oder Puderzuckerglasur auf ein Backpapier spritzen, trocknen lassen, vorsichtig mit einer Palette ablösen. Die Ornamente mit etwas Puderzuckerglasur auf das Gebäck setzen.

Muffins fein gemacht

→ **Zum Verschenken** Muffins, z. B. Schoko-Kokos-Muffins, mit Fruchtgummischnüren zu Päckchen verschnüren.

→ **Zum Kindergeburtstag** Mithilfe einer Spritztüte (s. links) mit Puderzuckerglasur die Namen der Gäste auf die Muffins spritzen.

Süße Früchtchen

→ Für **geeiste Früchtchen** wie Johannisbeerrispen, Beeren, Kirschen oder Trauben in Zitronenwasser tauchen und dann in Zucker wälzen.
→ Mit winzigen Ausstechformen **aus kandierten Früchten,** zum Beispiel Ananas oder Orangenscheiben, **kleine Motive** ausstechen.

Früchte in Schokolade

→ Kleine Erdbeeren mit Stiel zur Hälfte zuerst in flüssige Kuvertüre tauchen, dann in Kokosraspel. Kirschen mit Stiel ganz oder zur Hälfte in Kuvertüre tauchen. Eine Karambole in Scheiben schneiden, die Ränder dünn mit Kuvertüre einpinseln.
→ Oder kandierte Früchte halb in Kuvertüre tauchen.

Kandierte Zitrusstreifen

→ Eine einfache und schnelle Dekoration für Kuchen und Gebäck sind kandierte Zitruszesten, dafür nur **Bio-Früchte** nehmen. Orangen, Limetten oder Zitronen waschen, trocken reiben. Die Schale hauchdünn abschälen und in ganz feine Streifen schneiden. Schneller geht's mit dem **Zestenreißer.** 10 ml Wasser mit 100 g Zucker unter Rühren zum Kochen bringen. Den Zuckersirup etwa 1 Min. kochen lassen, nicht mehr rühren, damit der Zucker nicht kristallisiert. Die Zitrusstreifen kurz in den Zuckersirup legen, herausnehmen, auf eine Platte legen und trocknen lassen.

Apfel-Chips

→ 2 Äpfel (z. B. Elstar) waschen und das Kerngehäuse ausstechen. Die Äpfel quer in hauchdünne Scheiben schneiden und mit Zitronensaft beträufeln. Ein Backblech mit Alufolie belegen und mit Öl einpinseln. Die Apfelscheiben darauflegen und mit Zucker bestreuen. Im Ofen bei 220° ca. 10 Min. trocknen lassen, danach auf Backpapier legen.
→ Genauso können Sie auch **Birnen-Chips** zubereiten.

Karamellnüsse

→ 3 EL braunen Zucker in einem Topf schmelzen lassen, Walnusskernhälften, abgezogene Mandeln oder Haselnüsse dazugeben und rühren, bis die Nüsse mit geschmolzenem Zucker überzogen sind. Die Nüsse auf Backpapier trocknen lassen.

Geeiste Sahnetupfen

→ Steif geschlagene Sahne vom Tortenverzieren oder vom Kuchen-Büfett übrig? Dann füllen Sie sie in einen Spritzbeutel mit gezackter Tülle, und spritzen Sie mit etwas Abstand auf Backpapier Sahneverzierungen wie **Tupfen, Rosetten oder Herzen.** Diese dann im Gefrierfach hart gefrieren lassen. Anschließend die gefrosteten Sahnestückchen in einen Gefrierbeutel oder in eine Gefrierdose geben und luftdicht verpackt wieder einfrieren. Damit sind Obsttorteletts schnell verziert. Geeiste Sahnetupfen sind auch eine schnelle und raffinierte Beilage zu warmen Apfelkücherln.

Mürbeteig-Blätter

Wenn Sie – etwa nach dem Formen eines Bodens – einmal Mürbeteig übrig haben, können Sie daraus **knusprige Blätter backen.** Den Teig 1/2 cm dick ausrollen, mit einem Messer, Teigrädchen oder mit einer Ausstechform Blätter ausschneiden oder -stechen. Mit einem flach gehaltenen Zahnstocher die Rippen einkerben. Die Blätter auf ein mit Backpapier belegtes Blech geben. Im Ofen bei 180° (Mitte, Umluft 160°) in ca. 10 Min. goldbraun backen. Abkühlen lassen.
→ Die Teig-Blätter sind eine schöne Deko, z. B. für Traubentorteletts.
→ Oder Sie zaubern daraus eine schnelle Kuchenvariante: Die Blätter dekorativ auf einen Teller legen, mit Früchten belegen und mit gerösteten Mandelblättchen bestreuen.
→ Die Teigblätter können Sie auch in flüssige Schokolade tauchen und damit Kuchen und Torten verzieren.

Ideen für kleine und große Überraschungsgäste

→ **Pinky Eistüte** Erdbeercreme (→ S. 87) zubereiten. Die Creme in Eistütenwaffeln füllen und gleich servieren.

→ **Schoko-Sandwich** Je 2 Vollkorn-Butterkekse mit Schokocreme (→ S. 69) zusammensetzen und auf einem Teller stapeln.

→ **Geeiste Himbeertörtchen** 200 g TK-Himbeeren mit 1 EL Himbeersirup 100 g Sahne und 50 g Joghurt im Mixer pürieren. Minitorteletts mit Himbeereis füllen, Schokoraspel aufstreuen, sofort servieren.

→ **Für kleine Schleckermäuler** 50 g Schokoraspel über dem heißen Wasserbad schmelzen. Löffelbiskuits zur Hälfte in Schokolade tauchen und mit Kokosraspeln oder Zuckerperlen bestreuen.

Blüten kandieren

→ 1 Eiweiß mit 1–2 EL Wasser verrühren, aber nicht schaumig schlagen. **Essbare Blütenblätter,** beispielsweise von ungespritzten Rosen oder Veilchen mit dem Eiweiß bestreichen, vorsichtig mit feinkörnigem Zucker bestreuen und an einem warmen, luftigen Ort trocknen lassen.

→ Schneller geht's **im Ofen:** Trocknen Sie die vorbereiteten Blüten oder Blätter auf einem mit Backpapier belegten Blech bei 50° etwa 2 Std.

Willkommen im siebten Tortenhimmel! Was immer Sie lieben – hier finden Sie Highlights für jeden Typ: sommersüße Verführer, freche Exoten, kirsch-

verliebte Klassiker. Mal sündig mit satt Schokolade, mal himmlisch leicht. Doch Sie brauchen keineswegs überirdische Fähigkeiten, um unsere **Traum-**

Torten

und Schnitten nachzubacken. Sie besorgen nur ein paar gute Zutaten und nehmen sich ein wenig Zeit. Und wir zeigen Ihnen, wie's geht. Schritt für Schritt. Und schon sind Sie mittendrin im **Tortenhimmel ...**

Grundrezept Biskuit

ZUTATEN FÜR 1 SPRINGFORM (Ø 26 cm, 12 STÜCKE)

6 Eier
180 g Zucker
1 Prise Salz
180 g Mehl
Fett für die Form
Mehl zum Bestäuben

gut vorzubereiten
30 Min. + 30 Min. Backen

pro Stück ca. 150 kcal
3 g Fett · 5 g Eiweiß · 26 g Kohlenhydrate

ZUBEREITUNG

1. Die Form nur am Boden einfetten und mit Mehl bestäuben. Eier trennen. Eigelbe mit 6 EL warmem Wasser, Zucker und Salz dick und cremig schlagen. Den Backofen auf 180° vorheizen.

2. Das Mehl durch ein Sieb über die Eiercreme sieben – nicht rühren! Die Eiweiße in einer zweiten Schüssel zu sehr steifem Eischnee schlagen. Ein Drittel davon mit dem Mehl vorsichtig unter die Eiercreme rühren. Den übrigen Eischnee auf die Masse geben, mit einem Kochlöffel vorsichtig unterheben. Biskuitmasse in die vorbereitete Form füllen und glatt streichen.

3. Im Ofen (2. Schiene von unten, Umluft 160°) 25–30 Min. backen. Den fertigen Biskuit mit einem Messer am Formrand lösen, kurz abkühlen lassen, dann auf ein Kuchengitter stürzen und den Formboden abziehen.

Tuning-Tipp Einen Teil des Mehls können Sie durch Speisestärke ersetzen – das macht den Kuchen lockerer. Durch Zufügen von 100 g fein geriebenen Wal-, Hasel-, Pekannüssen oder Mandeln wird der Biskuit fester. Mit 120 g geschmolzener und lauwarm abgekühlter Butter bekommt er eine saftige Beschaffenheit und heißt dann Wiener Biskuit.

Käsesahnetorte mit Pfirsichen

erfrischend leicht
1 Std. 30 Min. + 15 Min. Backen
+ 5 Std. 20 Min. Kühlen
bei 16 Stücken pro Stück ca. 260 kcal
14 g Fett · 9 g Eiweiß · 24 g Kohlenhydrate

ZUTATEN FÜR 1 SPRINGFORM
(Ø 26 cm, 12–16 STÜCKE)

1/2 Grundrezept Biskuit (S. 96)
9 Blatt weiße Gelatine · 4 Eier, · 125 g Zucker
1 Päckchen Vanillezucker · 4 EL Zitronensaft
500 g Speisequark · 500 g Pfirsiche · Salz
500 g Sahne · Puderzucker zum Bestäuben

Außerdem:
Tortenring

ZUBEREITUNG

1. Biskuitmasse nach Grundrezept zubereiten und 15 Min. backen. Abkühlen lassen.

2. Die Gelatine nach Packungsangabe einweichen. Eier trennen. Eigelbe mit Zucker, Vanillezucker und Zitronensaft cremig aufschlagen. Den Quark unterrühren.

3. Die Gelatine tropfnass in einen Topf geben und bei milder Hitze unter Rühren auflösen. 3 EL Quarkmasse unterrühren. Die Mischung unter die übrige Quarkmasse ziehen. 20 Min. kalt stellen, bis die Creme leicht geliert.

4. Pfirsiche überbrühen, häuten, entsteinen und in Spalten schneiden. Eiweiße mit 1 Prise Salz, außerdem 400 g Sahne getrennt steif schlagen. Beides unter die Creme ziehen.

5. Den Biskuit quer halbieren (Tipp unten). Unteren Boden in einem Tortenring auf eine Tortenplatte setzen. Pfirsichspalten – bis auf 3 – als Kranz auf den Rand des Tortenbodens legen. Die Quarksahne darauf verstreichen. Zweiten Boden in 12 oder 16 Stücke schneiden, diese auf die Creme legen. 5 Std., besser über Nacht, in den Kühlschrank stellen.

6. Die übrige Sahne steif schlagen, in einen Spritzbeutel mit großer Tülle füllen. Die Torte mit Puderzucker bestäuben. Mit Sahne und Pfirsichstücken verzieren.

Himbeer-Mohn-Torte

raffiniert | gelingt leicht
60 Min. + 30 Min. Backen
bei 16 Stücken pro Stück ca. 355 kcal
22 g Fett · 7 g Eiweiß · 32 g Kohlenhydrate

ZUTATEN FÜR 1 SPRINGFORM
(Ø 26 cm, 12–16 STÜCKE)

1 Grundrezept Biskuit (S. 96)
75 g gemahlener Mohn · 1 TL Backpulver
80 g Mandelblättchen · 750 g Sahne
100 g feiner Zucker · 1 Päckchen Vanillezucker · 2 Päckchen Sahnesteif
500 g frische Himbeeren

ZUBEREITUNG

1. Biskuit nach dem Grundrezept zubereiten und backen, dabei das Mehl mit Mohn und Backpulver mischen und unterheben. Den fertigen Biskuit aus der Form lösen und erkalten lassen.

2. Mandeln in einer trockenen Pfanne goldbraun rösten, bis sie duften. Vom Herd nehmen und abkühlen lassen. Sahne steif schlagen, dabei Zucker, Vanillezucker und Sahnesteif unterrühren. Himbeeren verlesen, kurz abbrausen und vorsichtig trocknen.

3. Biskuit einmal quer halbieren (Tipp unten). Unteren Boden auf eine Platte legen. Mit etwas Sahne bestreichen. 50 g schöne Himbeeren zum Garnieren beiseitelegen. Übrige Beeren in die Sahne drücken. Dick mit zwei Dritteln der restlichen Sahne bestreichen, zweiten Boden auflegen. Die Torte rundherum mit der übrigen Sahne überziehen. Mit den restlichen Himbeeren und den Mandelblättchen am Rand verzieren.

Austausch-Tipp Ersetzen Sie Mohn durch geschälte gemahlene Mandeln oder bereiten Sie einen Wiener Biskuit zu, indem Sie 75 g geschmolzene lauwarm abgekühlte Butter statt des Mohns in die Grundmasse rühren.

Einfrier-Tipp Biskuit kann man gut auf Vorrat backen und einfrieren. Bei Bedarf bei Zimmertemperatur auftauen lassen. Nicht im Backofen aufbacken, sonst trocknet er aus.

Weiße Schoko-Orangen-Torte

festlich | verführerisch
1 Std. 20 Min. + 30 Min. Backen
+ 12–24 Std. Kühlen
bei 16 Stücken pro Stück ca. 335 kcal
19 g Fett · 7 g Eiweiß · 36 g Kohlenhydrate

ZUTATEN FÜR 1 SPRINGFORM
(Ø 26 cm, 12–16 STÜCKE)

1 Grundrezept Biskuit (Teilrezept S. 96)
60 g zerlassene Butter · abgeriebene Schale und Saft von 1 Bio-Orange · 200 g Orangenmarmelade · 4 EL Orangenlikör (ersatzweise Orangensaft) · 150 g weiße Kuvertüre, gehackt · 6 Blatt weiße Gelatine · 750 g Sahne
1 Päckchen Bourbon-Vanillezucker
150 g weiße Kuvertüre, in Späne gehobelt
Kakaopulver zum Bestäuben

Außerdem:
Tortenring

ZUBEREITUNG

1. Biskuit nach Grundrezept zubereiten, dabei mit dem Mehl noch die zerlassene Butter sowie die abgeriebene Orangenschale unterrühren. Biskuit backen, abkühlen lassen und quer in drei Böden schneiden (Tipp unten). Unteren Boden in einem Tortenring auf eine Tortenplatte legen.

2. Marmelade mit 2 EL Likör unter Rühren erwärmen. Böden damit bestreichen. Kuvertüre im Wasserbad schmelzen. Gelatine in kaltem Wasser einweichen. 500 g Sahne mit Vanillezucker steif schlagen. Orangensaft und übrigen Likör erwärmen. Ausgedrückte Gelatine darin auflösen, mit 1 EL Sahne verrühren. Kuvertüre unter die Sahne ziehen, dann die Orangensaft-Mischung unterrühren.

3. Ein Drittel der Creme auf den Teigboden in der Form streichen, nächsten Boden auflegen, die Hälfte der restlichen Creme einfüllen. Den dritten Boden einlegen, mit der übrigen Creme bestreichen. Torte über Nacht kalt stellen. Den Ring entfernen. Restliche Sahne steif schlagen, die Torte damit rundherum bestreichen. Kuvertürespäne auf die Torte streuen. Tortenrand mit Kakao bestäuben.

Tricks für exakt geschnittene Tortenböden

→ **Zum Teilen** den fertigen Biskuit ein- oder zweimal rundherum mit einem Messer einritzen. **Zwirn in die Kerbe legen,** über Kreuz durch den Boden ziehen, sodass er glatt durchgeschnitten wird. Oder den Biskuit mit einem langen, scharfen Messer quer in gleich dicke Böden teilen.

→ **Am Vortag** den Biskuit für eine Torte backen. Wenn er zu frisch ist, krümelt er beim Anschneiden.

→ **Nach dem Backen** die Kuppel in der Mitte des Bodens glatt schneiden, damit man die Torte exakt zusammensetzen kann.

Eine österreichische Spezialität

Malakoff-Schnitten nennt man in Österreich auch Biskottenschnitten – Biskotten wie Biskuit. Das luftig-leichte Gebäck ist gut vorzubereiten, Sie sollten es aber erst gut durchgekühlt schneiden.

Malakoff-Torte

Dafür den Mandelbiskuit in einer Springform (26 cm Ø) backen und quer halbieren. Schichtweise mit Creme, Löffelbiskuits und Mandelblättchen füllen. Die Torte mit Mandelcreme überziehen, mit gerösteten Mandelblättchen bestreuen und mit halbierten Löffelbiskuits garnieren. Vor dem Anschneiden 12 Std. kühl stellen.

Malakoff-Schnitten

für Sonntagsgäste
30 Min. + 15 Min. Backen
+ 12 Std. Kühlen
pro Stück ca. 320 kcal
21 g Fett · 7 g Eiweiß · 26 g Kohlenhydrate

ZUTATEN FÜR 14 STÜCKE

Für den Biskuit:
4 Eier · 140 g feiner Zucker
140 g gemahlene Mandeln
1 EL Speisestärke
Zucker zum Bestreuen

Für die Füllung:
100 g Mandelblättchen · 3 EL Puderzucker
1 Päckchen Mandelpudding zum Kochen
200 ml Milch · 2 Tropfen Bittermandelöl
2 EL Mandellikör (z. B. Amaretto)
400 g Sahne · 100 g Löffelbiskuits

ZUBEREITUNG

1. Den Backofen auf 180° (Umluft 160°) vorheizen. Ein Blech mit Backpapier belegen. Die Eier mit Zucker zu einer weißcremigen Masse schlagen. Die Mandeln mit Speisestärke mischen und locker unterheben. Den Teig auf das Blech streichen und 15 Min. backen. Herausnehmen, auf ein mit Zucker bestreutes Backpapier stürzen. Backpapier abziehen. Biskuitplatte abgekühlt längs in drei gleich große Teile schneiden.

2. Die Mandelblättchen mit 1 EL Puderzucker vermischen und in einer Pfanne ohne Fett goldbraun anrösten. Den Mandelpudding mit 50 ml Milch verrühren. Übrige Milch mit 2 EL Puderzucker zum Kochen bringen, angerührtes Puddingpulver dazugeben und unter Rühren einen festen Pudding kochen. Pudding abkühlen lassen, ab und zu umrühren, damit sich keine Haut bildet. Bittermandelöl und Mandellikör nach Belieben unterrühren.

3. Die Sahne steif schlagen, den Mandelpudding löffelweise unterrühren. Einen Biskuitstreifen mit etwas Mandelcreme bestreichen und mit Mandelblättchen bestreuen. Die Löffelbiskuits darauflegen, mit Mandelcreme bestreichen und wieder mit Mandelblättchen bestreuen. Den zweiten Boden auflegen, ebenfalls mit Creme bestreichen und mit Mandelblättchen bestreuen. Den dritten Biskuitstreifen darauflegen.

4. Den Kuchen rundum locker mit der restlichen Creme bestreichen und mit Mandelblättchen bestreuen. Zum Durchziehen 12 Std. kühl stellen. Den Kuchen nach dem Durchziehen in 14 Schnitten teilen.

Feine Teeschnitten

gut vorzubereiten
45 Min. + 2 x 15 Min. Backen
+ 24 Std. Kühlen
pro Stück ca. 315 kcal
16 g Fett · 3 g Eiweiß · 40 g Kohlenhydrate

ZUTATEN FÜR 2 BACKBLECHE (24 STÜCKE)

Für den Biskuit:
300 g weiche Butter
275 g feiner Zucker
1 Päckchen Vanillezucker · 6 Eier
300 g Mehl · 1 TL Backpulver · Zucker für die Arbeitsfläche

Für die Füllung:
400 g Aprikosenkonfitüre · 400 g Marzipanrohmasse
200 g Puderzucker
1 EL Zitronensaft

Außerdem:
Puderzucker zum Bestäuben

ZUBEREITUNG

1. Ofen auf 180° (Umluft 160°) vorheizen. Butter, Zucker und Vanillezucker cremig rühren. Eier einzeln unterrühren. Mehl mit Backpulver mischen, unterheben. Teig auf zwei mit Backpapier belegten Blechen verstreichen. Im Ofen (Mitte) 15 Min. backen. Arbeitsfläche mit Zucker bestreuen. Biskuit daraufstürzen, Papier abziehen. Jede Platte dritteln.

2. Aprikosenkonfitüre erwärmen. Marzipan mit Puderzucker und Zitronensaft verkneten. Zwischen Frischhaltefolie in Größe von zwei Biskuitstreifen ausrollen. Drei Teigstreifen mit Konfitüre bestreichen, zwei mit Marzipan belegen. Biskuitstreifen abwechselnd aufeinandersetzen und fest andrücken.

3. Den Kuchen in Frischhaltefolie wickeln, mit einem Brett beschweren und über Nacht kühl stellen. Den Kuchen mit Puderzucker bestäuben und in schmale Stücke schneiden.

Cranberry-Schoko-Schnitten

farbig, fruchtig, fein!
30 Min. + 25 Min. Backen
+ 2 Std. Kühlen
pro Stück ca. 370 kcal
30 g Fett · 6 g Eiweiß · 19 g Kohlenhydrate

ZUTATEN FÜR 1 BACKBLECH (16 STÜCKE)

Für den Biskuit:
200 g weiche Butter
100 g Zucker · 5 Eier
60 g gesüßtes Kakaopulver · 250 g gemahlene Haselnüsse
1 TL Speisestärke
1 TL Backpulver
Zucker für die Arbeitsfläche

Für den Belag:
200 g Cranberries (frisch oder TK, ersatzweise Preiselbeeren aus dem Glas)
100 g Puderzucker
400 g Sahne
2 Päckchen Sahnesteif

ZUBEREITUNG

1. Backofen auf 180° vorheizen. Ein Blech mit Backpapier belegen. Butter mit Zucker schaumig schlagen, Eier einzeln unterrühren. Kakaopulver, Nüsse, Speisestärke und Backpulver mischen und unterrühren.

2. Teig auf das vorbereitete Blech streichen. Im Ofen (Mitte, Umluft 160°) 25 Min. backen. Abgekühlt stürzen, das Papier abziehen.

3. Cranberries kurz abbrausen und mit dem Puderzucker in einen Topf geben. Kurz aufkochen und 3 Min. köcheln, danach abkühlen lassen. Die Sahne mit Sahnesteif steif schlagen, Cranberries unterziehen. Cranberry-Sahne auf dem Schokoboden verteilen. In 16 Schnitten teilen und 2 Std. kühl stellen.

Tuning-Tipp Die Schnitten mit Schoko-Crossies oder mit 50 g in Späne gehobelter Zartbitterkuvertüre verzieren.

Feigen-Sahne-Schnitten

Ausgefallenes für Gäste
30 Min. + 15 Min. Backen
pro Stück ca. 375 kcal
25 g Fett · 6 g Eiweiß · 33 g Kohlenhydrate

ZUTATEN FÜR 1 BACKBLECH (10 STÜCKE)

100 g getrocknete Feigen · 2 EL Agavendicksaft (ersatzweise flüssiger Honig)
4 Eier · 140 g Zucker
100 g gemahlene Haselnüsse
50 g Weizenvollkornmehl
500 g Sahne
1 Päckchen Sahnesteif
2 frische Feigen

ZUBEREITUNG

1. Backofen auf 180° (Umluft 160°) vorheizen. Das Blech mit Backpapier belegen. Die Feigen winzig klein würfeln. Die Hälfte der Feigen mit Agavendicksaft vermischen und zugedeckt stehen lassen. Die Eier mit Zucker dickschaumig rühren. Haselnüsse, übrige gewürfelte Feigen und Mehl mischen, locker unter die Eiercreme rühren.

2. Den Teig auf das Blech streichen. Im Ofen (Mitte) 15 Min. backen. Die Arbeitsfläche mit Backpapier belegen, den Biskuit daraufstürzen und das Papier abziehen. Die Ränder ringsum gerade schneiden. Den Biskuit längs halbieren. Eine Hälfte nochmals längs und fünfmal quer teilen.

3. Die Sahne mit Sahnesteif steif schlagen. Die Feigenmischung vorsichtig unterheben. Die Hälfte davon auf die große Biskuitplatte streichen. Die Biskuitstücke darauflegen und die untere Platte zwischen den Schnitten durchschneiden. Übrige Feigensahne locker auf den Schnitten verteilen. Frische Feigen vorsichtig waschen, in Stücke oder Scheiben schneiden und die Schnitten damit verzieren.

Tuning-Tipp Die Schnitten mit gehackten Pistazien oder Haselnussblättchen bestreuen.

Austausch-Tipp Statt Feigen können Sie auch Datteln nehmen oder einfach Feigen und Datteln mischen.

Cranberry-Schoko-Schnitten

Windbeuteltorte

ZUTATEN FÜR 12 STÜCKE (2 BACKBLECHE)

1/4 TL Salz · 40 g Butter
75 g Mehl · 2 Eier
1 fertig ausgerollter Blätterteig (Kühltheke) · 1 EL Zucker

Für die Füllung:

1 Vanilleschote · 450 ml Milch
1 Päckchen Vanillepudding
2 Eigelbe · 50 g Puderzucker
300 g Sahne

Außerdem:

Spritzbeutel, Puderzucker

Highlight für Freunde
1 Std. + 2 x 20 Min. Backen

pro Stück ca. 280 kcal
19 g Fett · 5 g Eiweiß · 22 g Kohlenhydrate

ZUBEREITUNG

1. Für den Brandteig 125 ml Wasser mit Salz und Butter erhitzen. Das Mehl auf einmal hinzufügen. So lange rühren, bis sich ein Kloß formt und sich am Topfboden ein weißer Film bildet. Vom Herd nehmen und die Eier einzeln einrühren. Es muss sich immer wieder ein Kloß bilden. Den Backofen auf 200° (Umluft 180°) vorheizen. Die Bleche mit Backpapier belegen.

2. Den Blätterteig darauflegen. Die Hälfte des Brandteiges auf den Blätterteig streichen. Aus dem übrigen Teig mit zwei Teelöffeln 12 Tupfen mit etwas Abstand auf die Bleche setzen, mit Zucker bestreuen. Beide Bleche nacheinander im Ofen (Mitte) in 20 Min. goldbraun backen. Herausnehmen und abkühlen lassen.

3. Vanilleschote längs aufschlitzen, das Mark herauskratzen, mit der Schote und 400 ml Milch in einem Topf zum Kochen bringen. Die Schote entfernen. Das Vanillepuddingpulver mit der übrigen Milch verrühren, in die kochende Milch geben und zu einem dicklichen Pudding verrühren. Leicht abkühlen lassen. Eigelbe mit Puderzucker verrühren, unter die Puddingcreme rühren. Abkühlen lassen. Sahne steif schlagen. Die Puddingcreme nach und nach unterrühren.

4. Etwas Creme in einen Spritzbeutel mit glatter Tülle füllen, die Kugeln von unten mit der Tülle einstechen und füllen. Vorbereiteten Kuchenboden mit Creme bestreichen. Windbeutel rundum an den Rand setzen. Mit Puderzucker bestäuben. Restliche Creme mit einem Spritzbeutel mit Sterntülle auf den Kuchen spritzen.

Exoten-Baisertorte

ZUTATEN FÜR 1 SPRINGFORMBODEN (Ø 26 cm, 12 STÜCKE)

2 Eiweiße · Salz · 125 g Zucker
250 g geschälte gem. Mandeln

Für den Belag:

100 g Mandelblättchen
100 g Puderzucker · 75 g weiche Butter · Saft und abgeriebene Schale von 1 Bio-Limette
je 1 Kiwi, Mango und Papaya
5 Physalis · 250 ml Ananassaft
1 Päckchen heller Tortenguss
2 EL Zucker

Sonntagshit
60 Min. + 30 Min. Backen

pro Stück ca. 335 kcal
21 g Fett · 7 g Eiweiß · 33 g Kohlenhydrate

ZUBEREITUNG

1. Ofen auf 160° (Umluft 140°) vorheizen. Springformboden mit Backpapier belegen. Die Eiweiße mit 1 Prise Salz steif schlagen. 100 g Zucker unter Rühren dazugeben. 25 g Zucker mit den Mandeln vermischen und unterheben. Teig halbieren, eine Portion auf dem Formboden verstreichen, im Ofen (Mitte) 15 Min. backen. Die zweite Teigportion genauso backen.

2. Mandelblättchen mit 25 g Puderzucker leicht anrösten. Butter mit 50 g Puderzucker cremig rühren, den Limettensaft tröpfchenweise einrühren, die Limettenschale untermischen. Die Böden mit der Creme bestreichen, mit Mandeln bestreuen, aufeinandersetzen.

3. Mango längs am Kern entlang aufschneiden und schälen. Die Hälften in schmale Spalten schneiden. Papaya schälen, halbieren, die Kerne entfernen. Die Hälften quer in feine Scheiben schneiden. Kiwi schälen, halbieren und in Scheiben schneiden. Physalis aus den Hülsen nehmen, abreiben und halbieren. Die Früchte mit 25 g Puderzucker bestäuben und zugedeckt 10 Min. stehen lassen.

4. Den Ananassaft mit Tortengusspulver und Zucker in einem Topf verrühren, nach Packungsangabe einen Guss kochen. Den Boden mit den Früchten belegen und mit Guss überziehen. Den Rand mit den übrigen Mandelblättchen bestreuen.

Schokocremetorte

ZUTATEN FÜR 1 SPRINGFORM (Ø 26 cm, 12 STÜCKE)

100 g Butter · 6 Eier
Salz · 250 g Zucker
175 g Mehl · 1 TL Backpulver
3 TL Kakaopulver

Für die Füllung:

200 g Nugatschokolade
200 g Zartbitterschokolade
400 g Sahne · 200 g Aprikosenkonfitüre · 30 g Butter

schokoladiger geht's nicht
60 Min. + 14 Std. Kühlen/Ruhen + 30 Min. Backen

pro Stück ca. 570 kcal
33 g Fett · 8 g Eiweiß · 61 g Kohlenhydrate

ZUBEREITUNG

1. Backofen auf 180° vorheizen. Boden der Form mit Backpapier belegen. Die Butter zerlassen. Eier trennen, Die Eiweiße mit 1 Prise Salz steif schlagen. Eigelbe mit Zucker weißcremig rühren. Mehl mit Backpulver und Kakaopulver mischen, über die Eigelbcreme sieben, mit dem Eischnee locker untermischen. Zuletzt die Butter unter den Teig ziehen. Teig in die Form füllen. Im Ofen (Mitte, Umluft 160°) 30 Min. backen, abkühlen lassen und aus der Form lösen. 12 Std. ruhen lassen.

2. Für die Creme beide Schokoladensorten in Stücke brechen. Sahne erwärmen, Schokolade darin schmelzen lassen. Schokoladensahne für 12 Std. in den Kühlschrank stellen. Den Kuchen mit einem Messer in drei Böden teilen. zwei Drittel der Schokosahne mit dem Schneebesen aufschlagen, bis sie hell und luftig ist.

3. Aprikosenkonfitüre erwärmen. Böden mit Konfitüre bestreichen, je ein Viertel Schokocreme darauf verteilen. Böden aufeinandersetzen. Kuchen rundum mit Creme bestreichen. Übrige Schokosahne mit Butter erwärmen, bis sie gerade anfängt flüssig zu werden. Schokoguss auf der Torte verteilen. Torte 2 Std. kühl stellen.

Deko-Tipp Fruchtgummischnüre in ca. 15 cm lange Stücke schneiden, in flüssige Schokolade tauchen, kurz trocknen lassen und die Torte damit verzieren.

Windbeuteltorte (oben), Exoten-Baisertorte (unten)

Schokocremetorte

Schwarzwälder Kirschtorte

ZUTATEN
FÜR 1 SPRINGFORM
(Ø 26 cm, 12 STÜCKE)

Für den Biskuitteig:
6 Eier, getrennt
180 g Zucker · 1 Prise Salz
100 g Mehl · 30 g Speisestärke
50 g Kakaopulver
75 g gemahlene Mandeln
Fett und Mehl für die Form

Für Füllung und Verzierung:
6 EL Kirschwasser · 1 Glas entsteinte Sauerkirschen (350 g)
80 g Zucker · 2 gehäufte EL Speisestärke · 800 g Sahne
1 Päckchen Sahnesteif
2 Päckchen Vanillezucker
100 g Bitterschokolade
12 Kirschen mit Stiel (ersatzweise Kirschen aus dem Glas)

Außerdem:
Spritzbeutel

Prachtstück für Erwachsene
1 Std. 20 Min. + 60 Min. Backen + 13 Std. Ruhen/Kühlen

pro Stück ca. 515 kcal
31 g Fett · 9 g Eiweiß · 46 g Kohlenhydrate

ZUBEREITUNG

1. Ofen auf 180° vorheizen. Den Boden der Form fetten und mit Mehl bestäuben. Den Biskuit nach dem Grundrezept S. 96 zubereiten, dabei das Mehl mit Stärke und Kakao gemischt sowie die Mandeln unterheben. Teig in die Form füllen, glatt streichen und im Ofen (2. Schiene von unten, Umluft 160°) 50–60 Min. backen. Den Kuchen kurz abkühlen lassen, auf ein Gitter stürzen, bis zum nächsten Tag auskühlen lassen.

2. Den Tortenboden mit einem langen, scharfen Messer zweimal waagerecht durchschneiden. Den unteren Boden auf eine Tortenplatte legen und mit 2 EL Kirschwasser beträufeln.

3. Für die Füllung die Kirschen abtropfen lassen, dabei den Saft auffangen. 125 ml Kirschsaft mit dem Zucker aufkochen. Speisestärke mit 3–4 EL Kirschsaft verquirlen und unter Rühren in den kochenden Saft gießen. 1 Min. köcheln lassen, bis der Saft gebunden ist. Kirschen hineingeben und vom Herd nehmen. Etwas abgekühlt auf dem untersten Boden verstreichen, dabei 2 cm vom Rand frei lassen.

4. Die Sahne steif schlagen, dabei Sahnesteif und Vanillezucker einstreuen. Einen Teil davon auf die Kirschen streichen. Den zweiten Boden darauflegen und locker andrücken. Mit 2 EL Kirschwasser beträufeln. Anschließend dick mit Sahne bestreichen und den dritten Boden auflegen. Leicht andrücken und mit dem übrigen Kirschwasser beträufeln. Von der übrigen Sahne einen Teil abnehmen und in einen Spritzbeutel mit Sternentülle füllen. Mit der restlichen Sahne die Oberfläche und den Rand der Torte bestreichen, sorgfältig glatt streichen.

5. Von der Schokolade feine Späne abschneiden. Oberfläche und Rand der Torte damit bestreuen. 12 Tortenstücke markieren, auf jedes einen dicken Sahnetupfer spritzen und jeweils 1 Kirsche mit Stiel daraufsetzen. Die Torte vor dem Servieren 60 Min. durchkühlen lassen.

Austausch-Tipp Für kleine Süßschnäbel: Das Kirschwasser durch die gleiche Menge Kirschsaft (aus dem Glas) ersetzen.

Sachertorte

ZUTATEN FÜR 1 SPRINGFORM (Ø 26 cm, 16 STÜCKE)

Für den Teig:
75 g geschälte Mandeln
100 g Zartbitterschokolade
7 Eier · 250 g Butter
250 g Puderzucker
200 g Mehl
2 EL Kakaopulver
1 Prise Salz
Butter und Mehl für die Form

Für Füllung und Belag:
200 g Aprikosenkonfitüre
300 g dunkle Kuvertüre

Verführung nach Wiener Art

1 Std. 10 Min. + 60 Min. Backen + 60 Min. Kühlen
pro Stück ca. 450 kcal
26 g Fett · 7 g Eiweiß · 48 g Kohlenhydrate

ZUBEREITUNG

1. Den Backofen auf 180° vorheizen. Die Form mit Butter einfetten und mit Mehl bestäuben.

2. Für den Teig die Mandeln sehr fein mahlen. Die Schokolade zerbröckeln und in einer Metallschüssel im heißen, aber nicht kochenden Wasserbad unter Rühren schmelzen. Aus dem Wasserbad nehmen und bis auf Handwärme abkühlen lassen. Die Eier trennen.

3. Die Butter cremig schlagen, dann 200 g Puderzucker zufügen und gründlich unterschlagen. Die Eigelbe nach und nach unterrühren und alles zu einer dicken, hellen Creme rühren. So lange schlagen, bis sich der Zucker aufgelöst hat. Dann die geschmolzene Schokolade darunterrühren.

4. Das Mehl mit Kakaopulver und Mandeln mischen und auf die Masse geben. Eiweiße mit dem Salz und dem restlichen Puderzucker steif schlagen. Ein Drittel davon unter die Masse rühren, dann den restlichen Eischnee unterheben. Den Teig in die Form füllen und im heißen Ofen (2. Schiene von unten, Umluft 160°) 50–60 Min. backen. Kurz abkühlen lassen, dann aus der Form lösen und auf ein Kuchengitter stürzen. 60 Min. auskühlen lassen.

5. Die Konfitüre unter Rühren erwärmen, bis sie glatt ist. Die Torte zweimal waagerecht durchschneiden. Zwei Böden mit jeweils einem Drittel der Konfitüre bestreichen und wieder zusammensetzen. Die dritte Teigplatte daraufsetzen, restliche Konfitüre auf Rand und Oberfläche verteilen und antrocknen lassen.

6. Die Kuvertüre temperieren: In Stücke brechen und zwei Drittel davon im warmen Wasserbad (ca. 50°) schmelzen. Die übrige Kuvertüre hineingeben und darin unter Rühren schmelzen. Die Masse abkühlen lassen, bis sie wieder dickflüssig ist. Dann erneut im Wasserbad bis auf 30–32° aufwärmen.

7. Etwa die Hälfte der Kuvertüre auf die Oberfläche der Torte gießen und sofort mit einer Palette gleichmäßig verteilen. Mit der übrigen Kuvertüre den Rand überziehen. Die Glasur erstarren lassen.

Back-Tipp Bevor die Glasur ganz fest wird, mit einem langen Messer, das zuvor in heißes Wasser getaucht wurde, Tortenstücke markieren. Ansonsten bricht die Glasur später beim Anschneiden auf.

Tuning-Tipp Besonders schön glatt wird der Schokoladenüberzug, wenn Sie die Torte vorher mit einer ausgerollten Marzipandecke (Fertigprodukt, 300 g) verkleiden.

Schokoladen-Schmuck

→ **Schokoladenfächer** Die temperierte Kuvertüre (30–32°) mit einer Palette auf eine mit Öl bestrichene Marmor- oder Edelstahlplatte streichen und fest werden lassen. Mit einem Spachtel mit Schwung im Halbkreis Fächer schieben, dabei am besten eine Spachtelecke mit Daumen und Zeigefinger der linken Hand fassen.

→ **Schokoladenspäne** Die temperierte Kuvertüre dünn auf eine Platte (z. B. Marmor, Porzellan) streichen und fest werden lassen. Einen breiten Spachtel im flachen Winkel ansetzen und etwa 3 cm ruckartig vorwärts schieben, sodass ein Röllchen entsteht. Erneut ansetzen und so Stück für Stück Röllchen drehen.

→ **Schokoladenblätter** Feste Blätter, z. B. Rosen-, Brombeer- oder Weinblätter säubern und eine Seite flach in die temperierte Kuvertüre drücken. Blätter mit der grünen Seite nach unten auf einem Gitter trocknen lassen. Dann das Blatt vom Stiel her vorsichtig von der Kuvertüre abziehen.

Zitronen-Reistorte

ZUTATEN FÜR 1 SPRINGFORM (Ø 26 cm, 12 STÜCKE)

40 g Butter · 175 g Zucker
5 EL Sahne · 200 g gehackte Haselnüsse · 60 g Mehl
100 g Rundkornreis
250 ml Milch · abgeriebene Schale von 1 Bio-Zitrone
1/4 TL Zimtpulver
250 g Ricotta · 2 Eier · 4 Blatt weiße Gelatine · 2 Eiweiße

frisch & knusprig

60 Min. + 3 Std. 30 Min. Kühlen + 10 Min. Backen

pro Stück ca. 320 kcal
19 g Fett · 9 g Eiweiß · 28 g Kohlenhydrate

ZUBEREITUNG

1. Den Boden der Form mit Backpapier auslegen. Den Backofen auf 180° (Umluft 160°) vorheizen. Die Butter schmelzen, 50 g Zucker und Sahne hinzufügen und aufkochen lassen. Nüsse und Mehl unterrühren. Die Mischung gleichmäßig in der Form verteilen und im Ofen (Mitte) 10 Min. backen.

2. Inzwischen den Reis mit Milch, Zitronenschale und Zimtpulver aufkochen, dann bei milder Hitze 20 Min. ausquellen lassen. Vom Herd nehmen, Ricotta, übrigen Zucker und Eier unterrühren. Die Gelatine in kaltem Wasser einweichen, dann ausdrücken und im heißen Ricottareis auflösen. 30 Min. kalt stellen.

3. Wenn die Creme zu gelieren beginnt, die Eiweiße steif schlagen und unterheben. Den Nussboden mit dem Springformrand umlegen. Creme darauf verteilen und in 2–3 Std. im Kühlschrank schnittfest werden lassen.

Tuning-Tipp Mango-Guss: 1 Päckchen weißes Tortengusspulver mit 250 ml Orangen-Mangosaft, 2 EL Limettensaft und 2 EL Zucker verrühren. Aufkochen, dann gleichmäßig auf der Torte verteilen. Erstarren lassen. Oder die Reistorte mit einem **dreifarbigen Marmor-Gelee** überziehen (S. 60).

Rüblitorte mit Haselnüssen

ZUTATEN FÜR 1 SPRINGFORM (Ø 26 cm, 16 STÜCKE)

125 g Mehl · 50 g gemahlene Mandeln · 75 g kalte Butter
140 g Zucker · 5 Eier · 1 Bio-Zitrone · 100 g Honig · je 1 Msp. Zimtpulver und Nelkenpulver
250 g Möhren · 250 g gemahlene Haselnüsse · 40 g Speisestärke
80 g Aprikosenkonfitüre · Mehl zum Ausrollen · Fett für die Form

Für die Verzierung:
40 g Butter · 250 g Puderzucker
2–3 EL Möhrensaft · 16 Marzipan-Möhren (Fertigprodukt)

schweizerisch | gut vorzubereiten

50 Min. + 30 Min. Kühlen + 50 Min. Backen + 60 Min. Trocknen

pro Stück ca. 390 kcal
20 g Fett · 6 g Eiweiß · 47 g Kohlenhydrate

ZUBEREITUNG

1. Das Mehl mit den Mandeln, der Butter in Stückchen, 40 g Zucker und 1 Ei zu einem glatten Teig verkneten. Zur Kugel formen und 30 Min. kühl stellen.

2. Den Backofen auf 200° (Umluft 180°) vorheizen. Den Teig auf der bemehlten Arbeitsfläche rund ausrollen, exakt ausschneiden und nur den Boden der gefetteten Form auskleiden. Im Ofen (2. Schiene von unten) 15 Min. vorbacken.

3. Die übrigen Eier trennen. Die Zitrone heiß waschen, trocken reiben und die Schale fein abreiben, den Saft auspressen. Eigelbe, Zitronenschale, Honig, übrigen Zucker, Zimtpulver und Nelkenpulver cremig aufschlagen. Möhren putzen, schälen und fein raspeln. Mit Nüssen und Stärke mischen und unter die Eiercreme rühren. Das Eiweiß mit 2 EL Zitronensaft steif schlagen und unterheben.

4. Den Mürbeteigboden mit der Konfitüre bestreichen, die Möhrenmasse in die Form füllen. In 30–35 Min. fertig backen. Etwas abkühlen lassen, dann aus der Form lösen.

5. Für die Glasur die übrige Butter schmelzen und mit dem Puderzucker und Möhrensaft glatt verrühren. Die Torte mit der Glasur bestreichen, 10 Min. antrocknen lassen, dann mit den Marzipan-Möhren dekorieren. Vor dem Anschneiden noch mindestens 60 Min. trocknen lassen.

Vorrats-Tipp Die Torte können Sie gut 1–2 Tage vorher backen – sie gewinnt dadurch an Aroma!

Kartoffeltorte mit Aprikosen

ZUTATEN FÜR 1 SPRINGFORM (Ø 26 cm, 12 STÜCKE)

250 g mehligkochende Pellkartoffeln (vom Vortag) · 1 Bio-Orange · 50 g getrocknete Aprikosen · 100 g Weizenmehl (Type 550) · 150 g gemahlene Mandeln · 2 TL Backpulver
5 Eier · 130 g brauner Zucker
250 g Speisequark
200 g Sahne · Fett und Semmelbrösel für die Form
Kakaopulver zum Bestäuben

sahnig gefüllt

60 Min. + 20 Min. Quellen + 60 Min. Backen

pro Stück ca. 280 kcal
16 g Fett · 9 g Eiweiß · 24 g Kohlenhydrate

ZUBEREITUNG

1. Kartoffeln schälen und durchpressen oder fein reiben. Orange heiß waschen und trocken reiben. Schale fein abreiben und 4 EL Saft auspressen. Aprikosen fein würfeln, in 2 EL Orangensaft 20 Min. einweichen.

2. Die Form fetten und mit Bröseln ausstreuen. Backofen auf 200° vorheizen. Mehl mit Mandeln, Backpulver, Aprikosen und Kartoffeln mischen. Eier trennen. Eigelbe mit der Orangenschale, 2 EL Orangensaft und 100 g Zucker zu einer dicklichen Creme schlagen. Die Kartoffelmasse unterrühren. Eiweiße steif schlagen und unterheben. Den Teig in die vorbereitete Form füllen. Im Ofen (2. Schiene von unten, Umluft 180°) 50–60 Min. backen. Die Torte etwas abkühlen lassen, dann aus der Form lösen.

3. Den Kuchen quer halbieren. Quark und übrigen Zucker verrühren. Sahne steif schlagen und unter den Quark heben. Quarksahne auf dem unteren Boden glatt streichen, zweiten Boden darauflegen. Torte fein mit Kakaopulver bestäuben. Nach Belieben zusätzlich mit Schoko-Ornamenten verzieren.

Zitronen-Reistorte (oben), Rüblitorte mit Haselnüssen (unten)

Kartoffeltorte mit Aprikosen

Geschichtete Variante

Für eine **Apfelcreme-Schichttorte** 3 Wiener Böden (Supermarkt) nebeneinander auf die Arbeitsplatte legen. 2 EL Apfelgelee mit 2 EL Limoncellolikör verrühren. 2 Böden damit beträufeln. Die Apfelcreme wie im Grundrezept beschrieben zubereiten. Die Böden mit Apfelcreme bestreichen und zusammensetzen.

Apfelcremetörtchen

100 g Zartbitterschokolade im Wasserbad schmelzen. 8 Mürbeteig-Torteletts (ca. 8 cm Ø) damit einpinseln. Apfelcreme wie im Rezept rechts zubereiten, locker auf den Torteletts verteilen. Sofort servieren.

Apfelcremetorte

gelingt leicht
30 Min. + 20 Min. Backen
pro Stück ca. 245 kcal
12 g Fett · 4 g Eiweiß · 30 g Kohlenhydrate

ZUTATEN FÜR 1 SPRINGFORM
(Ø 26 cm, 12 STÜCK)

Für den Teig:
100 g Butter · 2 Eier
100 g Zucker
100 g Mehl
1/2 TL Backpulver
Fett für die Form

Für die Füllung:
40 g Mandelblättchen
75 g Puderzucker
250 g Sauerrahm
2 EL Gelatine fix
500 g Apfelmus
1 EL Calvados (nach Belieben)

ZUBEREITUNG

1. Den Backofen auf 180° (Umluft 160°) vorheizen. Die Form fetten. Die Butter zerlassen. Die Eier mit Zucker cremig rühren. Mehl mit Backpulver mischen und mit der flüssigen Butter unter die Eiercreme rühren. Teig in die Form füllen. Im Ofen (Mitte) 20 Min. backen. Abgekühlt aus der Form lösen.

2. Mandelblättchen mit 25 g (1 EL) Puderzucker vermischen und in einer Pfanne ohne Fett leicht anrösten. Abkühlen lassen. Sauerrahm mit Gelatine fix glatt rühren. Apfelmus und den restlichen Puderzucker unterrühren. Calvados nach Belieben dazugeben.

3. Die Apfelcreme gleichmäßig auf dem Kuchenboden verteilen. Mit den Mandelblättchen bestreuen. Die Torte bis zum Servieren in den Kühlschrank stellen.

Austausch-Tipp 1 Päckchen Vanillecremepulver nach Packungsangabe zubereiten, mit dem Apfelmus und Puderzucker glatt rühren. 200 g Sahne steif schlagen, locker unterheben. Die Creme auf dem Kuchenboden verteilen.

Tuning-Tipp Die Apfelcreme gleichmäßig auf dem Kuchenboden verteilen. 200 g geschlagene Sahne darübergeben. Mit den vorbereiteten Mandeln bestreuen oder mit einem Löffel kleine Mulden in die Sahne drücken und etwas Eierlikör in die Mulden geben.

Irish-Coffee-Cream-Torte

Für Väter
25 Min. + 3 Std. 30 Min. Kühlen
pro Stück ca. 220 kcal
13 g Fett · 3 g Eiweiß · 21 g Kohlenhydrate

ZUTATEN FÜR 12 STÜCKE

1 Schoko-Biskuitboden (gekauft) · 1 EL Whiskey
2 EL Schokoladensauce (Fertigprodukt)

Für die Füllung:
6 Blatt Gelatine
300 ml starker Kaffee
75 g Rohrzucker
100 g Kaffeesahne
3 EL Whiskey
400 g Sahne
1 TL Vanillezucker
Schokoröllchen zum Bestreuen

Außerdem:
Tortenring

ZUBEREITUNG

1. Den Biskuitboden mit einem Tortenring umschließen. Whiskey mit Schokosauce verrühren. Den Boden damit bestreichen. Gelatine in kaltem Wasser einweichen.

2. Den Kaffee mit Rohrzucker und Kaffeesahne aufkochen und köcheln lassen, bis sich der Zucker gelöst hat. Die Gelatine leicht ausdrücken und darin auflösen. Den Whiskey unterrühren. Die Creme zum Gelieren ca. 30 Min. in den Kühlschrank stellen. 200 g Sahne steif schlagen und unter die gelierende Kaffeecreme rühren. Creme auf dem Tortenboden verteilen. 3 Std. kühl stellen.

3. Vor dem Servieren 200 g Sahne mit dem Vanillezucker steif schlagen. Tortenring entfernen. Sahne wolkenartig auf dem Kuchen verteilen. Mit Schokoröllchen bestreuen.

Zitronentorte

erfrischend fruchtig
30 Min. + 52 Min. Backen
pro Stück ca. 240 kcal
12 g Fett · 4 g Eiweiß · 29 g Kohlenhydrate

ZUTATEN FÜR 1 SPRINGFORM (Ø 26 cm, 12 STÜCKE)

1 rund ausgerollter Mürbeteig (Kühltheke)
Fett für die Form
Hülsenfrüchte zum Blindbacken

Für die Zitronencreme:
2 Bio-Zitronen
2 EL Zucker · 4 Eier
150 g Sahne
150 g Puderzucker
1 Päckchen Sahne-Puddingpulver
Puderzucker zum Bestäuben

ZUBEREITUNG

1. Den Backofen auf 200° (Umluft 180°) vorheizen. Die Form fetten. Den Teig in die Form legen, mehrmals mit der Gabel einstechen. Mit Backpapier belegen und mit getrockneten Hülsenfrüchten beschweren. Im Ofen (Mitte) 12 Min. vorbacken.

2. Zitronen heiß waschen, trocken reiben, die Schale abreiben. Etwas Schale beiseitelegen. Den Saft auspressen. 1 TL Schale mit 2 EL Zucker vermischen und beiseitestellen. Eier trennen, Eiweiße mit Sahne zusammen cremig aufschlagen. Eigelbe mit Puderzucker und Puddingpulver verrühren, Zitronensaft- und schale unterrühren. Eiweißcreme unterheben.

3. Das Papier und die Hülsenfrüchte entfernen. Zitronencreme auf den Teig gießen. Den Kuchen im Ofen bei 160° (Mitte, Umluft 140°) ca. 40 Min. backen. Abgekühlt mit Puderzucker bestäuben und mit der zur Seite gelegten Zitronenschale bestreuen.

Tuning-Tipp Zitronenkuchen vor dem Servieren mit Puderzucker bestäuben und unter dem vorgeheizten Grill ca. 30 Sek. bräunen.

Sekttorte mit Johannisbeeren

Sommerhit
40 Min. + 3 Std. 30 Min. Kühlen
pro Stück ca. 285 kcal
17 g Fett · 4 g Eiweiß · 25 g Kohlenhydrate

ZUTATEN FÜR 1 SPRINGFORM (Ø 26 cm, 12 STÜCKE)

1 Kuchenboden-Rezept (s. Apfelcremetorte S. 106)
200 g Johannisbeeren
1 Bio-Zitrone
6 Blatt Gelatine
2 Eigelbe
100 g Zucker
250 ml Sekt
300 g Sahne
Fett für die Form

Außerdem:
Tortenring

ZUBEREITUNG

1. Backofen auf 180° vorheizen. Die Form fetten. Den Teig wie im Rezept Apfelcremetorte angegeben zubereiten und backen. Den Kuchenboden abkühlen lassen, mit einem Tortenring umschließen. Johannisbeeren von den Rispen streifen und waschen.

2. Die Zitrone heiß waschen, trocken reiben, 1 TL Schale abreiben, den Saft auspressen. Gelatine in kaltem Wasser einweichen. Eigelbe mit Zucker, Zitronenschale, 2 EL Zitronensaft und Sekt über dem heißen Wasserbad schaumig schlagen. Gelatine ausdrücken und in der Creme auflösen. Creme 30 Min. kühl stellen, ab und zu umrühren.

3. 100 g Johannisbeeren auf dem Boden verteilen. Sahne steif schlagen, unter die abgekühlte Creme heben. Übrige Johannisbeeren unterziehen. Sektcreme in die Form gießen. Torte 3 Std. kühl stellen.

Austausch-Tipp Anstelle von Johannisbeeren können Sie abgetropfte Mandarinen aus der Dose nehmen.

Deko-Tipp Einige schöne Johannisbeerrispen in Zitronenwasser tauchen, mit Zucker bestreuen und auf die Torte legen.

Irish-Coffee-Cream-Torte

Die tolle Rolle

Je nach Geschmack und Jahreszeit lässt sich die Biskuitrolle mit vielem füllen: ganz schlicht mit Konfitüre, etwas üppiger mit Früchten und Creme oder im Winter z. B. mit Passionsfruchtmark und Joghurtsahne.

Grundrezept Biskuitrolle

ZUTATEN FÜR 1 TIEFES BACKBLECH (12 STÜCKE)

Für den Teig:
4 Eier · 2 Eigelbe
100 g Zucker · 1 Prise Salz
70 g Mehl · 40 g Speisestärke
1/2 TL Backpulver

Für die Füllung:
450 g Konfitüre, z. B. Johannisbeergelee, Aprikosenkonfitüre · 2 EL Orangensaft

Außerdem:
Zucker zum Ausrollen
Puderzucker zum Bestäuben

Traumrolle
40 Min. + 8 Min. Backen
pro Stück ca. 210 kcal
3 g Fett · 4 g Eiweiß · 42 g Kohlenhydrate

ZUBEREITUNG

1. Die Eier trennen. Alle 6 Eigelbe mit 50 g Zucker in 5–6 Min. zu einer dicklichen Creme aufschlagen. Eiweiße und Salz steif schlagen, dabei den übrigen Zucker einrieseln lassen. Zuerst etwas Eischnee unter die Eigelbmasse rühren, dann Mehl, Stärke und Backpulver darübersieben und mit dem restlichen Eischnee unterheben.

2. Den Backofen auf 200° (Umluft 180°) vorheizen. Ein Blech mit Backpapier belegen. Die Biskuitmasse mit einer Palette gleichmäßig daraufstreichen. Im Ofen (2. Schiene von unten) 7–8 Min. backen.

3. Ein Küchentuch auf der Arbeitsfläche ausbreiten und mit dem Zucker bestreuen. Biskuit sofort daraufstürzen. Backpapier mit kaltem Wasser bestreichen und vorsichtig abziehen. Teigplatte von der Längsseite her mithilfe des Tuchs sofort aufrollen, dann auskühlen lassen.

4. Zum Füllen den Biskuit vorsichtig wieder ausbreiten. Konfitüre mit dem Orangensaft erwärmen, eventuell durch ein Sieb passieren und auf den Biskuit streichen. Diesen erneut mithilfe des Tuchs aufrollen. Mit Puderzucker bestäuben und in dicke Scheiben schneiden.

Tuning-Tipp 500 g Sahne mit 1 Päckchen Sahnesteif steif schlagen, auf dem mit Konfitüre bestrichenen Biskuit verteilen, aufrollen.

Erdbeer-Roulade

schmeckt beerenstark
60 Min. + 8 Min. Backen
+ 2 Std. 30 Min. Kühlen
pro Stück ca. 330 kcal
11 g Fett · 7 g Eiweiß · 50 g Kohlenhydrate

ZUTATEN FÜR 1 TIEFES BACKBLECH (12 STÜCKE)

1 Grundrezept Biskuitrolle (Rezept für den Teig oben) · 1 TL abgeriebene Bio-Zitronenschale · 250 g Erdbeeren · 50 g Puderzucker 1 EL Zitronensaft · 6 Blatt weiße Gelatine 250 g Ricotta · 200 g Sahne · 1 Päckchen Vanillezucker · Puderzucker zum Bestäuben

ZUBEREITUNG

1. Den Biskuit wie beschrieben mit Zitronenschale zubereiten, backen, aufrollen und abkühlen lassen.

2. Erdbeeren waschen und putzen. 100 g längs vierteln, übrige Erdbeeren mit Puderzucker und Zitronensaft fein pürieren. Gelatine einweichen. Ricotta und Erdbeerpüree verrühren. Gelatine tropfnass bei milder Hitze unter Rühren auflösen. Zügig unter die Ricottamasse rühren, 30 Min. kalt stellen.

3. Sahne mit Vanillezucker steif schlagen, unter die gelierende Masse heben. Biskuit entrollen, mit Erdbeersahne bestreichen. Übrige Erdbeeren daraufstreuen. Biskuit erneut aufrollen und mindestens 2 Std. kalt stellen. Mit Puderzucker bestäuben und in Scheiben schneiden.

Buchweizenrolle mit Preiselbeeren

herbsüße Verbindung
45 Min. + 8 Min. Backen
+ 45 Min. Kühlen
pro Stück ca. 345 kcal
19 g Fett · 5 g Eiweiß · 38 g Kohlenhydrate

ZUTATEN FÜR 1 TIEFES BACKBLECH (12 STÜCKE)

1 Grundrezept Biskuitrolle ohne Weizenmehl (Rezept für den Teig oben)
100 g Buchweizenmehl · 50 g gemahlene Haselnüsse · 1 TL Backpulver
400 g Preiselbeerkonfitüre · 500 g Sahne
2 EL Zucker · 2 Päckchen Sahnesteif

ZUBEREITUNG

1. Biskuit nach Grundrezept zubereiten, dabei Speisestärke mit Buchweizenmehl, Nüssen und Backpulver mischen und vorsichtig untermengen, backen und aufrollen.

2. Die Hälfte der Konfitüre erwärmen und auf dem Biskuit verstreichen. Sahne mit Zucker steif schlagen, Sahnesteif einrühren. Ein Drittel beiseitestellen. Unter die restliche Sahne die übrige Konfitüre mischen. Auf dem Biskuit verteilen und diesen wieder behutsam einrollen. 15 Min. kalt stellen.

3. Die Oberfläche der Rolle mit der übrigen Sahne bestreichen, mit einem Garnierkamm oder mit einer Gabel durch die Sahne streichen. Mindestens 30 Min. kalt stellen.

Passionsfruchtrolle

exotisch | raffiniert
60 Min. + 8 Min. Backen
+ 1 Std. 20 Min. Kühlen
pro Stück ca. 355 kcal
12 g Fett · 6 g Eiweiß · 56 g Kohlenhydrate

ZUTATEN FÜR 1 TIEFES BACKBLECH (12 STÜCKE)

1 Grundrezept Biskuitrolle (Rezept für den Teig oben) · abgeriebene Schale von 1 Bio-Limette · 60 g Kokosraspel · 6 Blatt weiße Gelatine · 6–7 Passionsfrüchte 2 EL Limettensaft · 100 ml Maracujasaft 100 g Puderzucker · 1 Päckchen Dessertsaucenpulver Vanille (ohne Kochen) 100 g Naturjoghurt · 200 g Sahne

ZUBEREITUNG

1. Biskuit wie beschrieben mit Limettenschale zubereiten, auf ein mit Backpapier belegtes Blech streichen, mit Kokosraspeln bestreuen. Backen, aufrollen und abkühlen lassen.

2. Gelatine kalt einweichen. Passionsfrüchte halbieren, Inneres herauslöffeln. Mit Limettensaft pürieren und durch ein Sieb streichen. Passionsfruchtmark (100 g) mit Maracujasaft, Puderzucker, Saucenpulver und Joghurt verrühren. Gelatine tropfnass bei milder Hitze auflösen und unter die Fruchtmasse mischen. 20 Min. bis zum Gelieren kalt stellen.

3. Sahne steif schlagen und unterheben. Die Creme auf den Biskuit streichen und diesen aufrollen. Mindestens 60 Min. kalt stellen.

Cassata

ZUTATEN FÜR 1 SPRINGFORM (Ø 20 cm ODER ECKIG, 12 STÜCKE)

- 200 g kandierte Früchte (Ananas, Melonen, Kirschen)
- 2 EL Maraschino oder Grappa
- 3 Eiweiße
- 150 g Puderzucker
- 750 g Sahne

italienischer Klassiker
40 Min. + 12 Std. Gefrieren

pro Stück ca. 295 kcal
20 g Fett · 2 g Eiweiß · 25 g Kohlenhydrate

ZUBEREITUNG

1. Die Springform im Tiefkühlfach vorkühlen. Die kandierten Früchte in sehr feine Würfel schneiden. Mit dem Maraschino oder Grappa vermischen und zugedeckt 30 Min. ziehen lassen.

2. Die Eiweiße mit dem Puderzucker über dem heißen Wasserbad mit den Schneebesen des Handrührgeräts zu einer schnittfesten Masse schlagen. Die Sahne steif schlagen.

3. Die kandierten Früchte vorsichtig unter die Eiweißmasse mischen. Die Sahne unterziehen. Die Form aus dem Tiefkühlfach nehmen und die Eismasse locker einfüllen. Mit Frischhaltefolie abdecken und mindestens 12 Stunden gefrieren lassen.

Tuning-Tipp Die Eistorte vor dem Servieren mit geschlagener Sahne verzieren oder mit kandierten Früchten bestreuen.

Austausch-Tipp Die kandierten Früchte statt mit Maraschino mit 2 EL Orangensaft oder Traubensaft marinieren.

Eistorte mit Beeren

ZUTATEN FÜR 14 STÜCKE

- 4 Meringueböden (Ø 24 cm; beim Bäcker vorbestellen)
- 600 g gemischte Beeren
- 2 EL Puderzucker
- 1 Päckchen Vanillezucker
- 800 g Sahne
- Beeren für die Garnitur

Außerdem:
Tortenring

Überraschung für Gäste
50 Min. + 14 Std. Gefrier-/Kühlzeit

pro Stück ca. 330 kcal
18 g Fett · 2 g Eiweiß · 7 g Kohlenhydrate

ZUBEREITUNG

1. Meringueboden auf eine gefriergeeignete Platte legen und mit einem Tortenring umschließen. Die Beeren verlesen, wenn nötig kurz abbrausen. Die Beeren mit Puderzucker und Vanillezucker vermischen.

2. 200 g Sahne steif schlagen und auf den Meringueboden geben. Ein Drittel der Beeren darüberstreuen und im Tiefkühlfach 20 Min. durchkühlen.

3. Den Vorgang noch zweimal wiederholen, sodass die gezuckerten Beeren aufgebraucht sind. Den letzten Meringueboden auflegen, die Torte mit Frischhaltefolie abdecken und 12 Stunden gefrieren lassen.

4. Die Eistorte vor dem Servieren für 60 Min. in den Kühlschrank stellen. Die übrigen 200 g Sahne steif schlagen und die Torte damit bestreichen, mit frischen Beeren dekorieren.

Austausch-Tipp Statt Meringueböden können Sie auch fertig gekaufte Baiserschalen nehmen. Die Schalen zerbröseln und zwischen die Sahneschichten streuen.

Walnuss-Eisgugelhupf

ZUTATEN FÜR 1 FLEXIBLE GUGELHUPFFORM (12–16 STÜCKE)

- 100 g Puderzucker
- 100 g Walnusskerne
- 1/2 Vanilleschote
- 4 Eigelbe
- 75 g feiner Zucker
- 500 g Sahne

genial auch als Dessert
45 Min. + 12 Std. Gefrieren

bei 16 Stücken pro Stück ca. 175 kcal
15 g Fett · 3 g Eiweiß · 7 g Kohlenhydrate

ZUBEREITUNG

1. Die Form kühl stellen. Puderzucker in einer Pfanne ohne Fett schmelzen lassen. Walnüsse dazugeben und unter Rühren karamellisieren. Nüsse auf Backpapier abkühlen lassen und grob hacken.

2. Die Vanilleschote längs aufschlitzen und das Mark herauskratzen. Die Eigelbe mit Vanillemark und Zucker in eine Metallschüssel füllen und über dem heißen Wasserbad zu einer dicklichen Creme aufschlagen.

3.Die Sahne halb steif schlagen und unter die Eiercreme ziehen. Die Karamellnüsse unterheben. Die Eismasse in die vorgekühlte Gugelhupfform füllen und 12 Stunden gefrieren lassen.

Austausch-Tipp Statt Walnüssen Haselnussblättchen nehmen, oder in der Adventszeit 100 g zerbröselte Lebkuchen in Puderzucker kurz anrösten und unter die fertig vorbereitete Eiscreme heben.

Speed-Tipp kandierte Walnüsse (Fertigprodukt) unter die fertige Eiscreme heben

Tuning-Tipp kandierte Walnüsse auf den Gugelhupf streuen

Cassata (oben), Eistorte mit Beeren (unten)

Walnuss-Eisgugelhupf

TORTEN VERZIEREN UND GARNIEREN

Mit gespritzten Baiserrosetten, Sahnestreifen oder Buttercremetupfen wird Ihre Torte zum vollkommenen Prachtstück. Und das im Nu. Denn was optisch so viel hermacht, geht viel einfacher als es aussieht. Probieren Sie es aus!

Spritzkunst aus der Tülle

Fühlen Sie sich ruhig wie ein Konditormeister, wenn Sie Ihre Torte mit gespritzten Tupfen, Sternen, Linien oder kunstvollen Rosetten verzieren. Doch arbeiten Sie nicht allzu schwungvoll drauflos – der Umgang mit der Spritztüte erfordert Fingerspitzengefühl. Torten brauchen eine gleichmäßige Dekoration in immer wiederkehrender Form, damit sie attraktiv aussehen – am besten üben Sie das Spritzen erst einmal mit preiswertem Kartoffelpüree aus der Tüte.

Sahne- und Cremetupfen

Nicht nur Sahne, die Sie dafür mit Gelatine oder Sahnesteif festigen, auch Buttercreme kann mit der Tülle geformt werden. Entscheidend aber ist die Beschaffenheit: Die Masse darf nicht fließen, sondern muss pasten- bis cremeartig dick sein. Ist sie zu flüssig, gibt es einen Trick: Sahne- oder Cremetupfen nebeneinander und mit etwas Abstand auf eine Tortenunterlage spritzen – was nicht gelungen ist, einfach wieder abheben. Dann die Tupfen auf der Unterlage 5–10 Min. einfrieren, bis sie gerade fest sind. Anschließend, am besten kurz vor dem Servieren, mit einer Palette ablösen und auf die Torte setzen.

Baiser-Dekor

Baisers sind ein schöner Schmuck für Torten und ideal für den Vorrat: Die Baisermasse mithilfe eines Spritzbeutels und der gewünschten Tülle in Form von Tupfen, Sterne, Linien oder Rosetten auf ein mit Backpapier belegtes Backblech spritzen. Im Backofen (Mitte) bei 100° Umluft 90 Min. backen. (Wenn Sie mit Ober- und Unterhitze bei 80° backen, die Ofentür mit einem Holzlöffelstiel einen Spalt breit offen halten, damit die Feuchtigkeit entweichen kann.) Die Baiserteilchen im Ofen abkühlen lassen, die Torte damit dekorativ schmücken. Wer möchte, kann die Baisermasse noch mit Speisefarbe in zarten Tönen, z. B. rosa oder hellgrün einfärben.

Baiserbrösel sind ein dekorativer und knuspriger Überzug für eine Sahnetorte: Baiser grob hacken und obendrauf streuen.

Umgang mit dem Spritzbeutel

Den Beutel zur Hälfte nach außen umschlagen, die gewünschte Spritztülle einsetzen und gut festdrücken. Die Sahne-, Creme- oder Baisermasse einfüllen. Den Rand wieder hochschlagen, den Beutel über der Füllung zusammendrehen, damit nichts herausquellen kann. Mit der einen Hand den Beutel oben zuhalten und dabei die Füllung sanft nach unten drücken. Mit der anderen Hand die Spitze unten führen.

Spritzmuster

Für den Spritzbeutel gibt es viele verschiedene Tüllen. Um Ihre Torte hübsch verzieren zu können, reichen zwei: eine Stern- und eine Lochtülle mittlerer Größe. Damit können Sie am laufenden Band Muster auf die Tortenstücke »schreiben«, z. B. geschlungene Linien, Zickzackmuster, breite Streifen und Rosetten. Eine kleine Stern- oder Lochtülle macht dekorative Sternchen oder Tupfen. Die großen Tüllen ergeben fast tortenstückbreite Tupfen.

Eine **Wolkentorte** ist ganz unkompliziert: Sahne steif schlagen und die Torte damit leicht wolkig überziehen.

Schokoladenseiten

Für einen perfekten Überzug oder effektvolles Dekor aus Schokolade benötigen Sie Kuvertüre: eine hochwertige Schokolade mit hohem Kakaobuttergehalt. Es gibt drei Sorten: dunkle Zartbitter-, helle Vollmilch- und weiße Kuvertüre. Um sie geschmeidig zu machen, muss sie vorsichtig geschmolzen werden:

Kuvertüre richtig temperieren Die Kuvertüre grob hacken. Die halbe Menge in einer Metallschüssel ins warme Wasserbad setzen und unter Rühren schmelzen. Sobald alles geschmolzen ist und keine Stückchen mehr zu sehen sind, die Schüssel aus dem Wasserbad nehmen. Die restliche Kuvertüre einrühren und warten, bis alles geschmolzen ist. Dann die Masse vor dem Verarbeiten kalt stellen, bis sie dickflüssig ist. Für einen besonders glänzenden Schokoladen-Überzug die Kuvertüre erneut sanft im Wasserbad erwärmen, nicht wärmer als 30–32° (das entspricht in etwa unserer Handwärme).

Schönheits-Tipps für Ihre Torte

Das Backen von Böden und Füllen mit Cremes ist die eine Seite bei Torten, das exakte und sorgfältige Garnieren die andere. Wichtig: Damit Ihr Prachtstück perfekt gelingt, die Tortenböden erst zusammensetzen, wenn sie ausgekühlt sind. Beim Verzieren dürfen Sie kreativ sein. Hier ein paar Anregungen:

→ **So geht alles glatt** Wenn Sie die Torte mit einer Creme oder Sahne »verkleiden«, streichen Sie alles mit einer Palette oder einem Teigschaber glatt, bevor Sie beginnen, die Torte zu verzieren. Nur so wirkt sie appetitlich und dekorativ.

→ **Stück für Stück markieren** Nachdem Rand und Oberfläche bestrichen sind, markieren Sie mit dem Tortenteiler die einzelnen Stücke. So gelingt es später leicht, gleichmäßige Tortenstücke zu schneiden.

→ **Mit Früchten dekorieren** Verwenden Sie dazu nur die schönsten Früchte, und legen Sie färbendes Obst erst kurz vor dem Servieren auf die Torte, z. B. Erdbeeren mit Grün, Kirschen mit Stiel, Johannisbeeren an der Rispe. Die Früchte immer gut trocken tupfen, sonst gibt es unansehnliche Flecken. Hübsch als Blickfang auf einer Torte: Frische oder getrocknete Früchte halb in gefärbten Zuckerguss oder Kuvertüre getaucht.

→ **Hier geht's zackig zu** Den Tortenrand dick mit Creme oder Sahne bestreichen. Dann mit einem Garnierkamm rundum einen dekorativen Zackenrand ziehen, indem man die Torte einmal um ihre eigene Achse dreht. Auch als Verzierung für eine Biskuitroulade hübsch.

→ **Den Tortenrand schmücken** Geröstete Mandelblättchen, gehackte Pistazien, Krokant oder Schokoladenrapsel auf den bestrichenen Tortenrand auftragen. Das geht ganz einfach: Jeweils einen gehäuften Esslöffel davon in die Hand nehmen und mit Schwung an den Tortenrand drücken. Was herunterfällt, weiterverwenden. Zum Schluss nochmals alles mit dem Teigschaber festdrücken.

→ **Mit Schokolade verzieren** Schokoladen-Röllchen, -Fächer oder -Blätter machen Torten fein für die Festtagstafel. Wie's geht, ist auf Seite 103 beschrieben. Wer es eilig hat, kann auf das große Angebot im Supermarkt zurückgreifen und z. B. mit Kakao-Rosen, Schoko-Buchstaben und -Ziffern, filigranen Schoko-Ornamenten, Mokkabohnen, Zebra-Röllchen oder dünnen Schokotäfelchen verzieren.

Marzipanschmuck für Torten

Für mehr Stand und Süße 250 g fertige Marzipanrohmasse mit bis zu 125 g Puderzucker verkneten. Das Marzipan nach Wunsch mit Speisefarben gut durchfärben. Einen schönen Effekt ergibt es, wenn man zwei verschiedenfarbige Marzipanstücke verknetet, bis die Masse marmoriert ist. Beim Formen die Arbeitsfläche mit Puderzucker bestäuben, damit nichts kleben bleibt.

Hier einige Anregungen für hübsche Marzipan-Dekore:

→ **Flache Formen** Marzipan dünn ausrollen und wie bei Plätzchen Sterne, Monde, Herzen, Blätter oder andere Figuren ausstechen.

→ **Schleifen** Marzipan ausrollen, kleine Rechtecke ausschneiden und in der Mitte zusammendrücken.

→ **Spaghetti** Marzipan durch eine Kartoffel- oder Knoblauchpresse auf die Torte drücken.

→ **Figuren** Aus Marzipan z. B. Hasen, Käfer, Früchte, Gemüse oder Blüten formen. Eier für eine Ostertorte oder Jahreszahlen für eine Jubiläumstorte modellieren.

Schokomantel für Torten

Für einen glatten Schokoüberzug die temperierte Kuvertüre in die Mitte der Torte gießen. Mit der Palette behutsam verstreichen, dabei die Torte um ihre Achse drehen. Mit der restlichen Kuvertüre rundum den Rand überziehen. Gut trocknen lassen.

Tipp: Die Torte vor dem Überziehen mit einem Marzipandeckel belegen (gibt's auch schon fertig ausgerollt zu kaufen!), um Unebenheiten auszugleichen. Vor dem Festwerden mit einem warmen Messer Tortenstücke auf der Oberfläche markieren, damit die Schokolade beim Anschneiden nicht splittert. Anregungen für zarte Dekor-Gebilde aus Schokolade finden Sie im Kasten auf S. 103.

Manchmal muss es einfach mal was Handfestes sein. Was **Herzhaftes** mit würzigen **Anchovis,** deftigem Schinken oder feinen Garnelen. Also haben wir uns für Sie in den **Familienküchen in aller Welt** umgesehen und die besten **Ofensnacks** mitgebracht: etwa das Originalrezept für italienische Calzone und für Spinatpastete aus Griechenland. Farbenfrohes **Gemüse** und frühlingsfrische **Kräuter** inspirierten uns: zu Kürbis-Quiche, Zucchinibrot

und **Strudel-Minis.** Und zum **Knabbern** vorm Fernseher ist auch was dabei – mal kräftig, mal deftig, mal feurig scharf. Eben was **Handfestes** für **jeden Geschmack!**

Grundrezept Pizzateig

ZUTATEN FÜR 1 BACKBLECH ODER 2 PIZZABLECHE (4 STÜCKE)

300 g Weizenmehl (Type 550)
1/2 TL Salz
1/2 Würfel frische Hefe (ca. 20 g)
4 EL Olivenöl
Mehl zum Formen

Basis jeder Pizza!
15 Min. + 60 Min. Gehen

pro Stück ca. 380 kcal
13 g Fett · 9 g Eiweiß · 57 g Kohlenhydrate

ZUBEREITUNG

1. Das Mehl mit dem Salz in einer Schüssel mischen. In die Mitte eine Mulde drücken, die Hefe hineinbröckeln. Mit 5 EL warmem Wasser verrühren. Etwas Mehl darüberstreuen, zugedeckt an einem warmen Ort 15 Min. gehen lassen, bis die Hefe Blasen wirft.

2. 100 ml warmes Wasser und das Öl zugeben. Alles mit den Knethaken des Handrührgeräts kurz durchmischen und dann auf der bemehlten Arbeitsfläche mit den Händen kräftig durchkneten, so lange, bis der Teig elastisch und glatt ist.

3. Zu einer Kugel formen. In einer mit Folie abgedeckten Schüssel 30–45 Min. an einem warmen, zugfreien Ort gehen lassen, bis der Teig etwa doppelt so groß ist. Den Teig weiterverarbeiten, wie in den einzelnen Rezepten beschrieben.

Vorrats-Tipp Statt frischer Hefe können Sie auch 1/2 Päckchen Trockenhefe verwenden.

Mehr draus machen Der Pizzateig reicht für ein Backblech (40 x 30 cm). Sie können ihn aber auch zu zwei runden (je 30 cm Ø) oder ovalen Fladen (je ca. 40 x 20 cm) ausrollen und diese nacheinander backen. Oder wie wäre es mit sechs kleinen runden Teigfladen (je 12 cm Ø)? Jeweils drei davon zum Backen aufs Blech legen.

Pizza Mexicana

Kinderliebling
60 Min. + 60 Min. Gehen
+ 20 Min. Backen
pro Stück ca. 865 kcal
44 g Fett · 29 g Eiweiß · 87 g Kohlenhydrate

ZUTATEN FÜR 1 BACKBLECH ODER 2 PIZZABLECHE (4 STÜCKE)

1 Grundrezept Pizzateig (S. 116)
Mehl zum Formen · Öl fürs Blech

Für den Belag:
1 Zwiebel · 2 Knoblauchzehen · 3 EL Olivenöl
1 Dose gehackte Tomaten oder Pizzatomaten (400 g) · 1 TL Oregano · Salz
Pfeffer · 150 g Maiskörner (Dose)
100 g Cabanossi · je 1 rote und grüne Spitzpaprikaschote · 150 g Cheddar

ZUBEREITUNG

1. Den Pizzateig nach dem Grundrezept kneten und gehen lassen. Inzwischen Zwiebel und Knoblauch schälen, fein würfeln und in 1 EL Öl glasig dünsten. Tomaten und Oregano dazugeben und offen bei mittlerer Hitze 15 Min. kochen lassen. Mit Salz und Pfeffer abschmecken.

2. Den Mais abtropfen lassen. Cabanossi in dünne Scheiben schneiden. Paprikaschoten halbieren, putzen, waschen und in feine Halbringe schneiden. Cheddarkäse grob raspeln.

3. Den Backofen auf 250° (Umluft nicht empfehlenswert) vorheizen. Ein Backblech mit Öl einfetten. Den Teig auf der bemehlten Arbeitsfläche nochmals kurz durchkneten, dann direkt auf dem Blech ausrollen.

4. Die Tomatensauce auf dem Teig verstreichen. Käse daraufstreuen. Mit Cabanossi, Paprika und Mais belegen. Übriges Öl darüberträufeln. Im Ofen (unterste Schiene) 20 Min. backen.

Tuning-Tipp Die Tomatensauce mit einigen Spritzern Tabasco oder mit 1–2 TL Chiliflocken schärfen. Vor dem Servieren 50 g Jalapeño-Chilis (Dose oder Glas; Spezialitäten-Abteilung) auf der Pizza verteilen.

Pizza mit Thunfisch

pikanter Genuss
50 Min. + 60 Min. Gehen
+ 20 Min. Backen
pro Stück ca. 865 kcal
32 g Fett · 38 g Eiweiß · 116 g Kohlenhydrate

ZUTATEN FÜR 1 BACKBLECH ODER 2 PIZZABLECHE (4 STÜCKE)

1 Grundrezept Pizzateig (S. 116)
Mehl zum Formen
Öl fürs Blech

Für den Belag:
1 Rezept Tomatensauce (Pizza Mexicana links) · 1 Bund Petersilie · 1 EL Kapern
Salz · Pfeffer · 3 kleine weiße Zwiebeln
100 g junge Zucchini · 2 Dosen Thunfisch im Sud (je 140 g Abtropfgewicht) · 2 EL Olivenöl

ZUBEREITUNG

1. Den Pizzateig kneten und gehen lassen wie im Grundrezept S. 116 beschrieben.

2. Tomatensauce wie im Rezept Pizza Mexicana (links) beschrieben zubereiten. Petersilie waschen, trocken schütteln, abzupfen und fein hacken. Kapern hacken. Beides unter die Tomatensauce mischen, salzen und pfeffern.

3. Die Zwiebeln schälen, halbieren und in feine Halbringe schneiden. Die Zucchini waschen, putzen und in dünne Scheiben hobeln. Thunfisch abtropfen lassen und zerpflücken. Alle drei Zutaten vermischen.

4. Den Backofen auf 250° (Umluft nicht empfehlenswert) vorheizen. Blech(e) mit Öl einstreichen, Teig darauf ausrollen.

5. Tomatensauce auf dem Teig verstreichen. Die Thunfisch-Gemüsemischung darauf verteilen. Pfeffern und mit dem übrigen Öl beträufeln. Im Ofen (2. Schiene von unten) 20 Min. backen.

Tuning-Tipp Nach Belieben 75 g geriebenen Parmesan oder Bergkäse aufstreuen.

Austausch-Tipp Thunfisch durch 100 g Parma- oder San-Daniele-Schinken ersetzen. In größere Stücke schneiden, nach dem Backen auf der Pizza verteilen.

Schinken-Calzone

Überraschungspäckchen
40 Min. + 60 Min. Gehen
+ 30 Min. Backen
pro Portion ca. 875 kcal
46 g Fett · 38 g Eiweiß · 81 g Kohlenhydrate

ZUTATEN FÜR 4 PORTIONEN

Für den Teig:
400 g Mehl · 1/2 Würfel frische Hefe (ca. 20 g)
Salz · 6 EL Olivenöl · Mehl zum Formen
Olivenöl zum Bestreichen

Für die Füllung:
100 g TK-Erbsen · 100 g luftgetrockneter roher Schinken · 125 g Mozzarella
1 Bund Petersilie · 200 g Ricotta · 1 Ei
50 g geriebener Parmesan oder Pecorino
2 Knoblauchzehen · Salz · Pfeffer

ZUBEREITUNG

1. Hefeteig nach Grundrezept S. 116 aus Mehl, Hefe, 1/2 TL Salz, Olivenöl und 200 ml lauwarmem Wasser kneten. 60 Min. gehen lassen.

2. Inzwischen für die Füllung die Erbsen antauen lassen. Schinken und Mozzarella fein würfeln. Petersilie waschen, trocken schütteln, abzupfen und fein hacken. Erbsen, Schinken, Mozzarella und Petersilie mit Ricotta, Ei und Parmesan oder Pecorino vermischen. Knoblauch schälen und dazupressen. Mit Salz und Pfeffer würzen.

3. Den Backofen auf 250° (Umluft nicht empfehlenswert) vorheizen. Ein Blech mit Backpapier belegen. Teig auf der bemehlten Arbeitsfläche durchkneten, zu zwei ca. 4 mm dicken Fladen ausrollen und aufs Blech legen. Schinken-Gemüsemischung auf jeweils einer Hälfte der Pizzen verteilen, dabei einen 2 cm breiten Rand frei lassen. Unbelegte Teighälfte über die Füllung klappen. Die Ränder festdrücken, dabei mit einer Gabel ein Muster eindrücken. Beide Stücke mit Öl bepinseln.

4. Pizzataschen im Ofen (2. Schiene von unten) 25–30 Min. backen. Nach 20 Min. mit Alufolie abdecken. Vor dem Servieren jede Calzone halbieren.

Austausch-Tipp Sie können den rohen auch durch gekochten Schinken ersetzen.

Zwei Pizza-Klassiker

Pizza Margherita Tomatensauce [→ Pizza Mexicana oben] auf dem Pizza-Grundteig [→ S. 116] verstreichen. Mit 250 g Mozzarella in Scheiben belegen, salzen, pfeffern, mit 2 EL Olivenöl beträufeln. Nach dem Backen mit Basilikumblättern belegen.

Pizza marinara Tomatensauce [→ Pizza Mexicana oben] auf dem Pizza-Grundteig [→ S. 116] verstreichen. Darauf 100 g schwarze Oliven, 4 Sardellenfilets in feinen Streifen und 3 EL Kapern verteilen. Pfeffern, mit 2 EL Olivenöl beträufeln.

Herzhaftes vom Blech

Ob als Vorspeise, als Imbiss zum Wein oder Bier, für eine Party oder zum Picknick: Kuchen mit würzigem Gemüse kommen immer gut an. **Tipp:** Kombinieren Sie doch einmal zwei Beläge auf einem Backblech mit Hefeteig!

Zubereitung im Voraus

Den Hefeteig abgedeckt an einem kühlen Ort ruhen lassen. Belag und Guss getrennt kalt stellen. Kurz vorm Backen die Zutaten auf dem Teig verteilen, Guss darübergießen und den pikanten Kuchen backen.

Grundrezept Hefeteig für Herzhaftes

frisch duftend
20 Min. + 60 Min. Gehen
pro Stück ca. 335 kcal
10 g Fett · 9 g Eiweiß · 51 g Kohlenhydrate

ZUTATEN FÜR 1 BACKBLECH (6 STÜCKE)

400 g Weizenmehl (Type 550)
3/4 Würfel frische Hefe (ca. 30 g)
200 ml lauwarme Milch
60 g Butter · 1 TL Salz

ZUBEREITUNG

1. Das Mehl in eine Schüssel schütten, eine Mulde in die Mitte drücken. Dorthinein die Hefe bröckeln, 5 EL Milch zufügen und mit etwas Mehl verrühren. An einem warmen Ort 15 Min. aufgehen lassen.

2. Inzwischen die Butter schmelzen, etwas abkühlen lassen. Auf das Mehl gießen, Salz und übrige Milch hinzufügen und alles zu einem glatten, elastischen Teig verkneten. Zugedeckt an einem warmen Ort 30–45 Min. gehen lassen.

3. Nochmals kurz durchkneten, ausrollen und belegen wie im jeweiligen Rezept angegeben.

Mehr draus machen Den Teig können Sie auch in zwei Portionen teilen und zwei Springformen (26 oder 28 cm Ø) damit auskleiden. Die Backzeit verringert sich dabei kaum. Oder Sie teilen den Teig in acht Portionen, rollen diese einzeln zu dünnen Fladen aus und backen davon jeweils 2–3 Stück mit Belag zusammen auf einem Blech.

Austausch-Tipp Der Boden für einen Gemüsekuchen schmeckt auch mit einem nussigen Vollkornteig sehr gut. Dafür das Weizenmehl Type 550 durch Weizenvollkornmehl ersetzen und noch etwa 5 EL mehr Milch unterkneten. Besonders kernig ist eine Mischung aus Weizenmehl (Type 550) und Roggenvollkornmehl.

Back-Tipp Decken Sie den Hefeteig mit einem feuchten warmen Tuch ab, wenn er vor dem Backen noch 1–2 Std. steht (siehe Kasten links, Zubereitung im Voraus). So trocknet die Oberfläche nicht aus. Am besten einen kühlen, nicht kalten Platz auswählen.

Zwiebelkuchen

beliebter Klassiker
1 Std. 15 Min. + 60 Min. Gehen
+ 40 Min. Backen
pro Stück ca. 695 kcal
44 g Fett · 18 g Eiweiß · 56 g Kohlenhydrate

ZUTATEN FÜR 1 BACKBLECH (6 STÜCKE)

1 Grundrezept Hefeteig (links)
Fett für das Blech
Mehl zum Arbeiten

Für den Belag:
1,2 kg Zwiebeln
200 g geräucherter durchwachsener Speck
2 EL Öl · Salz · Pfeffer
geriebene Muskatnuss
3 Eier · 250 g saure Sahne · 150 g Naturjoghurt
3 TL Speisestärke

ZUBEREITUNG

1. Den Hefeteig nach dem Grundrezept zubereiten und gehen lassen.

2. Die Zwiebeln schälen, halbieren und in feine Halbringe oder Würfel schneiden. Speck fein würfeln, im Öl bei mittlerer Hitze ausbraten. Zwiebeln zufügen und unter Rühren in 10 Min. weich dünsten. Mit Salz, Pfeffer und Muskat würzen und etwas abkühlen lassen.

3. Die Eier mit saurer Sahne, Joghurt und Stärke verquirlen. Salzen und pfeffern, unter die Zwiebelmasse mischen.

4. Backofen auf 200° heizen. Teig direkt auf dem gefetteten Blech ausrollen. Belag daraufstreichen. Im Ofen (2. Schiene von unten, Umluft 180°) in 40 Min. goldbraun backen.

Tuning-Tipp Ein Drittel der Zwiebeln durch Apfelstücke ersetzen. Die Masse mit 1 EL Thymianblättchen würzen.

Frühlingsgemüsekuchen

bunt, warm, saftig
1 Std. 15 Min. + 60 Min. Gehen
+ 35 Min. Backen
pro Stück ca. 600 kcal
32 g Fett · 20 g Eiweiß · 58 g Kohlenhydrate

ZUTATEN FÜR 1 BACKBLECH (6 STÜCKE)

1 Grundrezept Hefeteig (links)
Fett für das Blech
Mehl zum Arbeiten

Für den Belag:
300 g weißer Spargel
1 zarter Kohlrabi (ca. 300 g)
300 g junge Möhren
200 g Zuckerschoten
Salz · Pfeffer
1 Bund Petersilie
2 EL Sonnenblumenkerne · 4 Eier
250 g Sahne
50 g geriebener Emmentaler
1 Bund Basilikum

ZUBEREITUNG

1. Den Hefeteig wie im Grundrezept (links) beschrieben verkneten und gehen lassen.

2. Das Gemüse waschen und putzen oder schälen. Spargel in Stücke, Kohlrabi und Möhren in Scheiben schneiden. Zuckerschoten ganz lassen. Salzwasser aufkochen, Spargel 10 Min. garen, übriges Gemüse 2 Min. blanchieren, abschrecken und abtropfen lassen. Salzen und pfeffern.

3. Ofen auf 200° vorheizen. Blech fetten, Teig darauf ausrollen. Petersilie waschen, Blättchen mit den Sonnenblumenkernen hacken. Auf den Teig streuen. Gemüse darauf verteilen.

4. Für den Guss die Eier mit Sahne und Käse verquirlen, kräftig salzen und pfeffern. Über die Zutaten gießen. Im Ofen (2. Schiene von unten, Umluft 180°) 30–35 Min. backen. Basilikum in Stücke zupfen. Vor dem Servieren auf den Kuchen streuen.

Flammkuchen

Elsässer Spezialität
50 Min. + 60 Min. Gehen
+ 15 Min. Backen
pro Stück ca. 600 kcal
36 g Fett · 17 g Eiweiß · 52 g Kohlenhydrate

ZUTATEN FÜR 1 BACKBLECH (6 STÜCKE)

Für den Teig:
200 g Weizenmehl (Type 550) · 200 g Roggenvollkornmehl
Salz · 1/2 Würfel frische Hefe (ca. 20 g)
1/2 TL Zucker
50 g Natur-Sauerteig (Reformhaus)
Mehl zum Arbeiten
Fett für das Blech

Für den Belag:
150 g durchwachsener geräucherter Speck
2 große Zwiebeln
250 g Magerquark
250 g Crème fraîche
Pfeffer · geriebene Muskatnuss · 1 EL Öl

ZUBEREITUNG

1. Weizen- und Roggenmehl mit 1/2 TL Salz mischen, in die Mitte eine Mulde drücken. Hefe hineinbröckeln, mit Zucker, 5 EL lauwarmem Wasser und Sauerteig verrühren. Mit Mehl bestäubt an einem warmen Ort 15 Min. gehen lassen. Dann das Ganze mit 150 ml lauwarmem Wasser zu einem glatten Teig verkneten. Erneut 45 Min. gehen lassen.

2. Speck und geschälte Zwiebeln fein würfeln, mischen. Quark und Crème fraîche verrühren, mit Salz, Pfeffer und Muskat würzen.

3. Backofen auf 250° (Umluft nicht geeignet) vorheizen. Teig auf der bemehlten Fläche dünn ausrollen und das gefettete Blech damit belegen. Quarkmasse daraufstreichen, Zwiebelmischung darauf verteilen. Mit dem Öl beträufeln. Im Ofen (Mitte) 15 Min. backen.

Mehr draus machen Den Teig können Sie auch in 6–8 Portionen teilen, diese einzeln zu dünnen Fladen ausrollen, belegen und jeweils 2–3 davon zusammen auf dem Blech backen.

Tuning-Tipp Den Kuchen zusätzlich (oder anstelle von Speck) mit 100 g grob geraspeltem Emmentaler bestreuen.

Frühlingsgemüsekuchen

Pissaladière – Anchovisfladen

Spezialität aus Nizza
45 Min. + 30 Min. Backen

pro Stück ca. 215 kcal
12 g Fett · 5 g Eiweiß · 23 g Kohlenhydrate

ZUTATEN FÜR 1 BACKBLECH (12 STÜCKE)

1 Packung Fertigteig-Mischung für Pizza (320 g Inhalt) oder 1 Rezept Pizzateig (S. 116)
6–8 Zweige Thymian
4 große Zwiebeln · 5 EL Olivenöl
Salz · Pfeffer · 2 rote Paprikaschoten (à ca. 200 g) · 12 Sardellenfilets in Öl · 2 Knoblauchzehen · 100 g schwarze Oliven
Olivenöl für das Backblech
Mehl für die Arbeitsfläche

ZUBEREITUNG

1. Das Backblech einfetten. Fertigteig nach Packungsangabe mit Wasser zubereiten und auf der bemehlten Arbeitsfläche kurz durchkneten. Zu einer Rolle formen und auf dem Blech etwas größer als das Blech ausrollen. Überlappenden Teig leicht einschlagen, zu einem Rand formen und diesen gut andrücken.

2. Den Thymian abbrausen, trocken schütteln und die Blättchen von den Stängeln streifen. Die Zwiebeln schälen, fein hacken und in 2 EL Öl in 10 Min. glasig dünsten, salzen und pfeffern. Paprikaschoten vierteln, putzen, waschen und in feine Streifen schneiden. Die Sardellenfilets abtropfen lassen. Knoblauch schälen und in feine Streifen schneiden.

3. Den Backofen auf 220° vorheizen. Erst die Zwiebelmasse auf den Teig streichen, dann die Paprikastreifen, Oliven, Sardellen und den Knoblauch darauf verteilen. Mit dem übrigen Öl beträufeln. Im Ofen (2. Schiene von unten, Umluft 200°) 25–30 Min. backen. Warm oder kalt servieren.

Austausch-Tipp Statt der roten Paprika 500 g kleine feste Tomaten in Scheiben schneiden und mit den übrigen Zutaten auf die Zwiebelmasse legen.

Lahmacun – Türkische Hackfleisch-Pizza

orientalisch raffiniert
60 Min. + 40 Min. Gehen + 30 Min. Backen

pro Stück ca. 250 kcal
10 g Fett · 14 g Eiweiß · 26 g Kohlenhydrate

ZUTATEN FÜR 1 BACKBLECH (12 STÜCKE)

400 g Mehl · Salz · 1/2 Würfel frische Hefe (ca. 20 g) · 1 Ei
3 EL Olivenöl · 2 Fleischtomaten
2 grüne Peperoni · 2 weiße Zwiebeln · 1 Bund Petersilie
10 frische Minzeblätter
500 g Rinderhackfleisch
2 EL Tomatenmark · Pfeffer
2 TL rosenscharfes Paprikapulver · 1 TL gemahlener Kreuzkümmel (Cumin) · Öl für das Blech · Mehl zum Ausrollen

ZUBEREITUNG

1. Mehl und Salz in eine Schüssel geben. Eine Mulde in die Mitte drücken, zerbröckelte Hefe hineingeben. Mit 5 EL lauwarmem Wasser verrühren. Etwas Mehl darüberstreuen und zugedeckt an einem warmen Ort 10 Min. gehen lassen.

2. 125 ml lauwarmes Wasser, Ei und 1 EL Öl unter den Vorteig mischen und das Ganze 10 Min. kneten, bis der Teig elastisch ist. Zugedeckt noch 30 Min. an einem warmen Ort gehen lassen.

3. Für den Belag die Tomaten überbrühen, häuten, entkernen und in kleine Würfel schneiden. Peperoni putzen, entkernen und winzig klein würfeln. Zwiebeln schälen und fein hacken.

4. Petersilie und Minze abbrausen, trocken schütteln, abzupfen und bis auf ein paar Blätter zum Garnieren fein hacken. Alle Zutaten mit dem Hackfleisch und Tomatenmark vermischen. Mit Salz, Pfeffer, Paprikapulver und Kreuzkümmel kräftig würzen.

5. Den Backofen auf 220° vorheizen. Das Backblech einfetten. Den Teig kurz durchkneten, auf der bemehlten Fläche ausrollen und das Blech auslegen. Mit dem Belag bestreichen. Übriges Öl darüberträufeln. Im Ofen (2. Schiene von unten, Umluft 200°) 25–30 Min. backen. Mit Kräuterblättchen garnieren.

Tuning-Tipp Die Pizza nach dem Backen mit 2 EL Zitronensaft beträufeln. Feine Streifen von Eisbergsalat aufstreuen und Joghurt dazu servieren.

Spanakopita – Griechische Spinatpastete

für Gäste und Götter
60 Min. + 30 Min. Backen

pro Portion ca. 540 kcal
33 g Fett · 22 g Eiweiß · 40 g Kohlenhydrate

ZUTATEN FÜR 1 TIEFES BLECH (6 PORTIONEN)

750 g TK-Blattspinat
1 Bund Frühlingszwiebeln
2 Knoblauchzehen
je 1 Bund Petersilie und Dill
3 EL Olivenöl · 300 g Schafkäse (Feta) · 3 Eier · Salz · Pfeffer
75 g Butter · 400 g Yufka-Blätterteig (griechischer oder türkischer Laden; 5 Blätter)
125 ml Milch

ZUBEREITUNG

1. Den Spinat antauen lassen. Die Frühlingszwiebeln waschen, putzen und in dünne Ringe schneiden. Den Knoblauch schälen. Die Kräuter abbrausen, trocken schütteln und hacken.

2. Öl erhitzen, Zwiebeln und zerdrückten Knoblauch andünsten. Spinat zufügen, 8–10 Min. mitdünsten. Vom Herd nehmen, kurz abkühlen lassen. Schafkäse in kleine Stücke schneiden, Eier und Kräuter untermischen. Kräftig salzen und pfeffern. Backofen auf 200° (Umluft nicht geeignet) vorheizen. Butter schmelzen.

3. Die Fettpfanne des Ofens mit Butter einfetten, mit drei Teigblättern auslegen, Ränder überhängen lassen und jedes Blatt mit Butter bestreichen. Die Spinatmasse darauf verteilen, überstehende Teile der Blätter über die Füllung nach innen klappen. Übrige Teigblätter in der Größe der Fettpfanne zuschneiden und auf die Spinatfüllung legen.

4. Die restliche Butter mit der Milch verquirlen, die obere Teigschicht damit bestreichen. Im Ofen (Mitte) in 30–40 Min. goldbraun backen.

Austausch-Tipp Falls Sie keinen Yufka-Teig bekommen, ersetzen Sie ihn durch acht Scheiben TK-Blätterteig. Diesen auftauen lassen, in zwei Portionen teilen und dünn ausrollen.

Pissaladière (oben), Lahmacun (unten)

Spanakopita

Quiche Lorraine

Klassiker aus Lothringen
45 Min. + 60 Min. Ruhen + 1 Std. 10 Min. Backen
pro Stück ca. 710 kcal
51 g Fett · 30 g Eiweiß · 33 g Kohlenhydrate

ZUTATEN FÜR 1 SPRING- ODER QUICHEFORM (Ø 28 cm, 6 STÜCKE)

Für den Teig:
250 g Mehl · 1/2 TL Salz
125 g kalte Butter
Fett für die Form
Mehl zum Ausrollen

Für den Belag:
200 g gekochter Schinken (in Scheiben)
100 g milder roher Schinken (in Scheiben)
3 Zwiebeln · 1 Bund gemischte Kräuter
(z. B. Petersilie, Schnittlauch, Thymian)
4 Eier ·200 g geriebener Gruyère
200 g Sahne · Salz · Pfeffer
geriebene Muskatnuss

ZUBEREITUNG

1. Für den Teig Mehl, Salz, Butter in kleinen Stücken und 4 EL Wasser rasch zu einem glatten Teig verkneten. Zur Kugel formen, in Folie wickeln und 60 Min. an einem kühlen Ort ruhen lassen.

2. Inzwischen für den Belag beide Schinkensorten würfeln. Zwiebeln schälen und fein hacken. Kräuter waschen, trocken schütteln, abzupfen und sehr fein hacken. Alle Zutaten in einer Schüssel vermengen.

3. Die Eier verquirlen, Käse und Sahne unterrühren. Mit Salz, Pfeffer und Muskatnuss kräftig würzen.

4. Den Backofen auf 200° (Umluft 180°) vorheizen. Form einfetten. Teig auf der bemehlten Arbeitsfläche ausrollen. Die Form mit dem Teig auskleiden, dabei einen etwa 4 cm hohen Rand hochziehen. Den Teig im heißen Ofen (Mitte) 10 Min. vorbacken.

5. Die Schinken-Zwiebel-Mischung und die Käse-Sahne abwechselnd in die Form schichten, bis alles aufgebraucht ist. Die Quiche im Ofen (Mitte) bei 180° (Umluft 160°) 50–60 Min. backen.

Das schmeckt dazu Ein knackig-frischer Blattsalat, angemacht mit einem würzigen Essig-Öl-Dressing.

Mehr draus machen Mögen Sie lieber Minis? Dann backen Sie die Quiche Lorraine in 8–10 runden Förmchen von 10 cm Ø.

Eine runde Sache: Quiches und Kuchen

Rollen Sie den Teig immer **etwas größer** als die Backform aus, damit Sie Boden und Rand der Form auslegen können. Rundherum etwa 4 cm mehr reichen aus. Den Rand gut festdrücken, dann mit einem scharfen Messer den überstehenden Teigrand entlang der Form abschneiden. Damit der Teig beim Backen **keine Blasen** wirft, stechen Sie ihn mit einer Gabel mehrmals ein.

Schwer belegt

Weil die Quichemasse meist recht feucht ist, muss der darunterliegende Teig schon einmal ohne Belag **»blind«** vorgebacken werden [→ Backtipp S. 34]. Sonst würde er nicht knusprig werden. Wer keine geschlossene Quicheform besitzt, nimmt eine normale Springform und packt sie **in Alufolie** ein. Die Folie rundum gut hochkneifen – so kann nichts von der Flüssigkeit herauslaufen.

Kürbis-Quiche

herbstlich | raffiniert

40 Min. + 1 Std. 5 Min. Backen

pro Stück ca. 775 kcal

61 g Fett · 22 g Eiweiß · 35 g Kohlenhydrate

ZUTATEN FÜR 1 SPRINGFORM (Ø 26 cm, 4 STÜCKE)

300 g TK-Blätterteig
750 g Hokkaido-Kürbis
4 Frühlingszwiebeln
200 g Schafkäse
1 TL gehackter Thymian (frisch oder getrocknet)
1 EL Zitronensaft
Salz · Pfeffer · 3 Eier
150 g Crème fraîche
200 g Schmand

ZUBEREITUNG

1. Blätterteigscheiben nebeneinander auftauen lassen. Die Form mit Backpapier auslegen. Kürbis schälen, entkernen und in kleine Stücke schneiden oder hobeln. Die Frühlingszwiebeln waschen, putzen und in feine Ringe schneiden. Schafkäse grob raspeln. Gemüse, Käse und Thymian mischen, mit Zitronensaft, Salz und Pfeffer würzen.

2. Ofen auf 220°(Umluft 200°) vorheizen. Blätterteigscheiben aufeinanderlegen, ausrollen, Boden und Rand der Form damit auskleiden. Im Ofen (Mitte) 15 Min. vorbacken.

3. Das Gemüse auf dem Teig verteilen. Die Eier mit Crème fraîche und Schmand verquirlen, mit Salz und Pfeffer würzen. Über das Gemüse gießen. Bei 200° (Mitte, Umluft 180°) in 40–50 Min. goldgelb backen.

Asiatische Quiche

überraschend | schnell

30 Min. + 30 Min. Ruhen + 50 Min. Backen

pro Stück ca. 650 kcal

34 g Fett · 31 g Eiweiß · 53 g Kohlenhydrate

ZUTATEN FÜR 1 SPRING- ODER QUICHEFORM (Ø 28 cm, 4 STÜCKE)

200 g Mehl · Salz
1 TL Backpulver
100 g Magerquark
4 EL Milch · 4 EL Öl
200 g gegartes Grillhähnchenfleisch (oder Hähnchenaufschnitt)
500 g TK-Chinesisches Pfannengemüse · 3 Eier
175 g ungesüßte Kokosmilch (Dose)
1 EL helle Sojasauce
Pfeffer · 1 EL geröstete, gesalzene Erdnüsse
Fett für die Form
Mehl zum Ausrollen

ZUBEREITUNG

1. Das Mehl, 1/2 TL Salz und das Backpulver mischen. Quark, 4 EL Milch und Öl zufügen und alle Zutaten zu einem glatten Teig verkneten. 30 Min. ruhen lassen.

2. Das Fleisch in kleine Stücke schneiden. Das gefrorene Gemüse in einer heißen Pfanne nach Packungsangabe aufkochen und unter gelegentlichem Rühren 6–8 Min. braten. Fleisch unterheben. Die Mischung in ein Sieb abgießen, abtropfen lassen, dabei die Flüssigkeit auffangen.

3. Backofen auf 200° (Umluft 180°) vorheizen. Form einfetten. Teig auf bemehlter Fläche dünn ausrollen, Form damit auskleiden. Im Ofen (Mitte) 10 Min. vorbacken.

4. Dünstflüssigkeit mit Eiern, Kokosmilch und Sojasauce verquirlen, salzen und pfeffern. Gemüsemischung auf dem Teig verteilen. Eierguss darübergießen. Erdnüsse hacken und aufstreuen. Im Ofen (2. Schiene von unten) 35–40 Min. backen.

Spitzkohlkuchen mit Kasseler

mit Haselnuss-Kick

45 Min. + 30 Min. Kühlen + 55 Min. Backen

pro Stück ca. 785 kcal

52 g Fett · 33 g Eiweiß · 46 g Kohlenhydrate

ZUTATEN FÜR 1 SPRING- ODER QUICHEFORM (Ø 28 cm, 4 STÜCKE)

200 g Mehl
50 g geriebene Haselnüsse · Salz
100 g Butter
400 g Spitzkohl oder Jaroma-Kohl
1 Zwiebel · Pfeffer
100 g Emmentaler
200 g Kasseler ohne Knochen
1 Bund Petersilie
250 ml Milch · 3 Eier
Butter für die Form
Mehl zum Ausrollen

ZUBEREITUNG

1. Für den Teig das Mehl mit den Nüssen und 1/2 TL Salz mischen. Mit 80 g Butter in Stücken und 5–6 EL kaltem Wasser rasch zu einem Teig verkneten, 30 Min. kalt stellen.

2. Den Kohl waschen, putzen und in feine Streifen schneiden. Zwiebel schälen, würfeln und in der übrigen Butter glasig werden lassen. Kohlstreifen hinzufügen und bei milder Hitze 5 Min. zugedeckt dünsten. Mit Salz und Pfeffer würzen.

3. Den Backofen auf 200° (Umluft 180°) vorheizen. Eine Springform einfetten. Teig auf der bemehlten Arbeitsfläche ausrollen und die Form auskleiden, dabei einen 4 cm hohen Rand formen. Den Teig im Ofen (Mitte) 10 Min. vorbacken.

4. Den Käse grob reiben. Das Kasseler in kleine Würfel schneiden. Die Petersilie waschen, die Blätter trocken schütteln und hacken. Gemüse mit Kasseler, Käse und Petersilie gut mischen. Milch und Eier verquirlen, kräftig salzen und pfeffern.

5. Die Kohlmischung auf den Teig geben. Den Guss darübergießen. Den Kuchen im Ofen bei 200° (Umluft 180°, unterste Schiene) 45 Min. backen.

Asiatische Quiche

Spargel-Garnelen-Tarte

raffiniert | für Gäste
35 Min. + 25 Min. Backen
pro Stück ca. 410 kcal
26 g Fett · 21 g Eiweiß · 23 g Kohlenhydrate

ZUTATEN FÜR 1 TARTEFORM (Ø 28 ODER 30 cm, 4 STÜCKE)

8 geschälte, gegarte TK-Riesengarnelen
3 Platten TK-Blätterteig (ca. 220 g) · 300 g grüner Spargel · Salz
100 g Kirschtomaten
1 Kugel Mozzarella (125 g) · 150 g Ricotta
1 Msp. Cayennepfeffer
Pfeffer · Mehl zum Ausrollen
Fett für die Form
Basilikum zum Garnieren (nach Belieben)

ZUBEREITUNG

1. Garnelen und Blätterteig auftauen lassen. Spargel waschen, putzen, im unteren Drittel schälen. Stangen schräg in Stücke (4 cm) schneiden. In Salzwasser 4 Min. garen, abschrecken und abtropfen lassen. Tomaten waschen, halbieren. Mozzarella würfeln.

2. Ricotta mit Cayennepfeffer, Salz und Pfeffer verrühren. Ofen auf 220° vorheizen. Blätterteig übereinanderlegen, auf der bemehlten Fläche zu einem Rechteck (32 x 32 cm) ausrollen. Teig in die gefettete Form legen, überstehenden Rand abschneiden.

3. Mit der Ricottacreme bestreichen. Garnelen trocken tupfen, mit Spargel und Tomaten auf dem Boden verteilen und mit Mozzarella bestreuen. Mit Salz und Pfeffer würzen.

4. Im Ofen (2. Schiene von unten; Umluft nicht empfehlenswert) 20–25 Min. backen. Vor dem Servieren kurz ruhen lassen. Nach Belieben mit Basilikum garnieren.

Das schmeckt dazu Rucolasalat

Pfifferling-Tarte mit Käse

würzig | fein im Herbst
45 Min. + 60 Min. Gehen + 30 Min. Backen
pro Stück ca. 575 kcal
32 g Fett · 21 g Eiweiß · 49 g Kohlenhydrate

ZUTATEN FÜR 1 TARTEFORM (Ø 28 ODER 30 cm, 4 STÜCKE)

250 g Mehl · 1/2 Würfel frische Hefe (ca. 20 g)
3 EL Olivenöl · Salz
75 g Bacon (Frühstücksspeck) · 1 Schalotte
1 Knoblauchzehe
300 g Pfifferlinge (ersatzweise Egerlinge)
Pfeffer · 2 TL frisch gehackter Thymian
75 g Kräuterfrischkäse
100 g saure Sahne
50 g geriebener Bergkäse · Mehl zum Ausrollen · Fett für die Form

ZUBEREITUNG

1. Aus Mehl, Hefe, 125 ml lauwarmem Wasser, 2 EL Öl und 1/2 TL Salz einen Hefeteig (mit Vorteig) zubereiten wie auf S. 118 beschreiben. Insgesamt 60 Min. gehen lassen.

2. Speck in feine Streifen schneiden. Schalotte und Knoblauch schälen und klein würfeln. Pilze putzen, abreiben, grob zerteilen. In einer Pfanne übriges Öl erhitzen. Bacon ausbraten, herausnehmen. Schalotte und Knoblauch im Speckfett glasig dünsten, Pilze hinzufügen und 4–5 Min. anbraten. Mit Salz, Pfeffer und Thymian würzen. Speck untermischen.

3. Backofen auf 200° vorheizen. Teig durchkneten und auf bemehlter Fläche auf Ø 32 cm ausrollen. In gefettete Form legen. Frischkäse und saure Sahne verrühren, auf den Boden streichen. Pilzmischung darauf verteilen. Mit dem Käse bestreuen. Im Ofen (2. Schiene von unten, Umluft 180°) 30 Min. backen.

Tuning-Tipp Vor dem Servieren mit 2 EL gehacktem Schnittlauch bestreuen.

Kartoffel-Paprika-Tarte

farbenfroh und pikant
50 Min. + 30 Min. Backen
pro Stück ca. 340 kcal
19 g Fett · 8 g Eiweiß · 34 g Kohlenhydrate

ZUTATEN FÜR 1 TARTEFORM (Ø 28 ODER 30 cm, 4 STÜCKE)

600 g mehligkochende Kartoffeln · Salz
3 EL Olivenöl · 2 Eigelbe
50 g Speisestärke
je 1 rote, gelbe und grüne Spitzpaprikaschoten · 50 g Chorizo (spanische Paprikasalami; ersatzweise eine andere Paprikasalami)
1 Knoblauchzehe
125 g Ajvar (rote Paprikapaste; Glas) · Pfeffer
Olivenöl für die Form

ZUBEREITUNG

1. Die Kartoffeln ungeschält in Salzwasser garen. Abgießen, pellen und noch heiß durch die Kartoffelpresse drücken. Mit 2 EL Öl, Eigelben, der Speisestärke und 1 TL Salz vermischen, abkühlen lassen.

2. Inzwischen Paprikaschoten waschen, halbieren, putzen und in feine Streifen schneiden. Chorizo in dünne Scheiben schneiden.

3. Backofen auf 200° vorheizen. Form fetten. Kartoffelmasse in die Form drücken, dabei einen Rand hochziehen. Knoblauchzehe schälen, durchpressen und mit dem übrigen Öl verrühren. Auf dem Teig verteilen.

4. Ajvar darüberstreichen. Chorizo und Paprikastreifen auf den Teig legen. Mit Salz und Pfeffer würzen. Im Ofen (2. Schiene von unten, Umluft 180°) 30 Min. backen.

Grüne Gemüse-Tarte

preiswert | vegetarisch
45 Min. + 30 Min. Kühlen + 45 Min. Backen
pro Stück ca. 820 kcal
62 g Fett · 23 g Eiweiß · 44 g Kohlenhydrate

ZUTATEN FÜR 1 TARTEFORM (Ø 28 ODER 30 cm, 4 STÜCKE)

200 g Weizenmehl (Type 550) · 150 g kalte Butter · Salz · 1 Eigelb
250 g Brokkoli
1 kleiner Zucchino
2 Frühlingszwiebeln
50 g TK-Erbsen
100 g Schmand
100 g Sahne
3 Eier · 100 g geriebener Gouda
1/2 TL getrockneter Majoran · Pfeffer
2 EL Sesam
Mehl zum Ausrollen
Fett für die Form

ZUBEREITUNG

1. Aus Mehl, Butter, 1/2 TL Salz, Eigelb und 2 EL kaltem Wasser rasch einen Mürbeteig kneten und 30 Min. kalt stellen. Backofen auf 200° (Umluft 180°) vorheizen. Form fetten.

2. Gemüse waschen, putzen. Brokkoli in Röschen teilen, in kochendem Salzwasser 3 Min. blanchieren, abschrecken, abtropfen lassen. Zucchino und Frühlingszwiebeln in Scheiben schneiden. Erbsen antauen lassen. Teig auf bemehlter Fläche ausrollen, Form auskleiden und im Ofen 10–15 Min. (Mitte) backen.

3. Das Gemüse auf dem Teigboden verteilen. Schmand, Sahne, Eier und 50 g Käse verrühren. Mit Majoran, Salz und Pfeffer würzen. Sahne-Ei-Masse über das Gemüse gießen. Mit übrigem Käse und Sesam bestreuen. Im Ofen (2. Schiene von unten) 30 Min. backen.

Spargel-Garnelen-Tarte

Mini-Gemüse-Pies

vegetarisch
30 Min. + 25 Min. Kühlen
+ 20 Min. Backen
pro Stück ca. 405 kcal
21 g Fett · 13 g Eiweiß · 34 g Kohlenhydrate

ZUTATEN FÜR 6 BACKFÖRMCHEN (Ø 10–12 cm, 6 STÜCK)

Für den Quark-Öl-Teig:
125 g Magerquark
2 EL Milch · 4 EL Öl
1/2 TL Salz · 1 Ei
225 g Mehl
1 TL Backpulver
Fett für die Formen
Mehl zum Arbeiten

Für den Belag:
2 Bund Suppengemüse
2 EL Olivenöl
150 g Erbsen (tiefgekühlt) · Salz · Pfeffer
150 g Creme légère
1 Ei · 50 g Gratinkäse
geriebene Muskatnuss

ZUBEREITUNG

1. Den Quark mit Milch, Öl, Salz und dem Ei glatt rühren. Das Mehl mit dem Backpulver mischen und die Hälfte des Mehls unterrühren.Das restliche Mehl unterkneten. Den Teig zugedeckt 25 Min. kühl stellen.

2. Den Backofen auf 200° (Umluft 180°) vorheizen. Die Förmchen fetten. Suppengemüse waschen, putzen und in kleine Würfel schneiden. Das Öl erhitzen, das Gemüse 4–5 Min. darin andünsten. Tiefkühlerbsen dazugeben. Gemüse mit Salz und Pfeffer würzen.

3. Teig auf Größe der Förmchen ausrollen, in die Förmchen geben. Gemüse darauf verteilen. Crème légère, Ei und Käse verrühren, mit Salz und Muskat würzen, über das Gemüse gießen. Im Ofen (Mitte) 15–20 Min. backen. Leicht abgekühlt aus den Förmchen lösen.

Speed-Tipp 150 g tiefgekühltes Suppengemüse nehmen.

Käsetäschchen

würzig-nussig
30 Min. + 25 Min. Kühlen
+ 20 Min. Backen
pro Stück ca. 215 kcal
14 g Fett · 7 g Eiweiß · 16 g Kohlenhydrate

ZUTATEN FÜR 12 STÜCK

1 Rezept Quark-Öl-Teig (s. Mini-Gemüse-Pies)
Mehl zum Arbeiten

Für die Füllung:
2 Stangen Staudensellerie
1 EL Zitronensaft
50 g Walnusskerne
100 g Gorgonzola
100 g Crème fraîche
Salz · Pfeffer
1 Eigelb · 2 EL Milch

Außerdem:
runde Ausstechform (Ø 10 cm)

ZUBEREITUNG

1. Den Teig zubereiten und kühlen wie oben beschrieben. Staudensellerie waschen, entfädeln und längs in Streifen schneiden. Sellerie winzig klein würfeln, mit Zitronensaft vermischen. Walnüsse grob hacken. Gorgonzola mit einer Gabel fein zerdrücken, mit Crème fraîche glatt rühren. Sellerie und Nüsse untermischen, mit Salz und Pfeffer würzen.

2. Ofen auf 200° (Umluft 180°) vorheizen. Ein Blech mit Backpapier belegen. Den Teig auf bemehlter Arbeitsfläche 1/2 cm dick ausrollen. 12 Kreise ausstechen. Jeweils etwas Füllung daraufgeben. Ränder mit Wasser bestreichen und die Teigstücke auf die Hälfte zusammenklappen. Ränder mit einer Gabel festdrücken. Eigelb mit Milch verrühren. Die Teigtäschchen damit bestreichen. Im Ofen (Mitte) 15–20 Min. backen.

Käse-Burger

Käsebrötchen mal anders
30 Min. + 25 Min. Kühlen
+ 10 Min. Backen
pro Stück ca. 210 kcal
13 g Fett · 7 g Eiweiß · 16 g Kohlenhydrate

ZUTATEN FÜR 12 STÜCK

1 Rezept-Quark-Öl-Teig (s. Mini-Gemüse-Pies)
Mehl zum Arbeiten

Für die Füllung:
200 g Frischkäse
50 g geriebenen Parmesan
1 TL Dijon-Senf
Salz · Pfeffer
100 g Sahne
1 Kästchen Kresse

Außerdem:
runde Ausstechform (Ø 6 cm)

ZUBEREITUNG

1. Quark-Öl-Teig zubereiten und 25 Min. kühl stellen. Ofen auf 200° (Umluft 180°) vorheizen. Ein Blech mit Backpapier belegen. Den Teig auf bemehlter Arbeitsfläche 1 cm dick ausrollen, 24 Kreise ausstechen und auf das Backblech legen. Im Ofen (Mitte) 10 Min. backen. Mit dem Papier vom Backblech ziehen und abkühlen lassen.

2. Frischkäse mit Parmesan und Senf cremig rühren, salzen und pfeffern. Sahne steif schlagen und unterrühren. Kresse mit der Schere abschneiden. Zwei Drittel der Kresse unter die Käsecreme rühren. Diese auf 12 gebackenen Böden verteilen. Jeweils den Deckel locker aufsetzen und mit Kresse bestreut servieren.

Kinder machen mit Lassen Sie die Kinder Kreise ausstechen und auf das Blech legen.

Mohnbrezeln

gelingt leicht
30 Min. + 25 Min. Kühlen
+ 20 Min. Backen
pro Stück ca. 140 kcal
6 g Fett · 6 g Eiweiß · 15 g Kohlenhydrate

ZUTATEN FÜR 12 STÜCK

125 g Magerquark
6 EL Milch · 4 EL Öl
1/2 TL Salz
1/4 TL Cayennepfeffer
2 EL gemahlener Mohn
50 g geriebenen Parmesan
225 g Mehl
1 TL Backpulver
1 EL Mohnsamen
Mehl zum Arbeiten

ZUBEREITUNG

1. Den Quark mit 4 EL Milch, Öl, Salz und Cayennepfeffer glatt rühren. Gemahlenen Mohn und Parmesan einrühren. Das Mehl mit Backpulver mischen, die Hälfte unterrühren. Restliches Mehl unterkneten. Den Teig zugedeckt 25 Min. kühl stellen.

2. Ofen auf 200° (Umluft 180°) vorheizen. Ein Blech mit Backpapier belegen. Den Teig auf bemehlter Arbeitsfläche durchkneten, zur Rolle formen und in 12 gleich große Stücke schneiden. Die Stücke mit den Händen rollend zu ca. 40 cm langen Strängen formen, diese zu Brezeln schlingen und auf das Backblech legen. Die Brezeln mit der restlichen Milch bestreichen und mit Mohn bestreuen. Im Ofen (Mitte) 15–20 Min. backen.

Variante Mohnknöpfe: Die Teigstücke zu ca. 20 cm langen Rollen formen, jeweils zur Schnecke aufrollen, mit Eigelb bestreichen, mit Mohn bestreuen, backen wie angegeben.

Gemüsestrudel-Minis

gelingt leicht
25 Min. + 25 Min. Backen

pro Stück ca. 385 kcal
20 g Fett · 10 g Eiweiß · 20 g Kohlenhydrate

ZUTATEN FÜR 4 STÜCK

2 Strudelteigblätter (100–120 g) · 2 EL Semmelbrösel · 1 Bund Frühlingszwiebeln · 3 Karotten (250 g) · 1 Kohlrabi (250 g) · 3 EL Rapsöl · 1 Ei · 50 g Crème fraîche · 50 g geriebener Bergkäse · Salz · Pfeffer geriebene Muskatnuss · 30 g zerlassene Butter · Fett oder Backpapier für das Blech

ZUBEREITUNG

1. Den Strudelteig aus der Packung nehmen, entrollen, auf ein feuchtes Tuch legen und mit einem Tuch bedecken. Die Semmelbrösel anrösten.

2. Die Frühlingszwiebeln putzen, waschen und mit dem zarten Grün in Ringe schneiden. Karotten und Kohlrabi schälen und auf der Rohkostreibe grob raspeln. Den Backofen auf 200° vorheizen. Ein Blech fetten oder mit Backpapier belegen.

3. Rapsöl erhitzen, das Gemüse darin kurz andünsten. Das Ei mit Crème fraîche und Bergkäse verrühren und mit dem Gemüse vermischen. Mit Salz, Pfeffer und Muskat würzen. Strudelteigblätter quer halbieren, mit Wasser bestreichen. Zuerst die Semmelbrösel, dann das Gemüse darauf verteilen.

4. Die Strudel seitlich und an den Enden etwas einschlagen, aufrollen und auf das Blech legen. Die Strudel mit Butter bestreichen. Im Ofen (Mitte, Umluft 180°) 20–25 Min. backen. Zwischendurch mit Butter bestreichen.

Strudelkörbchen mit Kräuter-Ei

Raffiniertes für Gäste
20 Min. + 12 Min. Backen

pro Stück ca. 105 kcal
8 g Fett · 3 g Eiweiß · 5 g Kohlenhydrate

ZUTATEN FÜR 1 12ER-MUFFINSBLECH (12 STÜCK)

2 Strudelteigblätter (100 g)
1 Bund Petersilie
3 Frühlingszwiebeln
2 EL Öl · 100 g Sahne
1 EL Speisestärke
4 Eier · Salz · Pfeffer
1 EL grob geriebener Parmesan
Fett für die Form

ZUBEREITUNG

1. Den Backofen auf 200° (Umluft 180°) vorheizen. Das Muffinsblech fetten. Die Teigblätter aufeinanderlegen und mit der Schere in sechs Stücke schneiden. Die Teigstücke in die Mulden des Muffinsblechs geben und leicht überstehen lassen.

2. Petersilie waschen, trocken schütteln, die Blättchen fein hacken. Frühlingszwiebeln putzen, längs halbieren und waschen. Mit dem zarten Grün in feine Streifen schneiden. Petersilie und Frühlingszwiebeln in Öl kurz andünsten. Die Sahne mit Speisestärke und Eiern verrühren. Petersilie und Frühlingszwiebeln unterrühren. Mit Salz und Pfeffer würzen.

3. Die Eiermasse in Mulden des Muffinsblechs gießen. Im Ofen (Mitte) 10 Min. backen. Den Parmesan darüberstreuen und 2 Min. weiterbacken. Das Blech aus dem Ofen nehmen und das Gebäck etwas abkühlen lassen. Danach vorsichtig aus der Form lösen.

Variante Die Strudelteigkörbchen ohne Füllung backen und abkühlen lassen. Aus der Form lösen. 4 Eier mit 4 EL Milch oder Sahne verrühren, mit Salz und Pfeffer würzen. 2 EL Öl und 1 EL flüssige Butter in einer Pfanne erhitzen, Eier in die Pfanne geben, leicht stocken lassen, dabei mit einem Holzlöffel vom Rand zur Mitte schieben. Rührei in die Körbchen füllen und mit Schnittlauchröllchen bestreuen.

Thunfisch-Päckchen

Büfett-Stars
30 Min. + 25 Min. Backen

pro Stück ca. 70 kcal
4 g Fett · 3 g Eiweiß · 4 g Kohlenhydrate

ZUTATEN FÜR 12 STÜCK

2 Strudelteigblätter (100–120 g)
1 Dose Thunfisch im Sud (135 g)
1 EL Creme légère
1 TL abgeriebene Bio-Zitronenschale · 2 getrocknete Tomaten in Öl · 1 EL Kapern · Salz Zitronenpfeffer · 30 g Pecorino
2 EL Olivenöl · Fett oder Backpapier für das Blech

ZUBEREITUNG

1. Die Teigblätter aufeinanderlegen und in vier Stücke schneiden. Die Teigstücke nebeneinander auf ein feuchtes Tuch legen und mit einem Tuch bedecken. Den Thunfisch aus der Dose auf einem Sieb abtropfen lassen. Thunfisch mit Creme légère und Zitronenschale im Mixer pürieren. Den Backofen auf 200° vorheizen. Ein Blech fetten oder mit Backpapier belegen.

2. Die Tomaten abtropfen lassen, in kleine Würfel schneiden und mit den Kapern unter die Thunfischcreme rühren. Die Creme mit Salz und Zitronenpfeffer würzen. Pecorino fein reiben.

3. Die Teigstücke mit Olivenöl bestreichen und mit dem geriebenen Käse bestreuen. Jeweils 1 gehäuften TL Thunfischcreme daraufgeben, die Ränder mit Wasser befeuchten und zu einem Päckchen verschließen. Im Ofen (Mitte, Umluft 180°) 20–25 Min. backen.

Kinder machen mit Größere und bastelfreudige Kinder können Ihnen helfen, die Strudelpäckchen zu einem Bonbon zu formen, indem sie sie auf beiden Seiten mit schmalen Streifen aus Teig verschließen. Oder Sie lassen die Kinder die Thunfischpäckchen nach dem Backen mit Schnittlauch oder Frühlingszwiebelstreifen verschnüren.

Gemüsestrudel-Minis (oben), Strudelkörbchen mit Kräuter-Ei (unten)

Thunfisch-Päckchen

Pikanter Gugelhupf

partytauglich

30 Min. + 40 Min. Ruhen + 45 Min. Backen

pro Stück ca. 280 kcal
15 g Fett · 10 g Eiweiß · 27 g Kohlenhydrate

ZUTATEN FÜR 1 GUGELHUPFFORM (2 l INHALT, 16 STÜCKE)

600 g Mehl · 1 TL Salz
1/4 TL geriebene Muskatnuss
1 Würfel frische Hefe (42 g)
4 EL Öl · 250 g Bacon (Frühstücksspeck)
5 Schalotten (200 g)
50 g Butter · 2 Eier
Fett für die Form

ZUBEREITUNG

1. In einer Schüssel Mehl mit Salz und Muskatnuss mischen. Hefe mit 350 ml lauwarmem Wasser anrühren und mit 3 EL Öl zum Mehl geben. Alles zu einem weichen Teig verkneten. Zugedeckt 15 Min. gehen lassen. Frühstücksspeck in schmale Streifen schneiden. Schalotten schälen und in winzige Würfel schneiden.

2. Speckwürfel in 1 EL Öl knusprig braun braten. Herausnehmen und die Schalotten in dem Fett glasig braten und zu dem Speck geben. Die Butter zerlassen und mit den Speck-Zwiebeln vermischen, mit den Eiern zum Hefeteig geben und alles gut verkneten. Der Teig soll weich und elastisch sein. Den Teig nochmals 25 Min. gehen lassen.

3. Den Backofen auf 180° vorheizen. Die Form gründlich fetten. Den Teig in die Form füllen. Im Ofen (Mitte, Umluft 160°) 45 Min. backen. In der Form etwas abkühlen lassen und stürzen.

Zucchinibrot

fürs Picknick

30 Min. + 30 Min. Ruhen + 45 Min. Backen

pro Stück ca. 165 kcal
4 g Fett · 6 g Eiweiß · 26 g Kohlenhydrate

ZUTATEN FÜR 1 KASTENFORM (30 cm, 14 STÜCKE)

500 g Weizenmehl (Type 550) · 1 TL Salz
1 Päckchen Trockenhefe
2 EL Olivenöl · 1 Ei
4 kleine Zucchini (400 g)
100 g Pecorino
1 TL getr. italienische Kräuter
Fett für die Form

ZUBEREITUNG

1. Weizenmehl in einer Schüssel mit Salz und Trockenhefe mischen. 300 ml lauwarmes Wasser, Olivenöl und Ei zum Mehl geben und alles zu einem glatten, geschmeidigen Teig verkneten. Den Teig zugedeckt 15 Min. gehen lassen.

2. Inzwischen Zucchini waschen, putzen und grob raspeln. In einem Küchentuch gut ausdrücken. Pecorino reiben, mit Zucchiniraspeln und Kräutern vermengen. Die Mischung zum Teig geben und alles gut verkneten. Zugedeckt nochmals 15 Min. gehen lassen.

3. Ofen auf 200° vorheizen. Die Form fetten. Den Teig nochmals durchkneten und in die Form geben. Im Ofen (Mitte, Umluft 180°) 45 Min. backen.

Kinder machen mit Sie können aus dem Teig runde oder ovale Brote formen und auf ein mit Backpapier belegtes Blech setzen.

Herzhafter Käsekuchen

ZUTATEN FÜR 1 SPRINGFORM (Ø 28 cm, 12 STÜCKE)

1 rund ausgerollter Blätterteig (Kühlregal)
3 EL Semmelbrösel
200 g Gorgonzola
200 g mittelalter Gouda
3 Eier · 200 g Sahne
Salz, Pfeffer
geriebene Muskatnuss
Fett für Form

raffiniert | zum Mitnehmen
25 Min. + 30 Min. Backen
pro Stück ca. 270 kcal
22 g Fett · 10 g Eiweiß · 9 g Kohlenhydrate

ZUBEREITUNG

1. Ofen auf 200° vorheizen. Die Form fetten. Blätterteig in die Form legen. Semmelbrösel in einer Pfanne leicht anrösten. Gorgonzola klein würfeln. Gouda grob reiben.

2. Eier mit Sahne verrühren. Mit Salz, Pfeffer und Muskatnuss würzen. Semmelbrösel auf den Boden streuen. Gorgonzola und Gouda darauf verteilen. Die Eiersahne darübergießen. Den Kuchen im Ofen (Mitte, Umluft 180°) ca. 30 Min. backen.

Austausch-Tipp 2 Schalotten und 1 Knoblauchzehe schälen, klein würfeln. 1 EL Butter zerlassen. Zwiebeln und Knoblauch leicht andünsten und statt der Semmelbrösel auf den vorbereiteten Blätterteigboden geben.

Variante Käsefüllung: 250 g Sahne mit 2 EL Mehl und 2 Eiern verrühren. 300 g geriebenen Emmentaler unterrühren. Die Mischung mit Salz, Pfeffer, Muskatnuss und nach Belieben 1 TL Kümmel würzen, auf den vorbereiteten Boden geben und backen.

Gefüllte Rohrnudeln

ZUTATEN FÜR 1 RECHTECKIGE AUFLAUFFORM (12 STÜCK)

Für den Teig:
500 g Mehl · 1 TL Salz
1/2 Würfel frische Hefe (ca. 20 g)
250 ml lauwarme Milch
2 EL Öl · 1 Ei
Mehl zum Arbeiten
Fett für die Form

Für die Füllung:
200 g rohe Zwiebelmettwurst
1/2 TL Chilipulver
3 Frühlingszwiebeln
2 EL Olivenöl
2 EL Basilikumpesto aus dem Glas
50 g Butter

gut vorzubereiten
30 Min. + 35 Min. Gehen + 25 Min. Backen
pro Stück ca. 300 kcal
15 g Fett · 9 g Eiweiß · 33 g Kohlenhydrate

ZUBEREITUNG

1. Mehl mit Salz in eine Schüssel geben. Hefe zerbröckeln, mit lauwarmer Milch verrühren, mit Öl und Ei zum Mehl geben. Alles zu einem glatten, geschmeidigen Teig verkneten. Zugedeckt 15 Min. gehen lassen. Mettwurst aus der Pelle drücken. In einer Schüssel mit Chilipulver vermischen. Frühlingszwiebeln längs halbieren, waschen, in schmale Streifen schneiden und in Olivenöl andünsten. Danach mit Mettwurst und Pesto gut vermischen.

2. Hefeteig nochmals durchkneten, zu einer Rolle formen, in 12 Stücke schneiden, diese leicht flach drücken, etwas Füllung daraufgeben, zusammendrücken und mit den Händen zu Kugeln formen. Leicht mit Mehl bestäuben, mit einem Tuch bedecken, 20 Min. gehen lassen. Ofen auf 200° vorheizen. Form fetten. Butter zerlassen. Hefekugeln nebeneinander in die Form setzen, mit Butter bestreichen. Im Ofen (Mitte, Umluft 180°) 25 Min. backen. Zwischendurch mit Butter bestreichen.

Herzhafte Quarktaschen

büfett-tauglich
30 Min. + 25 Min. Backen
pro Stück ca. 355 kcal
26 g Fett · 10 g Eiweiß · 20 g Kohlenhydrate

ZUTATEN FÜR 8 STÜCK

450 g TK-Blätterteig (extra große Scheiben)
100 g Bacon (Frühstücksspeck)
1 zarte Stange Lauch (ca. 250 g)
1 EL Öl · Salz · Pfeffer
1 Ei · 1 Eigelb
150 g Speisequark

ZUBEREITUNG

1. Die Blätterteigplatten nebeneinander auftauen lassen. Speck klein würfeln. Lauch putzen, waschen und in feine Ringe schneiden.

2. Das Öl in einer Pfanne erhitzen und den Speck darin auslassen. Herausnehmen und auf Küchenpapier abtropfen lassen. Lauch im Speckfett unter Rühren 3–5 Min. dünsten, salzen und pfeffern. Speck, Lauch und das Ei unter den Quark rühren.

3. Ofen auf 220° vorheizen. Blätterteigplatten halbieren, sodass acht Quadrate entstehen. Eigelb mit 1 EL Wasser verrühren, Teigecken damit betupfen, zur Mitte einschlagen und andrücken. Jeweils 2 EL Quarkmasse in die Mitte geben. Den Teig mit Eigelb bestreichen. Die Quarktaschen auf ein mit Backpapier belegtes Blech setzen. Im Ofen (2. Schiene von unten, Umluft 200°) 20–25 Min. backen.

Champignon-Piroggen

traditionell polnisch
60 Min. + 30 Min. Kühlen
+ 2 x 35 Min. Backen
pro Stück ca. 335 kcal
24 g Fett · 10 g Eiweiß · 20 g Kohlenhydrate

ZUTATEN FÜR 12 STÜCK (2 BACKBLECHE)

250 g Magerquark
280 g Butter
300 g Mehl · Salz
400 g Champignons
2 Zwiebeln
1 Knoblauchzehe
1 Bund Petersilie
Pfeffer · 2 EL Crème fraîche · 1 Eigelb
100 g geriebener Gouda · 1 Ei, mit 2 EL Milch verquirlt
Mehl zum Ausrollen

Außerdem:
runde Ausstechform (Ø 12 cm)

ZUBEREITUNG

1. Den Quark in einem Tuch auspressen. Mit 250 g Butter in Stücken, Mehl und 1/2 TL Salz verkneten. Den Teig in Folie gewickelt 30 Min. kalt stellen.

2. Pilze abreiben, putzen, in dünne Scheiben schneiden. Zwiebeln und Knoblauch schälen, fein würfeln. Petersilie abbrausen, trocken schütteln und die Blättchen hacken. Zwiebeln in der übrigen Butter glasig dünsten, Pilze und Knoblauch 3–4 Min. mitbraten. Salzen und pfeffern. Dünsten, bis alle Flüssigkeit verdampft ist. Die Mischung etwas abkühlen lassen. Crème fraîche, Eigelb, Petersilie und Gouda untermengen, würzen.

3. Ofen auf 200° vorheizen. Den Teig auf bemehlter Fläche 3 mm dünn ausrollen. Kreise ausstechen. Füllung in die Mitte geben, den Teig darüber zusammenfassen, die Ränder fest zusammendrücken. Die Piroggen mit Ei-Milch bestreichen. Auf mit Backpapier belegten Blechen im Ofen (2. Schiene von unten, Umluft 180°) 35 Min. backen. Warm servieren.

Würstchen im Hefeteig

Kinderhit
40 Min. + 40 Min. Gehen
+ 20 Min. Backen
pro Stück ca. 465 kcal
26 g Fett · 17 g Eiweiß · 39 g Kohlenhydrate

ZUTATEN FÜR 8 STÜCK

400 g Mehl
1/2 Würfel frische Hefe (ca. 20 g)
40 g weiches Schweineschmalz · Salz
3 Frühlingszwiebeln
100 g grob geraspelter Emmentaler
8 TL grobkörniger Senf
8 Knackwürstchen (z. B. Wiener oder Pfälzer) · 1 Ei, getrennt
Mehl zum Ausrollen

ZUBEREITUNG

1. Nach dem Grundrezept (S. 118) aus Mehl, Hefe, 150 ml lauwarmem Wasser, Schmalz und 1/2 TL Salz einen Hefeteig zubereiten. 30 Min. gehen lassen.

2. Ofen auf 200° (Umluft 180°) vorheizen. Frühlingszwiebeln waschen, putzen, in feine Ringe schneiden. Teig auf bemehlter Fläche zu einer Rolle formen, in acht gleich große Stücke schneiden. Diese oval auf 15 cm Länge ausrollen. Mit Käse und Zwiebeln bestreuen, dabei einen 2 cm breiten Rand frei lassen.

3. Auf den unteren Rand je 1 TL Senf setzen, und 1 Würstchen legen. Teig einrollen, Naht mit Eiweiß festdrücken. Stangen auf das mit Backpapier belegte Blech setzen, oben zickzackförmig einritzen. Eigelb mit 2 EL Wasser verrühren, Teig damit bestreichen. 10 Min. gehen lassen, im Ofen (Mitte) in 15–20 Min. goldbraun backen. Warm servieren.

Auberginendreiecke

vegetarisch | türkisch inspiriert
50 Min. + 60 Min. Kühlen
+ 2 x 20 Min. Backen
pro Stück ca. 240 kcal
16 g Fett · 5 g Eiweiß · 19 g Kohlenhydrate

ZUTATEN FÜR 10 STÜCK (2 BACKBLECHE)

250 g Mehl · Salz
125 g weiche Butter
2 Eier · 1 kleine Aubergine (ca. 250 g)
1 Zwiebel
1 Knoblauchzehe
1 Fleischtomate
3 EL Olivenöl · Pfeffer
1/2 TL rosenscharfes Paprikapulver
Mehl zum Ausrollen

ZUBEREITUNG

1. Mehl mit 1/4 TL Salz, Butter, 1 Ei und 2 EL Wasser zu einem Teig verkneten. 60 Min. im Kühlschrank ruhen lassen.

2. Aubergine waschen, putzen und klein würfeln. Zwiebel und Knoblauch schälen, fein hacken. Tomate überbrühen, häuten, entkernen und klein würfeln. Das Öl erhitzen, Zwiebel und Knoblauch glasig dünsten. Aubergine 5 Min. mitbraten. Tomaten zufügen, mit Salz, Pfeffer und Paprika würzen.

3. Den Backofen auf 200° (Umluft 180°) vorheizen. Teig quadratisch ausrollen. Zehn Quadrate (12 x 12 cm) ausschneiden. Jeweils 1 EL Füllung darauf verteilen. Die Teigränder mit Eiweiß bepinseln und die Quadrate zu Dreiecken zusammenlegen. Die Kanten festdrücken. Auf mit Backpapier belegte Bleche legen. Mit Eigelb, verquirlt mit 2 EL Wasser, bestreichen. Im Ofen (Mitte) 20 Min. backen.

Sprossen-Muffins

sehr würzig
20 Min. + 25 Min. Backen
pro Stück ca. 160 kcal
8 g Fett · 6 g Eiweiß · 15 g Kohlenhydrate

ZUTATEN FÜR 1 12ER-MUFFINS-BLECH (12 STÜCK)

100 g Sojabohnensprossen
100 g Räuchertofu
1 EL helle Sojasauce
250 g Dinkelmehl (Type 630)
2 TL Backpulver
1/2 TL Salz
1/4 TL Chilipulver
2 EL Sesamsamen
80 ml Sonnenblumenöl · 2 Eier
250 g Naturjoghurt
Fett für die Form

ZUBEREITUNG

1. Den Backofen auf 180° vorheizen. Die Blechmulden fetten. Die Sojasprossen kurz abbrausen und grob hacken. Tofu klein würfeln und mit den Sprossen und Sojasauce mischen. Mehl mit Backpulver, Salz, Chilipulver und Sesamsamen mischen.

2. Das Öl mit Eiern und Joghurt glatt rühren. Die Sprossenmischung dazugeben und mit der Mehlmischung unterheben. Den Teig in die Mulden füllen. Im Ofen (Mitte, Umluft 160°) 20–25 Min. backen. Muffins herausnehmen und leicht abgekühlt aus der Form lösen.

Tuning-Tipp Muffins vor dem Backen mit Sesamsamen bestreuen.

Vollkorn-Muffins

Körniges mit Biss
20 Min. + 25 Min. Backen
pro Stück ca. 170 kcal
11 g Fett · 5 g Eiweiß · 13 g Kohlenhydrate

ZUTATEN FÜR 1 12ER-MUFFINS-BLECH (12 STÜCK)

50 g gehackte Haselnüsse
50 g Sonnenblumenkerne · 200 g Weizenvollkornmehl
2 TL Backpulver
1 TL Salz · 1 Ei
1 EL Agavendicksaft (ersatzweise flüssiger Honig) · 100 ml Sonnenblumenöl
250 g Buttermilch
Fett für die Form

ZUBEREITUNG

1. Den Backofen auf 180° vorheizen. Die Blechmulden fetten. Haselnuss- und Sonnenblumenkerne in einer Pfanne leicht anrösten. Abkühlen lassen. Mehl mit Backpulver und Salz mischen.

2. Das Ei mit Agavendicksaft, Öl und Buttermilch glatt rühren. Die Nüsse und die Mehlmischung einrühren. Den Teig in die Blechmulden füllen. Im Ofen (Mitte, Umluft 160°) 20–25 Min. backen. Muffins herausnehmen und leicht abgekühlt aus der Form lösen.

Austausch-Tipp 100 g Weizenvollkornmehl durch 100 g Dinkelmehl (Type 1050) ersetzen.

Kräuterwaffeln

mediterran
20 Min.+ 20 Min. Backen
pro Stück ca. 365 kcal
26 g Fett · 10 g Eiweiß · 23 g Kohlenhydrate

ZUTATEN FÜR 6 STÜCK

2 Zweige Rosmarin
2 Zweige Thymian
150 g Butter · 4 Eier
100 ml Milch
200 g Dinkelmehl (Type 630)
1 TL Backpulver
Salz, Zitronenpfeffer
Öl für das Waffeleisen

ZUBEREITUNG

1. Die Kräuter waschen, trocken schütteln, Rosmarinnadeln und Thymianblättchen von den Stängeln streifen und fein hacken. Die Butter zerlassen, Kräuter unterrühren. Eier trennen. Die Eiweiße steif schlagen. Die Kräuterbutter mit Eigelben und Milch verrühren. Das Mehl mit Backpulver mischen und dazugeben. Den Eischnee unterziehen. Den Teig mit Salz und Zitronenpfeffer würzen.

2. Das Waffeleisen heiß werden lassen und mit Öl einfetten. 1–2 EL Teig auf das Waffeleisen geben und bei mittlerer Stufe nacheinander in ca. 3 Min. goldbraune Waffeln backen.

Austausch-Tipp Statt mit Milch können Sie die Waffeln auch mit Weißwein zubereiten.

Das schmeckt dazu Gurkentatar: 1 Stück Gurke (ca. 15 cm) waschen und grob raspeln. 150 g Crème fraîche mit 1 TL mittelscharfem Senf verrühren. Mit Salz und Pfeffer würzen. Gurkenraspel unterrühren und zu den Waffeln servieren.

Möhren-Curry-Waffeln

orientalisch
25 Min. + 20 Min. Backen
pro Stück ca. 415 kcal
30 g Fett · 10 g Eiweiß · 26 g Kohlenhydrate

ZUTATEN FÜR 6 STÜCK

2 Möhren (ca. 200 g)
1 Bio-Zitrone
1 TL Currypulver
1/4 TL Ingwerpulver
1 Prise gemahlener Kreuzkümmel (Cumin)
50 g gemahlene Mandeln
4 Eier · Salz
150 g weiche Butter
100 ml Mineralwasser
200 g Mehl
1 TL Backpulver
Öl für das Waffeleisen

ZUBEREITUNG

1. Die Möhren waschen, schälen und auf der Gemüsereibe grob raspeln. Zitrone heiß waschen, trocken reiben. 1 TL Schale abreiben, den Saft auspressen. Schale und Saft mit den Möhrenraspeln vermischen. Curry, Ingwer und Cumin mit den Mandeln dazugeben. Zugedeckt stehen lassen.

2. Die Eier trennen, die Eiweiße mit 1/4 TL Salz steif schlagen. Butter mit den Eigelben cremig aufschlagen. Mineralwasser und Karottenmischung unterrühren. Mehl mit Backpulver mischen, dazugeben und den Eischnee unterziehen. Das Waffeleisen heiß werden lassen und mit Öl einfetten. 1–2 EL Teig auf das Waffeleisen geben und bei mittlerer Stufe nacheinander in ca. 3 Min. goldbraune Waffeln backen.

Das schmeckt dazu Mandel-Curry-Frischkäse: 200 g Joghurt-Frischkäse mit 2–3 EL Mineralwasser und 1 Prise Currypulver verrühren. 50 g gehackte Mandeln leicht anrösten und unterheben. 1 EL gehackte Kräuter (Koriander, Petersilie) unterheben.

Kräuter-Grissini mit Pinienkernen

italienisch knabbern
30 Min. + 40 Min. Gehen
+ 12 Min. Backen
pro Stück ca. 70 kcal
3 g Fett · 2 g Eiweiß · 10 g Kohlenhydrate

ZUTATEN
FÜR 20 STÜCK

250 g Weizenmehl (Type 550)
1/2 TL Salz
1/2 Würfel frische Hefe (ca. 20 g)
je 1 EL gehackte Rosmarin- und Thymianblättchen
3 EL Olivenöl
2 EL Pinienkerne
Mehl zum Ausrollen

ZUBEREITUNG

1. Das Mehl mit dem Salz vermengen. Eine Mulde eindrücken, die Hefe hineinbröckeln und mit 5 EL lauwarmem Wasser verrühren. Zugedeckt 10 Min. stehen lassen.

2. Die Kräuter in einer trockenen Pfanne rösten, vom Herd nehmen und mit dem Öl verrühren. Die Pinienkerne grob hacken und mit 75 ml lauwarmem Wasser, Vorteig und Mehl verkneten. Kräuter mit Öl einarbeiten. Teig 30 Min. gehen lassen.

3. Den Backofen auf 220° (Umluft nicht geeignet) vorheizen. Teig auf bemehlter Fläche durchkneten, dann zu 20 langen Stangen (25–30 cm) rollen. Auf ein mit Backpapier belegtes Blech geben, in 12–15 Min. (Mitte) goldbraun backen.

Mehr draus machen Die doppelte Menge Teig zubereiten. Eine Hälfte mit dem Kräuteröl (oben), die zweite mit 50 g fein gewürfelten getrockneten Tomaten und 3 EL Tomatenöl (Glas) verkneten.

Sesamkringel

arabisch inspiriert
25 Min. + 30 Min. Kühlen
+ 2 x 25 Min. Backen
pro Stück ca. 45 kcal
3 g Fett · 1 g Eiweiß · 2 g Kohlenhydrate

ZUTATEN
FÜR 40 STÜCK

100 g Magerquark
100 g kalte Butter
100 g Mehl
Salz · Pfeffer
1 1/2 TL gemahlener Koriander
1 Ei, getrennt
80 g geschälter Sesam
Mehl zum Ausrollen

Außerdem:
2 runde Ausstechformen (Ø 5 cm und ca. 1,5 cm)

ZUBEREITUNG

1. Den Quark gut abtropfen lassen. Die Butter klein schneiden und mit dem Quark, Mehl, 1/2 TL Salz, Pfeffer und Koriander rasch zu einem glatten Teig verkneten. In Folie wickeln und 30 Min. kalt stellen.

2. Backofen auf 200° vorheizen. Teig auf der bemehlten Fläche 1/2 cm dick ausrollen. Mit der großen Ausstechform Kreise ausstechen und mit dem kleinen Ausstecher jeweils ein Loch in der Mitte ausschneiden. Eigelb mit 1 EL lauwarmem Wasser verquirlen. Die Kringel erst darin, dann in dem Sesam wenden. Auf die mit Backpapier belegten Bleche legen. Im Ofen (Mitte, Umluft 180°) nacheinander in 20–25 Min. goldbraun backen.

Variante Im östlichen Mittelmeerraum kennt man **Sesamkringel aus Hefeteig:** 250 g Mehl, 1/2 Würfel frische Hefe, 100 ml lauwarmes Wasser, etwas Zucker, Salz und 1 EL Öl verkneten. Zweimal gehen lassen. Aus dem Teig kleine Kringel formen.

Würzige Käsestangen

Hit zu Wein und Bier
35 Min. + 15 Min. Backen
pro Stück ca. 180 kcal
13 g Fett · 11 g Eiweiß · 4 g Kohlenhydrate

ZUTATEN
FÜR 16 STÜCK

2 große Platten TK-Blätterteig (150 g)
1 Ei · 2 TL Kümmel
2 TL Fenchel- oder Anissamen
1 TL Hagelsalz
50 g geriebener Emmentaler
Mehl zum Ausrollen

ZUBEREITUNG

1. Die Blätterteigscheiben nebeneinander auftauen lassen. Auf der bemehlten Fläche zu zwei Quadraten von je 24 x 24 cm ausrollen. Das Ei trennen. Blätterteig mit dem Eiweiß bestreichen.

2. Den Backofen auf 200° (Umluft 180°) vorheizen. Gewürzsamen und Salz mischen. Die Hälfte davon mit dem Käse vermengen und auf ein Teigquadrat streuen. Das zweite Quadrat darauflegen und mit der Teigrolle andrücken. Teigplatte in 1 1/2 cm breite Streifen schneiden und zu Spiralen drehen.

3. Die Stangen im Abstand von 3 cm auf ein mit Backpapier belegtes Blech geben. Mit dem Eigelb bestreichen und mit der restlichen Gewürzmischung bestreuen. Die Gewürzstangen im Ofen (Mitte) in 10–15 Min. goldgelb backen.

Ajvar-Oliven-Öhrchen

Fingerfood zum Feiern
20 Min. + 15 Min. Backen
pro Stück 60 kcal
2 g Fett · 2 g Eiweiß · 8 g Kohlenhydrate

ZUTATEN
FÜR 24 STÜCK

1 Packung eckiger Pizzateig (400 g; Kühlregal)
30 g entsteinte schwarze Oliven
150 g mildes Ajvar (rote Paprikapaste)
30 g gehackte Mandeln
Mehl zum Ausrollen
Ajvar zum Bestreichen der Oberfläche (nach Belieben)

ZUBEREITUNG

1. Den Pizzateig auf der leicht bemehlten Arbeitsfläche entrollen, Papier entfernen. Die Oliven hacken.

2. Den Backofen auf 200° (Umluft 180°) vorheizen. Teig mit Ajvar bestreichen, Mandeln und Oliven darüberstreuen. Teig von beiden Längsseiten her zur Mitte einrollen, sodass eine doppelte Schnecke entsteht. Die Rolle in fingerdicke Scheiben (ca. 1,5 cm) schneiden.

3. Die Öhrchen auf ein mit Backpapier belegtes Backblech geben, nach Belieben mit Ajvar bestreichen und im Ofen (Mitte) in 10–15 Min. goldbraun backen. Warm oder kalt servieren.

Tuning-Tipp Wer's lieber feurig hat, nimmt statt des milden Ajvars die scharf-pikante Variante der roten Paprikapaste (Glas).

Grundrezept Focaccia

ZUTATEN
FÜR 1 BACKBLECH
(8–10 STÜCKE)

500 g Mehl
1/2 TL Salz
1 Würfel frische Hefe (42 g)
100 ml Olivenöl
Mehl zum Ausrollen
Olivenöl zum Bestreichen

gut vorzubereiten | ganz einfach
20 Min. + 1 Std. 20 Min. Gehen + 15 Min. Backen

bei 10 Stücken pro Stück ca. 250 kcal
8 g Fett · 6 g Eiweiß · 37 g Kohlenhydrate

ZUBEREITUNG

1. Mehl und Salz in eine Schüssel geben. In die Mitte eine Mulde drücken. Hefe hineinbröckeln. 300 ml lauwarmes Wasser zugießen und vom Rand her untermischen. Olivenöl zugeben und alles auf der bemehlten Fläche zu einem glatten, elastischen Teig verkneten. Teig zur Kugel formen und zugedeckt an einem warmen Ort 1 Std. gehen lassen, bis er sein Volumen verdoppelt hat.

2. Erneut durchkneten, zur Kugel formen und auf einem mit Backpapier belegten Blech mit bemehlten Händen zu einem ovalen Fladen flach drücken. Mit einem Messer die Oberfläche kreuzweise einritzen, damit der Dampf beim Backen entweichen kann. Nochmals 20 Min. gehen lassen.

3. Den Backofen auf 250° (Umluft 220°) vorheizen. Den Fladen im Backofen (2. Schiene von unten) in 15 Min. goldbraun backen. Mit Olivenöl bestreichen. Zum Servieren noch lauwarm in Streifen schneiden.

Dazu schmeckt's Focaccia, die ligurische Variante der Pizza, schmeckt als Snack zum Wein.

Tuning-Tipp Klein gehackte Kräuter wie Thymian, Rosmarin oder Salbei oder fein gewürfelte Oliven, Sardellen oder Peperoni mit dem Teig verkneten. Oder mit Kräutern und grobem Salz bestreuen.

Kräuter-Fladenbrot

raffiniert | würzig
30 Min. + 1 Std. 20 Min. Gehen + 15 Min. Backen
bei 10 Portionen pro Portion ca. 290 kcal
12 g Fett · 7 g Eiweiß · 38 g Kohlenhydrate

ZUTATEN FÜR 8–10 PORTIONEN

1 Grundrezept Focaccia (oben)
1 großer Zweig Rosmarin
6 Salbeiblätter · 1 TL Fenchelsamen
40 g Pinienkerne
1–2 TL grobes Meersalz · 2 EL Olivenöl

ZUBEREITUNG

1. Den Hefeteig nach Grundrezept zubereiten und gehen lassen. Ein Blech mit Backpapier belegen. Den Teig nochmals durchkneten, halbieren und 2 ovale Laibe (40 cm lang) daraus formen. Die Teigoberflächen im Abstand von 2 cm rautenförmig einschneiden. Die Laibe mit etwas Mehl bestäuben und noch einmal 20 Min. gehen lassen.

2. Rosmarin abbrausen, Nadeln abstreifen. Salbeiblätter abreiben und grob hacken. Kräuter mit der Fenchelsaat mischen, auf den Teigfladen verteilen, Pinienkerne und Salz aufstreuen und etwas andrücken. Mit jeweils 1 EL Öl beträufeln.

3. Den Backofen auf 250° (Umluft 220°) vorheizen. Den Fladen im Ofen (2. Schiene von unten) in 15 Min. goldbraun backen. Vor dem Servieren etwas abkühlen lassen.

Das schmeckt dazu italienische Antipasti

Gefüllte Käse-Focaccia

ligurische Spezialität
60 Min. + 1 Std. 20 Min. Gehen + 15 Min. Backen
bei 30 Stücken pro Stück ca. 120 kcal
6 g Fett · 5 g Eiweiß · 12 g Kohlenhydrate

ZUTATEN FÜR CA. 30 STÜCKE

1 Grundrezept Focaccia (oben)
300 g Fontina oder Taleggio (italienischer Käse; ersatzweise Emmentaler)
1/2 Bund Basilikum · schwarzer Pfeffer
Olivenöl für das Backblech und zum Bestreichen · Mehl zum Ausrollen

ZUBEREITUNG

1. Hefeteig nach Grundrezept zubereiten. Backblech einölen. Teig nochmals durchkneten und halbieren. Eine Hälfte auf bemehlter Fläche 2–3 mm dünn etwa 2 cm größer als das Backblech ausrollen. Auf das Blech legen.

2. Den Käse klein würfeln. Basilikumblätter abzupfen und in feine Streifen schneiden. Zusammen auf dem Teig verteilen, pfeffern. Teigrand mit Olivenöl bestreichen. Die zweite Teighälfte ebenfalls dünn ausrollen, darüberlegen. Die Ränder zur Mitte einklappen mit einer Gabel festdrücken. Die Teigoberfläche mit Olivenöl einpinseln und mit einer Gabel mehrmals einstechen. Den Teig nochmals 20 Min. gehen lassen.

3. Den Backofen auf 250° (Umluft 220°) vorheizen. Den Fladen im Ofen (2. Schiene von unten) in 15 Min. goldbraun backen, dann in ca. 30 Stücke (6 x 6 cm) schneiden.

Focaccia mit Tomaten

vegetarisch | gelingt leicht
40 Min. + 1 Std. 20 Min. Gehen + 15 Min. Backen
bei 10 Portionen pro Portion ca. 280 kcal
12 g Fett · 6 g Eiweiß · 38 g Kohlenhydrate

ZUTATEN FÜR 8–10 PORTIONEN

1 Grundrezept Focaccia (oben)
200 g Kirschtomaten · 80 g schwarze Oliven · 1/2 Bund Thymian
1 TL grobes Meersalz · 3 EL Olivenöl

ZUBEREITUNG

1. Den Hefeteig nach dem Grundrezept (oben) zubereiten und gehen lassen. Teig halbieren und zwei Ovale formen. Ein Blech mit Backpapier belegten. Teig darauflegen und mit einem Kochlöffelstiel Vertiefungen in die Fladenbrote drücken.

2. Die Tomaten waschen und halbieren. Oliven abtropfen lassen. Thymian abbrausen, trocken schütteln und die Blätter von den Stielen streifen. Die Tomaten mit der gewölbten Seite nach oben, Oliven und Thymian abwechselnd in die Vertiefungen drücken. Mit Salz bestreuen und 20 Min. gehen lassen.

3. Den Backofen auf 200° (Umluft 180°) vorheizen. Brote mit 2 EL Olivenöl beträufeln. Im Ofen (Mitte) 15 Min. backen. Mit dem übrigen Öl beträufeln. In Stücke zerteilen und warm oder kalt servieren.

Das schmeckt dazu ein grüner Blattsalat

Das schmeckt auch super

Focaccia ist eine **Variante der Pizza** und kann ähnlich wie diese belegt werden: Tomatensauce aufstreichen, gehackte Sardellen und Oliven darauf verteilen, Oregano aufstreuen. Mit Olivenöl beträufeln und wie beschrieben backen. Vor dem Servieren mit Basilikumblättern bestreuen.

Kräuter-Fladenbrot (oben)

Gefüllte Käse-Focaccia (unten)

Türkisches Sesam-Fladenbrot

ganz einfach | Partyhit
35 Min. + 1 Std. 15 Min. Gehen
+ 2 x 20 Min. Backen
bei 8 Portionen pro Portion ca. 325 kcal
11 g Fett · 9 g Eiweiß · 47 g Kohlenhydrate

ZUTATEN FÜR 2 FLADENBROTE (2 BACKBLECHE)

- 500 g Mehl
- 1 Würfel frische Hefe (42 g)
- 1 TL Zucker
- 50 g Butter
- 1 TL Salz
- 2 EL Olivenöl
- 1 Eigelb
- 2 EL Sesam
- 2 TL Schwarzkümmel
- Mehl für die Arbeitsfläche

ZUBEREITUNG

1. Mehl in eine Schüssel geben, in die Mitte eine Mulde drücken. Darin die zerbröckelte Hefe, Zucker und 5 EL lauwarmes Wasser verrühren. Den Vorteig 15 Min. zugedeckt gehen lassen. Butter schmelzen, leicht abgekühlt mit 250 ml lauwarmem Wasser, Salz und Olivenöl dazugeben. Alles zu einem glatten Teig kneten. 45 Min. gehen lassen.

2. Den Backofen auf 220° (Umluft 200°) vorheizen. Teig nochmals durchkneten und in zwei Stücke teilen. Auf der bemehlten Fläche zu zwei dicken runden Fladen ausrollen. Auf je ein mit Backpapier belegtes Blech setzen, 15 Min. gehen lassen. Mit den Fingerspitzen ein Rautenmuster eindrücken. Eigelb mit 1 EL Wasser verquirlen, Fladen einpinseln. Sesam und Schwarzkümmel darüberstreuen. Im Ofen (2. Schiene von unten) in 15–20 Min. goldbraun backen.

Zwiebelbrot

würziger Klassiker
35 Min. + 1 Std. 30 Min. Gehen
+ 40 Min. Backen
pro Scheibe ca. 110 kcal
3 g Fett · 4 g Eiweiß · 17 g Kohlenhydrate

ZUTATEN FÜR 1 KASTENFORM (30 cm LANG, 20 SCHEIBEN)

- 300 g feines Weizenvollkornmehl
- 200 g feines Roggenvollkornmehl
- 1 Würfel frische Hefe (42 g)
- 1 TL flüssiger Honig
- 250 g saure Sahne
- Salz · Pfeffer
- 250 g Zwiebeln
- 1 Knoblauchzehe
- 2 EL Olivenöl
- 1 TL Kräuter der Provence
- Fett und Mehl für die Form

ZUBEREITUNG

1. Weizen- und Roggenmehl mischen. Eine Mulde in die Mitte drücken, Hefe hineinbröckeln. Mit Honig und 100 ml lauwarmem Wasser verrühren. Abgedeckt 15 Min. gehen lassen. Saure Sahne, 50 ml lauwarmes Wasser, 2 TL Salz und 1 TL Pfeffer dazugeben. Alles gut verkneten. Zugedeckt 45 Min. gehen lassen.

2. Zwiebeln und Knoblauch schälen, klein würfeln und im Öl glasig dünsten. Abgekühlt samt Bratfett und Kräutern unter den Teig kneten. Form einfetten und mit Mehl bestäuben. Teig in die Form legen, mehrmals schräg einschneiden und 30 Min. gehen lassen.

3. Den Backofen auf 200° vorheizen. Das Brot mit Mehl bestäuben und in 40 Min. (Mitte, Umluft 180°) goldbraun backen.

Das schmeckt dazu Salate, kräftige Wurst- und Käsesorten, Schmalz mit Frühlingszwiebeln oder Schnittlauch.

Baguette

gelingt leicht
30 Min. + 13 Std. 40 Min. Gehen
+ 30 Min. Backen
pro Scheibe ca. 50 kcal
< 1 g Fett · 2 g Eiweiß · 10 g Kohlenhydrate

ZUTATEN FÜR 3 BROTE (60 SCHEIBEN)

250 g feines Weizenvollkornmehl
600 g Mehl
1 Würfel frische Hefe (42 g) · 2 TL Salz
Mohn und Sesam (nach Belieben)
Mehl für die Arbeitsfläche

ZUBEREITUNG

1. Am Vortag 150 g Vollkornmehl, 200 g Mehl, 20 g Hefe und 300 ml lauwarmes Wasser verrühren. Abgedeckt gehen lassen.

2. Am nächsten Tag übriges Vollkornmehl und Mehl, restliche Hefe, Salz und 200 ml lauwarmes Wasser mischen. 10 Min. gehen lassen. Den Vorteig dazugeben und alles auf der bemehlten Fläche zu einem glatten Teig verkneten. Zugedeckt 30 Min. gehen lassen.

3. Ofen auf 220° vorheizen. Teig dritteln und aus jedem Stück eine ca. 35 cm lange Stange rollen. Auf ein mit Backpapier belegtes Blech geben. Abgedeckt 60 Min. gehen lassen.

4. Brote im Abstand von 5 cm schräg einritzen. Nach Belieben mit Mohn oder Sesam bestreuen. Im Ofen (2. Schiene von unten, Umluft 200°) 30 Min. backen, dabei eine Schale mit kaltem Wasser auf den Ofenboden stellen.

Buchweizen-Walnuss-Brot

herzhaft | gästefein
20 Min. + 1 Std. 15 Min. Gehen
+ 2 x 25 Min. Backen
bei 20 Scheiben pro Scheibe ca. 180 kcal
7 g Fett · 5 g Eiweiß · 24 g Kohlenhydrate

ZUTATEN FÜR 2 BROTE (2 BACKBLECHE)

500 g feines Weizenvollkornmehl
150 g Buchweizenmehl
3/4 Würfel frische Hefe (ca. 30 g)
1 gehäufter TL Salz
1 Päckchen Natursauerteig
150 g grob gehackte Walnüsse
2 EL Walnussöl
Mehl zum Formen

ZUBEREITUNG

1. Beide Mehle in einer Schüssel mischen. In die Mitte eine Mulde drücken, die Hefe hineinbröckeln, mit 5 EL lauwarmem Wasser verrühren. Salz und Sauerteig dazugeben. Alles gut verkneten, dabei noch 250 ml lauwarmes Wasser, Nüsse und Öl einarbeiten. Den Teig an einem warmen Ort 45 Min. gehen lassen.

2. Teig auf bemehlter Fläche durchkneten, halbieren und zu je einem Laib (ca. 25 cm lang) formen. Auf zwei mit Backpapier belegte Bleche legen. Oberfläche mit einem Messer gitterförmig einritzen. Abgedeckt an einem warmen Ort 30 Min. gehen lassen.

3. Ofen auf 200° vorheizen. Eine ofenfeste Schale mit kochend heißem Wasser hineinstellen. Die Brote im Ofen (Mitte, Umluft 180°) 20–25 Min. backen.

Das schmeckt dazu Butter, Wein, Käseplatte und Trauben

Grundrezept Partybrötchen

Selbermachen lohnt sich

30 Min. + 60 Min. Gehen + 25 Min. Backen

pro Stück ca. 190 kcal

1 g Fett · 7 g Eiweiß · 38 g Kohlenhydrate

ZUTATEN FÜR 12 STÜCK

600 g Weizenmehl (Type 550)
1 TL Salz · 250 ml Buttermilch
1 Würfel frische Hefe (42 g)
1 TL Honig
2 EL Milch zum Bestreichen
1 EL Sesam zum Bestreuen
Mehl zum Arbeiten

ZUBEREITUNG

1. Das Mehl mit Salz in einer Schüssel vermischen. Die Buttermilch leicht erwärmen. Hefe zerbröckeln und darin auflösen. Honig unterrühren. Hefemischung zu dem Mehl geben und zu einem glatten, geschmeidigen Teig verkneten und leicht mit Mehl bestäuben. Teig mit einem Tuch bedecken und an einem warmen Ort ca. 45 Min. gehen lassen.

2. Den Backofen auf 200° vorheizen. Ein Blech mit Backpapier belegen. Den Teig auf bemehlter Arbeitsfläche nochmals gründlich durchkneten. In 12 gleich große Stücke teilen und zu Brötchen formen. Die Brötchen mit etwas Abstand auf das Blech legen. Mit einem Tuch bedecken und nochmals 15 Min. gehen lassen. Die Brötchen kreuzweise einschneiden. Mit Milch bestreichen und mit Sesam bestreuen. Im Ofen (Mitte, Umluft 180°) ca. 25 Min. backen. Herausnehmen, mit dem Papier vom Blech ziehen und abkühlen lassen.

Austausch-Tipp Buttermilch können Sie durch Kefir, Joghurt oder Milch ersetzen und 300 g Mehl durch Dinkelmehl oder Weizenvollkornmehl.

Varianten

Frischkäsebrötchen Den Teig wie im Grundrezept zubereiten, zusätzlich 100 g Kräuterfrischkäse unterkneten. Brötchen mit Milch bestreichen und nach Belieben noch mit fein gehackten Kräutern (z. B. Rosmarin oder Thymian) bestreuen.

Olivenbrötchen Je 50 g schwarze und grüne Oliven entsteinen und in Scheiben schneiden. Mit 1 EL Olivenöl vermischen und unter den Teig kneten. 12 Brötchen formen, gehen lassen. Mit 1 EL Olivenöl bestreichen und wie im Grundrezept angegeben backen.

Brötchenkranz

Sonnenblumenbrötchen

Frühstücksfreuden | gut vorzubereiten
30 Min. + 60 Min. Gehen + 30 Min. Backen

pro Stück ca. 200 kcal
3 g Fett · 8 g Eiweiß · 35 g Kohlenhydrate

ZUTATEN FÜR 12 STÜCK

4 EL Sonnenblumenkerne
300 g Weizenmehl (Type 550) · 300 g Weizenvollkornmehl · 1/2 TL Salz · 1 TL gemahlener Koriander · 1 Würfel Hefe
250 ml lauwarme Milch
1 TL Honig
Mehl zum Arbeiten

ZUBEREITUNG

1. 2 EL Sonnenblumenkerne grob hacken. Die Mehle mit gehackten Sonnenblumenkernen, Salz und Koriander mischen. Hefe zerbröseln, mit Milch und Honig verrühren, zu dem Mehl geben. Den Teig auf bemehlter Arbeitsfläche zu einem glatten, geschmeidigen Teig verkneten. Leicht mit Mehl bestäuben und zugedeckt 45 Min. gehen lassen.

2. Backofen auf 200° vorheizen. Ein Blech mit Backpapier belegen. Den Teig nochmals durchkneten, 12 runde Brötchen formen, auf das Backblech legen, zugedeckt 15 Min. gehen lassen. Brötchen mit Wasser bestreichen und mit Sonnenblumenkernen bestreuen. Im Ofen (Mitte, Umluft 180°) 25–30 Min. backen.

Einfrier-Tipp Die Brötchen backen, abkühlen lassen. In eine Gefrierbox oder einen Gefrierbeutel geben und einfrieren. Brötchen vor dem Servieren 20 Min. auftauen lassen und im Ofen bei 100° 5 Min. erwärmen.

Brötchenkranz

für die große Runde | zum Mitnehmen
30 Min. + 60 Min. Gehen + 30 Min. Backen
pro Stück ca. 185 kcal
1 g Fett · 7 g Eiweiß · 36 g Kohlenhydrate

ZUTATEN FÜR 12 STÜCK

400 g Weizenmehl (Type 550) · 200 g Dinkelmehl (Type 1050)
1 TL Salz · 1/2 TL Anispulver · 1 Würfel Hefe · 250 g lauwarmer Kefir · 1 TL Honig

Zum Bestreuen:
Je 1/2 TL Samen, Kerne, Amaranth oder Haferflocken nach Wahl
Mehl zum Arbeiten

ZUBEREITUNG

1. Die Mehle mit Salz und Anis in einer Schüssel mischen. Hefe zerbröseln, mit Kefir und Honig verrühren, zum Mehl geben und zu einem glatten Teig verkneten. Leicht mit Mehl bestäuben und zugedeckt 45 Min. gehen lassen.

2. Auf bemehlter Fläche durchkneten, 12 Brötchen formen. Ein Blech mit Backpapier belegen. Die Brötchen dicht zu einem Kranz zusammensetzen. 15 Min. gehen lassen.

3. Den Backofen auf 200° vorheizen. Brötchen mit Wasser bestreichen und mit Samen, Kernen, Amaranth und Haferflocken – ganz nach Belieben – bestreuen. Im Ofen (Mitte, Umluft 180°) 25–30 Min. backen.

Kornspitz

körniger Genuss
30 Min. + 60 Min. Gehen + 30 Min. Backen
pro Stück ca. 180 kcal
2 g Fett · 7 g Eiweiß · 34 g Kohlenhydrate

ZUTATEN FÜR 12 STÜCK

300 g Dinkelmehl (Type 1050) · 300 g Roggenschrot · 1 EL Leinsamenschrot · 1 EL kernige Haferflocken · 1 TL Salz
1/2 TL Koriander
1/2 TL geriebene Muskatnuss · 1 Würfel Hefe
125 ml lauwarme Milch
1 TL Honig · Mehl zum Arbeiten · Roggenschrot zum Bestreuen

ZUBEREITUNG

1. Dinkelmehl und Roggenschrot in einer Schüssel mischen. Leinsamen, Haferflocken, Salz und Gewürze dazugeben. Die Hefe zerbröseln, mit Milch, 125 ml lauwarmem Wasser und dem Honig verrühren, zum Mehl geben und zu einem glatten, geschmeidigen Teig verkneten. Leicht mit Mehl bestäuben und zugedeckt 45 Min. gehen lassen.

2. Ofen auf 200° vorheizen. Ein Blech mit Backpapier belegen. Teig nochmals durchkneten. 12 längliche Brötchen formen und auf das Backblech legen. Zugedeckt 15 Min. gehen lassen. Brötchen mit einem Messer schräg dreimal einschneiden. Mit Wasser bestreichen und mit etwas Roggenschrot bestreuen. Im Ofen (Mitte, Umluft 180°) 25–30 Min. backen.

Kinder machen mit

→ **Hefe-Mäuse** Lassen Sie die Kinder aus dem Teig [→ Grundrezept S. 142] 12 Kugeln formen und diese mit Eigelb-Milch bestreichen. Dann werden 2 Haselnüsse oder Rosinen für die Augen hineingedrückt, abgezogene halbierte Mandeln für die Ohren aufgesteckt. Ein Stück Paketschnur wird der Schwanz.

→ **Krokodil** Aus dem Teig [→ Grundrezept S. 142] 12 Kugeln formen. 8 Kugeln der Länge nach aneinandersetzen. Für den Kopf die Kugel flach drücken, zum Maul formen und etwas einschneiden. Für die Füße vier Teigkugeln etwas flach drücken und seitlich an den Körper ansetzen. 1 Eigelb mit 2 EL Milch verrühren. Das Krokodil damit bestreichen. Für die Augen Pistazienkerne, Rosinen oder Haselnüsse verwenden.

Pizzetti – Minipizzen

bunt, klein, superlecker
20 Min. + 13 Min. Backen
pro Stück ca. 155 kcal
5 g Fett · 6 g Eiweiß · 21 g Kohlenhydrate

ZUTATEN
FÜR 10 STÜCK

- 400 g Pizzateig (Kühlregal)
- 100 g Zucchini
- 200 g Tomaten
- 125 g Mozzarella
- Salz · Pfeffer
- 1 TL getrockneter Oregano
- 200 g Pizzasauce mit Oregano (Dose)
- 10 Basilikumblätter zum Garnieren
- Mehl zum Ausrollen

Außerdem:
runde Ausstechform (Ø 10 cm)

ZUBEREITUNG

1. Den Pizzateig auf der bemehlten Arbeitsfläche entrollen. Mit der Ausstechform zehn Kreise ausschneiden und diese auf ein mit Backpapier belegtes Blech geben.

2. Die Zucchini waschen und putzen. Die Tomaten waschen, vierteln und entkernen. Zucchini, Tomaten und Mozzarella in kleine Würfel schneiden. Alles mischen, mit Salz, Pfeffer und Oregano würzen.

3. Den Backofen auf 200°(Umluft nicht geeignet) vorheizen. Pizzasauce auf die Teigfladen streichen, Gemüse-Käsemasse darauf verteilen. Im heißen Ofen (2. Schiene von unten) 12–13 Min. backen. Mit je 1 Basilikumblatt garnieren.

Mehr draus machen Die doppelte Menge Mini-Pizzen zubereiten und als Appetizer zu einem Glas Prosecco reichen.

Schinken-Käse-Croissants

Kinder lieben sie
20 Min. + 15 Min. Backen
pro Stück ca. 320 kcal
22 g Fett · 18 g Eiweiß · 15 g Kohlenhydrate

ZUTATEN
FÜR 6 STÜCK

- 1 Packung Frischteig für 6 Croissants (250 g; Kühlregal)
- 3 Scheiben gekochter Schinken (à 50 g)
- 175 g Emmentaler
- 4 Zweige Petersilie
- 30 g Sonnenblumenkerne · 1 Eigelb

ZUBEREITUNG

1. Die Teigdreiecke aus der Packung nehmen und auf die Arbeitsfläche legen. Schinkenscheiben halbieren, je 1/2 Scheibe auf jedes Dreieck legen. Käse grob raspeln, 2 EL abnehmen. Petersilie waschen, abzupfen und hacken. Käse, Petersilie und Kerne mischen, auf dem Schinken verteilen. Teigdreiecke von der kurzen Seite her über der Füllung zur Spitze hin aufrollen, zu Hörnchen formen.

2. Den Backofen auf 200° (Umluft 180°) vorheizen. Das Eigelb und 1 EL Wasser verquirlen und die Hörnchen damit bestreichen. Auf ein mit Backpapier belegtes Blech setzen. Mit den restlichen Käseraspeln bestreuen. Im Ofen (2. Schiene von unten) in 10–15 Min. goldbraun backen.

Back-Tipp Die kurze Seite der Teigdreiecke in der Mitte ca. 2 cm tief einschneiden, so entsteht beim Aufrollen eine schöne Hörnchenform.

Spinat-Törtchen

herzhafter Snack
25 Min. + 25 Min. Backen
pro Stück ca. 175 kcal
13 g Fett · 5 g Eiweiß · 11 g Kohlenhydrate

ZUTATEN FÜR 1 12ER-MUFFINS-BLECH (12 STÜCK)

300 g TK-Blätterteig
3 Schalotten
2 Knoblauchzehen
1 EL Butter
250 g aufgetauter TK-Blattspinat
Salz · Pfeffer
geriebene Muskatnuss
30 g Pinienkerne
3 Eier · 200 ml Milch
50 g geriebener Gouda
Mehl für die Arbeitsfläche
Fett für die Form

Außerdem:
runde Ausstechform (Ø 11 cm)

ZUBEREITUNG

1. Die Blätterteigplatten nebeneinanderlegen und auftauen lassen. Schalotten und Knoblauch schälen und fein würfeln, in der Butter glasig dünsten. Spinat zufügen und 5 Min. mitdünsten, gelegentlich umrühren. Mit Salz, Pfeffer und Muskat würzen. Die Pinienkerne untermischen.

2. Die Blätterteigplatten aufeinanderlegen und auf der bemehlten Arbeitsfläche auf ca. 45 x 35 cm ausrollen. Mit der Ausstechform 12 Kreise ausschneiden und in die gefetteten Mulden des Muffinsblechs legen.

3. Den Backofen auf 200° (Umluft nicht empfehlenswert) vorheizen. Die Spinatmasse in die Mulden verteilen. Die Eier mit Milch verquirlen, salzen und pfeffern. Über den Spinat geben, mit Gouda bestreuen. Im Ofen (2. Schiene von unten) 20–25 Min. backen.

Tuning-Tipp Zusätzlich 30 g getrocknete Tomaten in Öl, fein gewürfelt, unter den Spinat mischen.

Brötchen mit Salami-Paprika-Füllung

Partyhit | auch fürs Picknick
20 Min. + 10 Min. Backen
pro Stück ca. 165 kcal
4 g Fett · 6 g Eiweiß · 28 g Kohlenhydrate

ZUTATEN FÜR 12 STÜCK

2 Packungen Frischteig für Sonntags-Brötchen (je 330 g; Kühlregal)
1 rote Spitzpaprikaschote (ca. 75 g)
80 g Salami (in dicken Scheiben)
20 g entsteinte schwarze Oliven
Salz · Pfeffer
1 TL getrockneter Thymian
1 Eigelb · 1 EL Milch
Mohn zum Bestreuen

ZUBEREITUNG

1. Die Brötchen aus der Packung nehmen. Die Paprika waschen, putzen und klein würfeln. Salami und Oliven ebenfalls in kleine Würfel schneiden. Alles mischen, mit wenig Salz, Pfeffer und Thymian würzen.

2. Den Backofen auf 200° (Umluft 180°) vorheizen. Jede Teigkugel zu einer runden Platte (Ø 8–10 cm) flach drücken und je 1 EL Füllung in die Mitte setzen. Wieder zu einer Kugel formen und mit Abstand auf ein mit Backpapier belegtes Blech setzen. Eigelb mit Milch verquirlen und die Brötchen damit bestreichen. Mit Mohn bestreuen. Im Ofen (Mitte) 8–10 Min. backen.

Tuning-Tipp **Mettfüllung:** 150 g Mett mit 1 fein gehackten weißen Zwiebel und etwas Pfeffer mischen und statt der Paprika-Salami-Mischung in die Brötchen füllen.

Kinder machen mit Kinder dürfen die Brötchen nach eigenem Geschmack mit Samen oder Kernen bestreuen.

Gemüse-Frischkäse-Creme

Erfrischendes aufs Brot
25 Min.
pro Portion ca. 230 kcal
19 g Fett · 8 g Eiweiß · 5 g Kohlenhydrate

ZUTATEN FÜR 4 PORTIONEN

1/2 rote Paprikaschote
1/2 gelbe Paprikaschote · 1 Stange Staudensellerie
1 EL Pinienkerne
2 EL Olivenöl
1 EL Apfelessig
200 g Joghurt-Frischkäse
100 g Crème fraîche
1/2 TL Cayennepfeffer · Salz
3 Stängel Petersilie

ZUBEREITUNG

1. Paprika putzen, waschen und in winzige Würfel schneiden. Sellerie waschen, entfädeln und in feine Scheiben schneiden. Pinienkerne in einer Pfanne ohne Fett anrösten und aus der Pfanne nehmen. Olivenöl in die Pfanne geben, leicht erhitzen, das Gemüse darin kurz andünsten. Mit Essig vermischen.

2. Frischkäse mit Crème fraîche, Cayennepfeffer und Salz verrühren. Gemüse und Pinienkerne unterheben. Petersilie waschen, trocken schütteln. Die Blättchen von den Stängeln streifen. Blättchen nicht zu fein hacken und vor dem Servieren unter die Creme ziehen. Dazu schmeckt Roggenbrot.

Speed-Tipp Klein gewürfeltes Gemüse mit 2 EL Olivenöl und 1 EL Apfelessig vermischen und roh unter die Frischkäsecreme rühren.

Austausch-Tipp Crème fraîche durch 100 g Joghurt ersetzen.

Rucola-Kartoffelcreme

würzig-streichfein
25 Min.
pro Portion ca. 100 kcal
7 g Fett · 2 g Eiweiß · 6 g Kohlenhydrate

ZUTATEN FÜR 6 PORTIONEN

2 gekochte Pellkartoffeln (250 g)
1 Knoblauchzehe
2 EL Olivenöl
1 kleines Bund Rucola
2 Stängel Basilikum
200 g Sauerrahm
2 EL Zitronensaft
Salz, Pfeffer

ZUBEREITUNG

1. Kartoffeln schälen, durch die Presse drücken. Knoblauchzehe schälen, durch die Presse drücken oder in kleine Würfel schneiden. Mit den Kartoffeln und Olivenöl verrühren.

2. Rucola und Basilikum waschen und trocken schütteln, von den Stielen zupfen und grob hacken. Mit Sauerrahm und Zitronensaft im Mixer pürieren, mit der Kartoffelcreme vermischen. Salzen und pfeffern. Die Rucolacreme mit kräftigem Bauernbrot servieren.

Varianten Pellkartoffeln mit Knoblauchzehe durch die Presse drücken. Mit 200 g Sauerrahm glatt rühren, mit Salz und Pfeffer würzen. 1 EL Kapern und 1 EL Zitronensaft unter die Creme rühren. Nach Belieben 1 EL gehackte grüne oder schwarze Oliven oder 1 ganz fein gehackte Sardelle oder 1 frische grüne Chilischote, entkernt und fein gewürfelt, unter die Creme rühren.

Nuss-Ricotta-Creme

Aufstrich mit Biss
25 Min.
pro Portion ca. 480 kcal
43 g Fett · 13 g Eiweiß · 11 g Kohlenhydrate

ZUTATEN FÜR 4 PORTIONEN

50 g Pekannüsse
100 g Cashewkerne
250 g Ricotta (italienischer Frischkäse)
150 g Crème fraîche
1 TL Dijon-Senf
Salz, Zitronenpfeffer

ZUBEREITUNG

1. Die Pekannüsse fein mahlen. Cashewkerne grob hacken. Ricotta mit Crème fraîche und Dijon-Senf cremig rühren.

2. Gemahlene Pekannüsse und gehackte Cashewkerne unterrühren. Die Creme mit Salz und Zitronenpfeffer würzen. Sie passt gut zu Dinkelbrot oder Pumpernickel.

Tuning-Tipp 1 EL Sherry oder Wermut unter die Nusscreme rühren.

Variante **Kürbiscreme:** 50 g Kürbiskerne fein mahlen. 50 g gehackte Haselnüsse leicht anrösten, abkühlen lassen. 250 g Ricotta mit 150 g Crème fraîche und 1 TL Dijon-Senf verrühren. Kürbiskerne und Haselnüsse unterrühren. Mit Salz und Zitronenpfeffer würzen. 25 g ganze Kürbiskerne unterheben.

Variante **Schnelle Nusscreme für Kinder:** 100 g Erdnusscreme (Glas) mit 100 g Quark und 1 EL Agavendicksaft (oder Honig) verrühren. Mit Vollkorn-Grissini servieren.

Kräuter-Salsa

grünes Aromawunder
25 Min.
pro Portion ca. 265 kcal
27 g Fett · 5 g Eiweiß · 1 g Kohlenhydrate

ZUTATEN FÜR 4 PORTIONEN

1 Bio-Zitrone
2 Bund Petersilie
1 Bund Basilikum
50 g Pecorino
50 g gemahlene Mandeln
6 EL Olivenöl (75 ml)
Salz

ZUBEREITUNG

1. Die Zitrone heiß waschen, trocken reiben, 1 TL Schale abreiben. Den Saft auspressen. Petersilie und Basilikum waschen und zwischen Küchenpapier trocknen. Die Blättchen abzupfen und grob hacken. Den Käse reiben.

2. Die Kräuter mit Käse, Mandeln, Zitronenschale und 3 EL Öl im Mixer oder im Blitzhacker fein pürieren. In eine Schüssel füllen. Restliches Öl und 1 EL Zitronensaft dazugeben und zu einer cremigen Masse verrühren. Mit Salz abschmecken.

Austausch-Tipp Mandeln durch gehackte Haselnüsse, Pistazien oder Pinienkerne ersetzen. Statt Olivenöl können Sie auch Rapsöl oder Sonnenblumenöl nehmen. Statt Zitrone 1 Bio-Orange nehmen.

Variante **Kräuterquark:** 200 g Magerquark mit 2 EL Mineralwasser und 1 EL Kräuter-Salsa verrühren. Mit Meersalz und Cayennepfeffer abschmecken. Gut schmeckt dazu Sonnenblumenbrot oder Roggenbrot.

Feste feiern

möchten wir mit Ihnen! Und haben deshalb was Schönes für Sie **angerichtet:** ein herrliches Torten- und Kuchenbüfett mit den beliebtesten **Naschereien** für liebe Freunde und nette Verwandte – von Donauwellen bis Schokoladentorte. Auch dabei: viele Tipps für fröhliche **Kindergeburtstage** und Rezeptideen fürs Osterfest. Dazu lüften wir **Geheimnisse** aus der

Weihnachtsbäckerei. Das Schönste dabei: **Alles gelingt** ganz unkompliziert und lässt sich super vorbereiten. Denn wir möchten als Gastgeber ja nicht in Stress geraten. Sondern ganz **entspannt mitfeiern!**

Büfettstars gesucht!

→ **Achten Sie auf Abwechslung** Geschmack, Form, Konsistenz und Kalorienzahl der Kuchen sollten variieren. Bieten Sie z. B. neben Obstkuchen vom Blech auch trockenen Kastenkuchen an, neben üppiger Torte auch eine »Light-Version«. Im Mai und Juni sind Erdbeerkuchen ein Muss, im Sommer frische Beeren.

→ **Besonders büfett-taugliche Exemplare** finden Sie auf den nächsten Seiten. Wählen Sie ansonsten Leckereien, die sich gut vorbereiten lassen: Nuss- oder Zucchinikuchen (Rezepte S. 24, 27) kann in Alufolie verpackt ein bis zwei Tage durchziehen, ebenso der Möhrenkuchen (Variante auf S. 58). »Kühlschrank-Torten« können Sie zubereiten, während der Ofen mit anderem Gebäck heiß läuft. Gut geeignet sind Kuchen, deren Böden Sie am Vortag in Ruhe backen können. Obst drauflegen, Sahnerosetten aufspritzen oder Schokosplitter aufstreuen – das können Sie dann am Festtag noch schnell erledigen.

→ **Rechnen Sie großzügig** 3–4 Stückchen pro Person. Da die meisten Gäste gern vieles probieren, dürfen die Stückchen ruhig kleiner ausfallen.

Deko-Tipps vom Profi

→ **Taufe, Geburtstag oder Familienfest?** Planen Sie ein Büffet, wenn Sie nachmittags mehr als zehn Gäste erwarten.

→ **Platz da!** Wenn Sie keinen großen Büffettisch besitzen, improvisieren Sie: Kommode oder Arbeitsfläche in der Küche frei räumen, einen Tapezier- oder Biertisch aufstellen oder mehrere kleine Tische zu einer größeren Fläche arrangieren. Mit Büchern und umgedrehten Schüsseln verschiedene Ebenen schaffen. Als Tischdecke Bettlaken, Papierbahnen, Lackfolie, ausrangierten Strandpareo oder Sarong drüberwerfen. In Kaufhäusern finden Sie oft preiswerte Dekostoffreste, die sich raffen und arrangieren lassen.

→ **Coffeeshop-Look** Blüten je nach Jahreszeit aufs Büfett streuen, z. B. von Margeriten und Gänseblümchen. Dazwischen Kerzen im Kaffeebett aufstellen: Kleine Gläser jeweils zur Hälfte mit Zucker oder Kaffeepulver füllen. Obendrauf Kaffeebohnen streuen und ein Teelicht hineinsetzen.

→ **Turbo-Romantik-Deko** Rosenblätter und Wasserschalen mit Rosenblüten auf der Tafel verteilen.

→ **Cooler Sockel für Cremetörtchen** Gefrostete Kühlelemente mit Alufolie umwickeln. Darauf eine Servierplatte aus Metall legen – ideal für süße Schlemmereien mit Sahne, Ricotta oder Joghurt.

→ **Kaltschale** Eine große Glasschale mit Eiswürfeln füllen. Schlagsahne in einer kleinen Schüssel hineinstellen.

→ **Löffel, Messer & Tortenheber** nicht vergessen: Damit Ihre Gäste sich das Stückchen ihrer Wahl selbst abschneiden, auf den Teller heben und mit einem Klecks Schlagsahne dekorieren können. Bei großen Büfetts auch eine Schüssel mit Wasser bereitstellen. So können Sie die Messer immer wieder anfeuchten – Tortenstücke lassen sich dann besser schneiden.

→ **Papierkram** Legen Sie eine Menge Servietten bereit. Denn viele Kuchen lassen sich beim Plaudern einfach aus der Hand naschen.

→ **Lassen Sie sich helfen** Mütter und Omas, Freundinnen oder Kolleginnen bringen gern einen Kuchen mit. Bieten Sie beispielsweise an, dass Sie Zutaten aus dem Großmarkt mitbringen.

Kuchen übrig?

→ **Reste unter die Haube** Für Torten und Kastenkuchen gibt's praktische Boxen in jedem Kaufhaus und vielen Supermärkten. Über Napfkuchen oder Gugelhupf einfach eine große Schüssel drüberstülpen. Alles mit sahniger Creme unbedingt kühl stellen. Muffins und Rührkuchenstückchen in Gefrierbeutel verpacken und einfrieren. Später im vorgeheizten Backofen bei 200° kurz auftauen lassen. Schmecken wie frisch gebacken!

→ **Give-aways** Geben Sie Ihren Gästen zum Abschied ein Stückchen Lieblingstorte mit auf den Weg – als süße Erinnerung an ein schönes Fest. Dafür schon vorher Pappteller und Papiertüten bereitstellen.

→ **Krümelparty** Laden Sie Nachbarn, Freunde und Helfer am Tag danach zum Restenaschen ein.

Und dazu?

→ **Kaffee ist Kult!** Doch Dosenmilch ist out. Stellen Sie stattdessen heiße geschäumte Milch aufs Büfett: Dazu H-Milch erhitzen. Kleine Menge mit dem Mini-Quirl aufschäumen. Große Mengen besser in einem großen Topf mit dem Schneebesen aufschlagen. Milch plus Schaum in Karaffen umfüllen und mit Schöpflöffel servieren. So kann sich jeder bedienen.

→ **Espressobar** Besitzen Sie eine Espressomaschine? Mit einem Klecks aufgeschäumter Milch wird ein Tässchen des schwarzen Muntermachers zum **Espresso macchiato,** mit einem Schuss Amaretto, Grappa oder Sambuca zum **Caffé corretto.** Für **Cappuccino Espresso** heiße Milch und Milchschaum in eine große Tasse geben und mit dunklem Kakaopulver bestreuen. Für **Latte macchiato** reichlich heiße Milch plus Milchschaum in Gläser füllen, einen kleinen Espresso reingießen und warten, bis sich drei Schichten bilden.

→ **Teatime** Teetrinker freuen sich über feinen **Darjeeling,** der gut zu zartem Gebäck passt, oder **Assam,** der mit kräftigen Kuchen harmoniert. Für Genießer lose Blätter statt Beutel aufbrühen – pro Tasse 1 TL plus 1 TL für die Kanne. Im Sommer erfrischt **Minztee** Ihre Gäste: Für vier Portionen 3–4 TL Grüntee mit 90° heißem Wasser übergießen, 1–2 Min. ziehen lassen. Inzwischen 4 Stängel Minze in eine zweite Kanne geben, einige Blättchen zerquetschen, Zucker nach Wunsch drüberstreuen. Grüntee durch ein Sieb darübergießen und nochmals 3 Min. ziehen lassen. Für 1 l Original **American Icetea** 2 Bio-Zitronen spiralförmig abschälen. Saft auspressen. Reichlich Eiswürfel in eine Karaffe geben. 500 ml starken, heißen Schwarztee darauf abseihen. Mit Zitronensaft und 2–4 EL Zucker mischen. Schockgekühlten Tee jeweils auf Eiswürfeln mit 1 Stück Zitronenspirale servieren.

→ **In Sektlaune** Stellen Sie für große Gäste Prosecco, Champagner oder trockenen Sekt kalt. Oder servieren Sie einen **Beeren-Cocktail** als fruchtigen Aperitif: Dafür Walderdbeeren oder kleine Himbeeren putzen, in Grand Marnier marinieren, 1 EL in ein Sektglas geben und mit eiskaltem Prosecco auffüllen.

Coole Softdrinks

An unserer Milchbar dürfen sich kleine Kuchenfans gern bedienen. Die Drinks schmecken super zu Cookies und Muffins und liefern nebenbei auch Vitamine, Kalzium und wertvolle Mineralstoffe.

→ **Milky Heidelbeer** 200 g frische Heidelbeeren mit 200 ml Milch, 150 g Dickmilch und 2 EL Agavendicksaft oder 1 EL Puderzucker im Mixer schaumig mixen und in Gläser füllen.

→ **Himbeer-Smoothy** 200 g Himbeeren mit 2 EL Honig und 2 Löffelbiskuits im Mixer pürieren. 100 ml Mich und 200 g Joghurt dazugeben und schaumig mixen. In Gläser füllen. Die Gläser mit Fruchtspießchen und Minze garnieren.

→ **Bananen-Schaum** 2 Bananen mit 2 EL Ahornsirup, 1 EL Zitronensaft und 400 ml Buttermilch im Mixer schaumig schlagen und in Gläser füllen.

→ **Beeren-Kefir** 200 g Erdbeeren mit 2 EL Agavendicksaft oder 1 EL Puderzucker, 100 ml Mich und 200 g Kefir im Mixer schaumig schlagen und in Gläser füllen.

Beliebter Oldie: Kleckskuchen

Hefeteig [→ S. 44] zubereiten, auf das Blech legen. Darauf kommen in Klecksen ein Quark-, Mohn- und Konfitürenbelag. Im heißen Backofen (Mitte) bei 180° (Umluft 160°) 30 Min. backen. Für die Quarkmasse 500 g Magerquark mit 50 g Zucker, 1 Ei, 1/2 TL abgeriebener Bio-Zitronenschale und 2 EL flüssiger Butter verrühren. Für den Mohnbelag 250 ml Milch mit je 50 g Butter, Zucker und Rosinen erhitzen. 200 g gemahlenen Mohn und 1 TL Speisestärke vermischen und einrühren, 3 Min. köcheln lassen. Für den Kirschbelag 300 g Kirschkonfitüre verrühren.

Donauwellen

Liebling der Nation
60 Min. + 30 Min. Backen
pro Stück ca. 450 kcal
29 g Fett · 6 g Eiweiß · 41 g Kohlenhydrate

ZUTATEN FÜR 1 TIEFES BLECH (20 STÜCKE)

Für den Teig:
350 g weiche Butter · 250 g Zucker
1 Päckchen Vanillezucker · 1 Prise Salz
6 Eier · 350 g Mehl · 4 TL Backpulver
2 EL dunkles Kakaopulver
1 Glas Sauerkirschen (350 g Abtropfgewicht)
Fett für das Backblech

Für die Füllung:
1 Päckchen Vanillepuddingpulver
1/2 l Milch · 100 g Puderzucker
1 Päckchen Vanillezucker · 150 g Butter

Außerdem:
200 g dunkle Kuvertüre
50 g Kokosfett

ZUBEREITUNG

1. Für den Teig die Butter cremig rühren. Nach und nach Zucker, Vanillezucker, Salz und Eier unterrühren. Mehl und Backpulver vermischen, unterrühren. Teig halbieren, die Hälfte davon mit dem Kakaopulver verrühren.

2. Ofen auf 180° vorheizen. Die Fettpfanne einfetten. Hellen Teig daraufstreichen, dunklen Teig darübergeben und glatt streichen. Kirschen abtropfen lassen, auf dem Teig verteilen. Kuchen im Ofen (Mitte, Umluft 160°) 30 Min. backen, herausnehmen und erkalten lassen.

3. Für die Füllung das Puddingpulver mit 4 EL Milch verquirlen. Die übrige Milch mit 50 g Puderzucker und Vanillezucker aufkochen. Puddingpulver hineinrühren, unter weiterem Rühren einmal aufkochen und erkalten lassen. Ab und zu umrühren.

4. Die Butter mit dem übrigen Puderzucker cremig rühren, Vanillepudding nach und nach darunterrühren. Die Buttercreme auf den kalten Kuchen streichen und kühl stellen.

5. Kuvertüre und Kokosfett im Wasserbad schmelzen und gut verrühren. Etwas abgekühlt auf die Creme gießen und mit einer Palette vorsichtig glatt streichen.

Austausch-Tipp Statt mit Buttercreme den Kuchen mit einem Sahnebelag überziehen: 500 g Sahne mit 100 g Zucker steif schlagen, 500 g Schmand unterrühren. Masse auf den erkalteten Teig streichen. Mit 200 g geraspelter Zartbitterschokolade bestreuen.

Aprikosen-Frischkäse-Kuchen

saftig | gut vorzubereiten
45 Min. + 4 Std. 15 Min. Kühlen
pro Stück ca. 480 kcal
33 g Fett · 5 g Eiweiß · 43 g Kohlenhydrate

ZUTATEN FÜR 1 SPRINGFORM (Ø 28 cm, 12 STÜCKE)

150 g Butter
150 g Butterkekse
225 g Puderzucker
1/2 TL Zimtpulver
5 Blatt Gelatine
600 g Doppelrahm-Frischkäse
200 g Naturjoghurt
Saft und abgeriebene Schale von 1 Bio-Zitrone
250 g Sahne
1 Dose Aprikosen (480 g Abtropfgewicht)
1 Päckchen helles Tortengusspulver

ZUBEREITUNG

1. Die Butter schmelzen. Kekse mit der Kuchenrolle zerdrücken. Mit 75 g Puderzucker, Zimtpulver und Butter vermischen. Auf dem Boden der Springform verteilen. Gut andrücken, für 60 Min. kalt stellen.

2. Die Gelatine einweichen. Frischkäse, Joghurt, Zitronensaft und -schale und 150 g Puderzucker glatt rühren. Gelatine tropfnass in einem Topf bei milder Hitze auflösen, unter die Käsemasse rühren. Sahne steif schlagen und unterheben. Auf dem Boden verteilen, 15 Min. kalt stellen.

3. Aprikosen abgießen und gut abtropfen lassen, 250 ml Saft auffangen. Früchte mit der runden Seite nach oben auf der Käsecreme verteilen. Den Saft mit dem Tortengusspulver verrühren und nach Angabe auf der Packung aufkochen. Über die Aprikosen gießen und fest werden lassen. Den Kuchen für weitere 2–3 Std. kalt stellen.

Blechkuchen: Hits auf dem Kuchenbüfett

Kuchen vom Blech liegen in der Gunst bei großen und kleinen Kuchen-Fans ganz vorn. Kein Wunder, sind die rechteckigen Kuchen doch für größere Einladungen ideal. Erstens machen sie viele Gäste glücklich. Zweitens lassen sie sich bestens portionieren. Ob kleiner Probierhappen oder XXL-Stück – jeder Gast kann sich seine Portion abschneiden. Die Palette bufetttauglicher Blechkuchen reicht von schlichten Streusel- und Butterkuchen [→ S. 45] über eine üppige Eierschecke [→ S. 45] bis zu saftigen Obstkuchen wie Zwetschgendatschi [→ S. 46] oder Kirsch-Gitterkuchen [→ S. 46]. Auch runde Kuchen wie der Rosinen-Apfelkuchen [→ S. 38] lassen sich problemlos auf dem Blech backen: Zutaten einfach verdoppeln, die Backzeit verlängert sich um etwa 10 Min.

Weitere Evergreens auf unseren Kaffeetafeln

Käsekuchen [→ S. 40] und Käsesahne-Torte [→ S. 97], Gedeckter Apfelkuchen [→ S. 39], Gefüllter Hefezopf [→ S. 50], Rosenkuchen [→ S. 51] und Sachertorte [→ S. 103], Schwarzwälder Kirschtorte [→ S. 102] und alle Vertreter der Gugelhupf-Familie [→ S. 49].

Gefüllter Bienenstich

knusprig | fein durch Vanille
50 Min. + 60 Min. Gehen + 25 Min. Backen + 2 Std. Kühlen
pro Stück ca. 570 kcal
36 g Fett · 9 g Eiweiß · 53 g Kohlenhydrate

ZUTATEN FÜR 1 BACKBLECH ODER 2 RUNDE FORMEN (Ø 26 cm, 16 STÜCKE)

Für den Teig:
500 g Mehl
1 Würfel frische Hefe (42 g)
gut 250 ml lauwarme Milch
1 Ei · 1 Prise Salz
1 Päckchen Vanillezucker
60 g weiche Butter
Mehl zum Ausrollen

Für den Belag:
200 g Butter
150 g Zucker
1 Vanilleschote
100 g Honig
100 g Sahne
200 g Mandelblättchen

Für die Füllung:
Teilrezept Donauwellen (S. 152)
200 g Sahne
2 Päckchen Sahnesteif

ZUBEREITUNG

1. Für den Teig das Mehl in eine Schüssel sieben, in die Mitte eine Mulde drücken. Hefe hineinbröckeln, mit 5 EL lauwarmer Milch zum Vorteig verrühren. Zugedeckt 15 Min. an einem warmen Ort gehen lassen. Dann das Ei, Salz, Vanillezucker, übrige Milch und Butter hinzufügen und alles zu einem glatten Teig verarbeiten. Nochmals zugedeckt 30 Min. gehen lassen.

2. Ein Blech mit Backpapier belegen. Den Hefeteig durchkneten, auf der bemehlten Arbeitsfläche ausrollen und das Blech damit auslegen. Den Teig nochmals an einem warmen Ort 15 Min. gehen lassen.

3. Den Backofen auf 200° vorheizen. Für den Belag die Butter mit Zucker, ausgeschabtem Vanillemark, Honig und Sahne aufkochen. Die Mandelblättchen darunterrühren, kurz aufkochen und etwas abkühlen lassen. Die Masse auf dem Hefeteig glatt verstreichen. Im Ofen (Mitte, Umluft 180°) 20–25 Min. backen. Abkühlen lassen.

4. Die Buttercreme-Füllung wie im Rezept Donauwellen (S. 152) zubereiten. Sahne mit Sahnesteif steif schlagen, unterheben.

5. Die Kuchenplatte abkühlen lassen und dann vierteln. Jedes Viertel waagerecht durchschneiden und die Kuchenoberteile abheben. Füllung auf den vier unteren Platten glatt streichen. Die oberen Böden darauflegen. Bis zum Anschneiden 2 Std. kühlen.

Back-Tipp Zum Anschneiden ein scharfes, langes Messer benutzen, damit die Füllung nicht herausquillt.

Variante **Aprikosen-Bienenstich:** 1 Dose Aprikosen (480 g Abtropfgewicht) abtropfen lassen, die Früchte in dünne Spalten schneiden. Die Buttercreme wie beschrieben auf den Kuchenböden verteilen, glatt streichen und mit Aprikosen belegen. Mandel-Kuchenplatten auflegen und bis zum Anschneiden 2 Std. kühlen.

Mohntorte

aromatisch-raffiniert
20 Min. + 50 Min. Backen
pro Stück ca. 600 kcal
42 g Fett · 10 g Eiweiß · 44 g Kohlenhydrate

ZUTATEN FÜR 1 SPRINGFORM (Ø 20 cm, 8 STÜCKE)

Für den Teig:
4 Eier · 100 g Zucker
150 g weiche Butter
50 g Puderzucker
1 EL Grappa (nach Belieben)
150 g gemahlenen Haselnüsse · 150 g gemahlener Mohn
2 EL Johannisbeergelee
Fett für die Form

Für die Glasur:
150 g Puderzucker
1 EL Zitronensaft
50 g Haselnussblättchen

ZUBEREITUNG

1. Ofen auf 180° vorheizen. Die Form fetten. Die Eier trennen. Eiweiße steif schlagen, den Zucker unter Rühren dazugeben. Butter mit Puderzucker und Eigelben schaumig rühren. Grappa nach Belieben, Haselnüsse und Mohn unterrühren. Eischnee vorsichtig unterheben.

2. Die Mohnmasse in die Form füllen. Im Ofen (Mitte, Umluft 160°) 50 Min. backen. Johannisbeergelee glatt rühren. Den Kuchen aus der Form lösen, mit Johannisbeergelee bestreichen und etwas antrocknen lassen. Für die Glasur Puderzucker mit 2–3 EL lauwarmem Wasser und Zitronensaft glatt rühren. Den Kuchen mit dem Guss überziehen. Den Rand mit Haselnussblättchen bestreuen.

Austausch-Tipp Sie können den Kuchen auch mit 200 g fertiger Mohnmasse zubereiten. Nehmen Sie dann für die Eiweißmasse nur 50 g Zucker.

Tuning-Tipp Die Torte mit kandierten Früchten, z. B. Kirschen, verzieren.

Nusstorte

schmeckt tagelang gut
30 Min. + 50 Min. Backen
pro Stück ca. 605 kcal
46 g Fett · 9 g Eiweiß · 45 g Kohlenhydrate

ZUTATEN FÜR 1 SPRINGFORM (Ø 20 cm ODER QUADRATISCH, 8 STÜCKE)

Für den Teig:
150 g gemahlene Haselnüsse
75 g Semmelbrösel
4 Eier · 150 g Zucker
150 g Butter
1 Päckchen Vanillezucker
1/4 TL Zimtpulver
1 TL Instant-Espresso-Pulver
Fett für die Form

Für die Glasur:
200 g Haselnuss-Fettglasur (Fertigprodukt)
mind. 8 Giotto-Pralinen

ZUBEREITUNG

1. Den Backofen auf 180° vorheizen. Die Form fetten. Haselnüsse und Semmelbrösel mischen und in einer Pfanne ohne Fett leicht anrösten. Abkühlen lassen.

2. Die Eier trennen. Eiweiße steif schlagen, 50 g Zucker unter Rühren dazugeben. Die Butter mit übrigem Zucker und Eigelben schaumig rühren. Vanillezucker, Zimtpulver, Espressopulver und die Nussmischung unterrühren. Den Eischnee unterheben.

3. Teig in die Form füllen. Im Ofen (Mitte, Umluft 160°) 50 Min. backen. Den Kuchen leicht abkühlen lassen und aus der Form lösen. Die Haselnussglasur nach Packungsangabe schmelzen lassen. Den Kuchen damit überziehen und mit den Giotto-Pralinen verzieren.

Austausch-Tipp 100 g Nuss-Nugat-Masse grob hacken. 50 g Sahne erwärmen, Nugatmasse unter Rühren darin schmelzen und abkühlen lassen. Kuchen mit der Nugatcreme überziehen, mit Giotto-Pralinen verzieren.

Punschtorte

saftig fruchtig

60 Min. + 25 Min. Backen

pro Stück ca. 335 kcal

6 g Fett · 5 g Eiweiß · 63 g Kohlenhydrate

ZUTATEN FÜR 1 SPRINGFORM (Ø 20 cm, 8 STÜCKE)

Für den Biskuit:
3 Eier · 90 Zucker
90 g Mehl
1/2 TL Backpulver

Für die Füllung:
100 g Marzipanrohmasse
200 g Puderzucker
2 EL weißen Rum
100 ml Orangensaft
150 g Himbeergelee
1 TL neutrales Öl

ZUBEREITUNG

1. Den Backofen auf 180° vorheizen. Boden der Form mit Backpapier belegen. Eier mit Zucker weißcremig rühren. Mehl mit Backpulver darübersieben und locker vermischen. Teig in die Form füllen und im Ofen (Mitte, Umluft 160°) 25 Min. backen. Gut abgekühlt aus der Form lösen.

2. Marzipanmasse mit 50 g Puderzucker und 1 TL Rum gut verkneten. In Größe der Form zwischen Frischhaltefolie ausrollen. Übrigen Rum mit Orangensaft verrühren. Himbeergelee glatt rühren, 1 EL beiseitestellen. Den Biskuit quer halbieren, die Böden mit dem Orangensaftmix beträufeln, mit Himbeergelee bestreichen. Die Marzipanplatte auf einen Boden legen, den zweiten auflegen.

3. 150 g Puderzucker mit 2–3 EL Wasser glatt rühren, Öl unterrühren. 2 EL Glasur mit Himbeergelee verrühren. Die Torte mit dem hellen Guss überziehen. Mit rotem Guss und einem Holzstäbchen ein Spinnennetz-Muster kreieren (siehe auch S. 61)

Schokoladentorte

begeistert immer

30 Min. + 40 Min. Backen

pro Stück ca. 465 kcal

33 g Fett · 8 g Eiweiß · 33 g Kohlenhydrate

ZUTATEN FÜR 1 SPRINGFORM (Ø 20 cm, 8 STÜCKE)

Für den Teig:
100 g Zartbitterschokolade
4 Eier · 100 g Zucker
100 g Butter
150 g gemahlene Mandeln
2 EL Speisestärke
Fett und Schokoladenpulver (oder Kakao) für die Form

Für die Glasur:
2 EL Aprikosenkonfitüre
100 g Schokoladenglasur (Fertigprodukt)
einige Früchte (z. B. Physalis, Kirschen oder Erdbeeren) zum Garnieren

ZUBEREITUNG

1. Den Backofen auf 180° vorheizen. Die Form fetten, mit Schokoladenpulver bestäuben und kühl stellen. Die Schokolade grob hacken und über dem heißen Wasserbad schmelzen lassen. Die Eier trennen. Eiweiße mit 50 g Zucker steif schlagen. Die Butter mit dem übrigen Zucker und Eigelben cremig schlagen, Schokolade unterrühren. Die Mandeln mit Speisestärke mischen und mit dem Eischnee locker unter den Teig ziehen.

2. Den Teig in die Form füllen und im Backofen (unten, Umluft 160°) 40 Min. backen. In der Form leicht abkühlen lassen und aus der Form lösen. Aprikosenkonfitüre erwärmen, den Kuchen damit bestreichen. Schokoladenglasur nach Packungsangabe erwärmen, den Kuchen mit der Glasur überziehen und mit den Früchten garnieren.

Deko-Tipp Die Früchte zur Hälfte in geschmolzene Schokolade tauchen und auf die Torte setzen.

Hefeteig am Vortag zubereiten

Die Zutaten zu einem glatten, elastischen Teig verkneten. Diesen in einer Schüssel mit Mehl bestäuben, zugedeckt über Nacht in den Kühlschrank stellen. Vor dem Formen gut durchkneten.

Osterfladen

40 g Orangeat und 50 g Mandelstifte mit 1 TL Speisestärke im Mixer fein hacken. 1 TL Zitronenschale, 2 EL Zitronensaft und 50 g Rosinen untermengen. Unter den Hefeteig (rechts) kneten, 20 Min. gehen lassen. Teig zum Laib kneten, mit flüssiger Butter bestreichen, rautenförmig einschneiden. Bei 180° (Mitte, Umluft 160°) 25–30 Min. backen.

Osterkränzchen

Frühstücksfreuden

30 Min. + 45 Min. Gehen + 20 Min. Backen

pro Stück ca. 585 kcal

24 g Fett · 19 g Eiweiß · 73 g Kohlenhydrate

ZUTATEN FÜR 6 STÜCK

500 g Mehl · Salz
1 Päckchen Trockenhefe
200 ml Milch
1 Prise Safran
60 g Zucker · 1 Ei
100 g weiche Butter
1 Eigelb
2 EL Milch
Hagelzucker zum Bestreuen
Mehl zum Arbeiten
6 bunt gefärbte Eier

ZUBEREITUNG

1. Das Mehl mit Salz und Trockenhefe in einer Schüssel mischen. Die Milch erwärmen, Safran unterrühren. Milch, Zucker, Ei und Butter zu dem Mehl geben und alles zu einem glatten, geschmeidigen Teig verkneten. Den Hefeteig zugedeckt an einem warmen Ort 45 Min. gehen lassen.

2. Den Backofen auf 180° (Umluft 160°) vorheizen. Ein Blech mit Backpapier belegen. Hefeteig auf bemehlter Arbeitsfläche nochmals durchkneten. Den Teig halbieren, zu zwei Rollen formen und jeweils in sechs Stücke schneiden Die Stücke zu ca. 20 cm langen Rollen formen und je zwei Rollen zu einer Kordel drehen, zu einem Kränzchen formen und auf das Blech legen.

3. Das Eigelb mit 2 EL Milch verrühren. Die Kränzchen damit bestreichen und mit Hagelzucker bestreuen. Im Ofen (Mitte) 20 Min. backen. Jeweils ein bunt gefärbtes Ei in die Mitte setzen.

Varianten

→ **Osterkranz:** Aus dem Hefeteig zwei gleich große Rollen formen, zu einer Kordel verdrehen, diese zu einem Kranz zusammenlegen, mit Eigelb bestreichen und nach Belieben mit Hagelzucker bestreuen. Den Kranz im Ofen bei 180° (Mitte, Umluft 160°) ca. 30 Min. backen.

→ **Osterhäschen** Aus dem Hefeteig kleine Hasen formen, mit Eigelb bestreichen und 20–25 Min. backen.

Osternest-Torte

Osterüberraschung auf dem Tisch
50 Min. + 30 Min. Backen
+ 2 Std. Kühlen
pro Stück ca. 285 kcal
17 g Fett · 10 g Eiweiß · 24 g Kohlenhydrate

ZUTATEN FÜR 1 SPRINGFORM (Ø 26 cm, 12 STÜCKE)

Für den Biskuit:
30 g Butter
2 Eier
100 g Zucker
50 g Mehl

Für den Belag:
1 Päckchen Götterspeise (Waldmeistergeschmack)
250 ml Apfelsaft
100 g weiße Schokolade
2 EL Puderzucker
400 g Sahne
4 Blatt Gelatine
3 EL Milch
2 EL Waldmeistersirup
kleine bunte Zuckereier zum Verzieren

Außerdem:
Tortenring

ZUBEREITUNG

1. Den Backofen auf 180° vorheizen. Den Springformboden mit Backpapier belegen. Die Butter zerlassen. Eier mit Zucker weißcremig rühren. Das Mehl darübersieben, mit der flüssigen Butter locker unter die Eiercreme heben. Teig in die Form füllen. Im Ofen (Mitte, Umluft 160°) 30 Min. backen. Abgekühlt aus der Form lösen. Den Biskuitboden auf eine Platte setzen und mit einem Tortenring eng umschließen. Die Götterspeise mit Apfelsaft nach Packungsangabe zubereiten. Drei Viertel der Götterspeise auf den Boden gießen und kalt stellen, bis die Götterspeise fest ist. Übrige Götterspeise in einer flachen Form erstarren lassen.

2. Inzwischen die Schokolade in Stücke brechen. Puderzucker in 100 g Sahne erwärmen, Schokolade darin schmelzen und abkühlen lassen. Gelatine in der Milch 5 Min. einweichen, bei milder Hitze auflösen und unter die Schokoladensahne rühren. Übrige Sahne steif schlagen, Schokoladensahne und Waldmeistersirup nach und nach unterrühren. Waldmeistercreme auf den vorbereiteten Kuchen geben und glatt streichen. Die Torte 2 Std. kühlen. Die restliche Götterspeise klein würfeln und in der Mitte als Nest mit den Zuckereiern anordnen. Oder daraus beliebige Formen ausschneiden und auf die Torte legen.

Variante Erdbeer-Pistazien-Torte: Den Biskuit zubereiten und backen. 100 g Pistazien fein mahlen. 500 g Erdbeeren putzen, waschen, längs in Scheiben schneiden, mit 1 EL Puderzucker bestäuben. Die weiße Schokocreme zubereiten, gemahlene Pistazien unterrühren. Biskuitboden mit einem Ring umschließen. Erdbeeren daraufschichten. Pistaziencreme darübergeben und glatt streichen. Torte 2 Std. kühl stellen. Die Torte mit frischen Erdbeeren und Melisseblättchen garnieren.

Kinder machen mit Hier helfen Kinder mit, wie es ihrem Alter und ihren Fertigkeiten entspricht: Mithilfe einer Pappschablone drei Wiener Böden (fertig gekauft) in Eiform schneiden. Die Böden mit Pistaziencreme (siehe Variante) bestreichen, aufeinandersetzen. 100 g Marzipanrohmasse mit 1 Tropfen grüner Speisefarbe verkneten, durch die Kartoffelpresse drücken und auf der Torte verteilen. Mit Schokohäschen (gekauft) verzieren.

Osterplätzchen

zur Teestunde
30 Min. + 30 Min. Kühlen
+ 15 Min. Backen
pro Stück ca. 135 kcal
7 g Fett · 2 g Eiweiß · 15 g Kohlenhydrate

ZUTATEN FÜR 30 STÜCK

2 Eier
250 g weiche Butter
150 g Puderzucker
1 EL Zitronensaft
400 g Mehl
1/4 TL Backpulver
Mehl zum Arbeiten

Außerdem:
Ausstechformen (z. B. Häschen, Hühner, Blumen)

ZUBEREITUNG

1. Die Eier trennen. Butter mit Puderzucker und Eigelben schaumig rühren. Zitronensaft unterrühren. Mehl mit Backpulver mischen und mit der Eiercreme rasch zu einem glatten Teig verkneten. Den Teig in Frischhaltefolie wickeln und 30 Min. kühl stellen.

2. Den Backofen auf 180° (Umluft 160°) vorheizen. Ein Blech mit Backpapier belegen. Den Teig auf bemehlter Arbeitsfläche ca. 1 cm dick ausrollen, Plätzchen ausstechen und auf das Blech legen. Die Eiweiße leicht verquirlen, die Plätzchen damit bestreichen und im Ofen (Mitte) ca. 10–15 Min. backen. Mit dem Papier vom Blech ziehen und auskühlen lassen.

Kinder machen mit Sie können die Plätzchen vor dem Backen verzieren (z. B. mit Zuckerperlen, Kürbiskernen, Sesam). Kinder können außerdem die fertig gebackenen Plätzchen bunt glasieren: 200 g Puderzucker mit 2–3 EL Milch verrühren, mit Waldmeistersirup und Mangosirup eine Hälfte gelb, die andere grün einfärben. Die Plätzchen damit bestreichen.

Osternest-Torte

Grundrezept Mürbeteigplätzchen

ZUTATEN FÜR CA. 90 STÜCK (2 BACKBLECHE)

300 g Mehl
100 g Puderzucker
1 Päckchen Vanillezucker
1/2 TL abgeriebene Bio-Zitronenschale
1 Ei · 200 g kalte Butter
Fett oder Backpapier für die Bleche · Mehl zum Ausrollen

Außerdem:
Ausstechformen oder Papierschablonen (s. Deko-Muster im Buch)

ein Muss an Weihnachten
40 Min. + 60 Min. Kühlen + 2 x 12 Min. Backen

ZUBEREITUNG

1. Mehl und Puderzucker sieben, mit Vanillezucker und Zitronenschale auf die Arbeitsfläche häufen, eine Mulde in die Mitte drücken. Dorthinein das Ei geben, die Butter in Stückchen rundherum verteilen. Alles mit einem großen Messer durchhacken, dann mit den Händen rasch zu einem festen Teig verkneten. In Folie wickeln und mindestens 60 Min. kalt stellen.

2. Den Backofen auf 180° (Umluft 160°) vorheizen. Zwei Backbleche einfetten oder mit Backpapier belegen. Den Teig in mehreren Portionen aus dem Kühlschrank nehmen und auf der leicht bemehlten Arbeitsfläche 3–4 mm dick ausrollen.

bei 90 Stücken pro Stück ca. 35 kcal
2 g Fett · 0 g Eiweiß · 4 g Kohlenhydrate

3. Beliebige Plätzchenformen (z. B. Sterne, Herzen, Tannenbäume, Figuren, Tiere) ausstechen und auf die Bleche legen. Teigreste wieder mit ausrollen. Im Ofen (Mitte) in 10–12 Min. backen. Auf einem Kuchengitter auskühlen lassen.

Kinder machen mit Auch wenn es vielleicht etwas Geduld erfordert: Lassen Sie Ihre Kinder mitwerkeln! Die Formen sind einfach, und beim Ausmalen und Gestalten der Ausstecherle sind die Kleinen besonders kreativ.

Schoko-Husarenkrapferl

Weihnachtsgruß aus Österreich
45 Min. + 2 Std. Kühlen
+ 2 x 15 Min. Backen
bei 55 Stücken pro Stück ca. 50 kcal
3 g Fett · 1 g Eiweiß · 5 g Kohlenhydrate

ZUTATEN FÜR CA. 55 STÜCK (2 BACKBLECHE)

- 150 g Mehl
- 50 g gemahlene Haselnüsse
- 50 g grob geriebene Zartbitterschokolade
- 70 g Puderzucker
- 1 Päckchen Vanillezucker
- 1 Prise Salz
- 140 g kalte Butter
- 1 Eigelb
- 100 g Kirschkonfitüre
- Mehl zum Formen

ZUBEREITUNG

1. Mehl, Nüsse und Schokolade mischen. Mit 50 g Puderzucker, Vanillezucker, Salz, Butterstückchen und Eigelb rasch zu einem Mürbeteig (S. 158) verkneten. In Folie gewickelt 2 Std. kalt stellen.

2. Ofen auf 200° (Umluft 180°) vorheizen. Aus dem Teig mit leicht bemehlten Händen kirschgroße Kugeln formen. Auf die mit Backpapier belegten Bleche setzen. Mit dem Ende eines bemehlten Kochlöffels Mulden in die Kugeln drücken.

3. Die Kugeln im Ofen (2. Schiene von unten) 10–15 Min. backen. Abkühlen lassen und mit dem übrigen Puderzucker bestäuben. Konfitüre erwärmen, durch ein Sieb streichen und mit 1 TL in die Mulden der Plätzchen füllen. Fest werden lassen.

Schwarz-Weiß-Gebäck

adventlich gerollt
45 Min. + 3 Std. Kühlen
+ 2 x 12 Min. Backen
bei 70 Stücken pro Stück ca. 45 kcal
3 g Fett · 1 g Eiweiß · 5 g Kohlenhydrate

ZUTATEN FÜR CA. 70 STÜCK (2 BACKBLECHE)

- 1 Grundrezept Mürbeteig-Plätzchen (Rezept S. 158)
- 2 EL Kakaopulver
- 2 EL Sahne
- Fett oder Backpapier für die Bleche
- Mehl zum Ausrollen

ZUBEREITUNG

1. Teig nach Grundrezept rasch verkneten, dann halbieren. Eine Hälfte mit Kakaopulver und Sahne verkneten, bis der Teig dunkel gefärbt ist. Den hellen und dunklen Teig getrennt in Folie wickeln und 2 Std. kalt stellen.

2. Beide Teige auf der bemehlten Fläche auf je 30 x 25 cm ausrollen. Die Platten aufeinanderlegen und mit der Teigrolle leicht darüberrollen. Von der Breitseite her aufrollen, dabei die Nahtstellen zusammendrücken. In Folie wickeln und 60 Min. kalt stellen.

3. Backofen auf 180° (Umluft 160°) vorheizen. Dann die Rollen in knapp 1/2 cm dicke Scheiben schneiden und auf gefettete oder mit Backpapier belegte Bleche legen. Im Ofen (Mitte) 12 Min. backen. Abkühlen lassen.

Tuning-Tipp **Kaffee-Spiralen:** Statt mit Kakaopulver und Sahne die eine Teighälfte mit 2 EL löslichem Espressopulver und 1–2 EL Milch verkneten. Wie im Rezept beschrieben weiterverarbeiten.

Auf die Plätzchen, fertig, los! – Tipps für Zuckerbäcker

→ Für den **Guss** 200 g Puderzucker mit 4 EL Zitronen- oder Orangensaft, Himbeer- oder schwarzem Johannisbeersirup dickflüssig rühren. Die fertigen Plätzchen portionsweise damit bestreichen und etwas antrocknen lassen. Nach Belieben mit bunten Zuckerperlen oder -streuseln, Hagelzucker, Schokoflocken, Krokant oder gehackten Pistazien verzieren.

→ Zuckerguss mit Zitronensaft anrühren, anschließend in drei Portionen teilen und jeweils mit ein paar Tropfen **Speisefarbe** rot, gelb oder grün einfärben.

→ Benutzen Sie zum Auftragen der Glasur einen kleinen **Pinsel**, dann gelingen die Plätzchen wie beim Profi.

Poppig glasiert und fruchtig gefüllt

Doppeldecker-Sterne Aus dem Mürbeteig [→ S. 158] Sterne oder Taler (Ø 4–5 cm) ausstechen und wie beschrieben backen. Einen roten Guss (oben) aus Puderzucker, je 2 EL Zitronensaft und Himbeersirup sowie roter Speisefarbe rühren. Die Hälfte der Sterne glasieren. 100 g Himbeerkonfitüre erwärmen und durch ein Sieb streichen, auf die andere Hälfte der Kekse verteilen. Die glasierten Kekse daraufsetzen, leicht andrücken und trocknen lassen.

Vanillekipferl

zart-feiner Klassiker
40 Min. + 60 Min. Kühlen
+ 2 x 15 Min. Backen
bei 70 Stücken pro Stück ca. 55 kcal
3 g Fett · 1 g Eiweiß · 6 g Kohlenhydrate

ZUTATEN FÜR CA. 70 STÜCK

- 1 Grundrezept Mürbeteig-Plätzchen (Rezept S. 158)
- 100 g geschälte gemahlene Mandeln
- 1 Eiweiß
- 1 Vanilleschote
- 1 EL Zucker
- 2 EL Puderzucker
- Mehl zum Ausrollen

ZUBEREITUNG

1. Den Mürbeteig wie im Grundrezept beschrieben ohne Zitronenschale zubereiten, dabei Mandeln und Eiweiß (statt Ei) einarbeiten. Teig zu drei Rollen (Ø 2 cm) formen. In Folie gewickelt 60 Min. kalt stellen.

2. Den Backofen auf 180° (Umluft 160°) vorheizen. Von dem Teig fingerdicke Scheiben abschneiden. Mit bemehlten Händen zu kleinen Würsten mit spitz zulaufenden Enden rollen. Diese zu Hörnchen formen und auf mit Backpapier belegte Bleche legen. Im Ofen (Mitte) 15 Min. backen

3. Das Mark der Vanilleschote herauskratzen, mit Zucker und Puderzucker vermischen. Die Kipferl noch heiß in dem Vanillezucker wälzen. Abkühlen lassen.

Spekulatius

knusprig-würzig
60 Min. + 60 Min. Kühlen
+ 15 Min. Backen
bei 60 Stück pro Stück ca. 80 kcal
5 g Fett · 1 g Eiweiß · 7 g Kohlenhydrate

ZUTATEN
FÜR CA. 60 STÜCK

50 g Marzipanrohmasse
200 g weiche Butter
150 g Rohrzucker · 1 Ei
1 TL Kakaopulver
2 TL Spekulatiusgewürz
300 g Mehl · 100 g gemahlene Mandeln
100 g Mandelblättchen (nach Belieben)
Mehl zum Arbeiten

Außerdem:
Holzmodel (ersatzweise Ausstechförmchen)

ZUBEREITUNG

1. Das Marzipan auf dem Gemüsehobel grob raspeln, mit Butter und Zucker schaumig schlagen. Das Ei, Kakaopulver und Spekulatiusgewürz unterrühren. Das Mehl mit den Mandeln vermischen und auf bemehlter Fläche zu einem glatten Teig verkneten. Den Teig in Frischhaltefolie wickeln und im Kühlschrank 60 Min. ruhen lassen.

2. Ofen auf 175° (Umluft 160°) vorheizen. Ein Blech mit Backpapier belegen und nach Belieben mit Mandelblättchen bestreuen. Modelformen mehlen, entsprechend große Teigstücke hineindrücken – am besten mit der Teigrolle arbeiten – und die Teigränder abschneiden. Model wenden und den Teig auf das Blech klopfen. Alternativ den Teig 3–4 mm dick ausrollen und ausstechen. Im Ofen (Mitte) 12–15 Min. backen. Das Gebäck mit dem Papier vom Blech ziehen und abkühlen lassen.

Zimtsterne

himmlisch aromatisch
1 Std. 30 Min. + 2 x 15 Min. Backen
bei 45 Stück pro Stück ca. 85 kcal
5 g Fett · 2 g Eiweiß · 7 g Kohlenhydrate

ZUTATEN
FÜR CA. 45 STÜCK
(2 BACKBLECHE)

3 Eiweiße
1 Prise Salz
275 g feiner Zucker
450 g gemahlene Mandeln
1 TL Zimtpulver
1 Prise Nelkenpulver
1 EL Hagebuttenmus (ersatzweise Johannisbeergelee)

ZUBEREITUNG

1. Eiweiße mit Salz steif schlagen. Zucker unter Rühren einrieseln lassen und weiterschlagen, bis die Masse schön glänzt. 4–5 EL Eiweißmasse für die Glasur beiseitestellen. Mandeln und Gewürze mischen und vorsichtig unter die Eiweißmasse rühren. Zum Schluss das Hagebuttenmus dazugeben und zu einem glatten, formbaren Teig verarbeiten.

2. Backofen auf 150° (Umluft 130°) vorheizen. Zwei Bleche mit Backpapier belegen. Teig zwischen Frischhaltefolie ca. 5 mm dick ausrollen. Folie abziehen. Sterne ausstechen und auf die Bleche legen. Die Eiweißglasur mit einem kleinen spitzen Messer exakt darauf verteilen. Im Ofen (unten) ca. 15 Min. backen. Die Oberfläche darf nicht zu stark bräunen. Mit dem Papier vom Blech ziehen, abkühlen lassen.

Kinder machen mit Sie können die Sterne ausstechen und mit einem kleinen Löffel je einen Klecks Eiweißglasur in die Mitte geben.

Haselnussmakronen

gelingen ganz einfach
40 Min. + 2 x 25 Min.
bei 35 Stück pro Stück ca. 60 kcal
4 g Fett · 1 g Eiweiß · 4 g Kohlenhydrate

ZUTATEN FÜR CA. 35 STÜCK (2 BACKBLECHE)

- 200 g gemahlene Haselnüsse
- 2 Eiweiße
- 1 Prise Salz
- 125 g Zucker
- 1 TL Zitronensaft
- 35 ganze Haselnüsse

ZUBEREITUNG

1. Ofen auf 160° vorheizen. Zwei Bleche mit Backpapier belegen. Gemahlene Haselnüsse ohne Fett leicht anrösten. Abkühlen lassen. 2 Eiweiße mit Salz, Zucker und Zitronensaft in eine Schüssel geben. Einen dazu passenden Topf zu einem Drittel mit Wasser füllen und heiß werden lassen. Die Eiweißmischung über dem heißen Wasserbad steif schlagen. Die gemahlenen Haselnüsse unterrühren.

2. Mit 2 TL kleine Häufchen auf die Bleche geben und jeweils 1 Haselnuss in die Mitte setzen. Die Makronen im Ofen (Mitte, Umluft 140°) ca. 25 Min. backen.

Variante **Kokosmakronen:** Statt gemahlener Haselnüsse 150 g Kokosraspel sowie 1 TL abgeriebene Bio-Orangenschale unter die Eiweißmasse rühren und wie im Grundrezept beschrieben backen.

Spitzbuben

fruchtige Lieblinge
60 Min. + 60 Min. Kühlen + 2 x 10 Min. Backen
bei 40 Stück pro Stück ca. 90 kcal
6 g Fett · 1 g Eiweiß · 8 g Kohlenhydrate

ZUTATEN FÜR CA. 40 STÜCK (2 BACKBLECHE)

- 175 g weiche Butter
- 80 g feiner Zucker
- 1 Ei · 150 g Mehl
- 150 g geschälte gemahlene Mandeln · 2 Päckchen Vanillezucker
- 2 EL Puderzucker
- 75 g Himbeergelee oder Johannisbeergelee
- 1 EL Himbeergeist (nach Belieben)
- Mehl zum Arbeiten

Außerdem:
Spitzbubenausstecher oder 1 große runde und 1–2 kleinere Ausstechformen

ZUBEREITUNG

1. Die Butter mit Zucker und Ei cremig rühren. Das Mehl mit den Mandeln vermischen und dazugeben. Alles rasch zu einem glatten Teig verarbeiten. In Frischhaltefolie wickeln und ca. 60 Min. kühl stellen. Vanillezucker mit Puderzucker vermischen. Das Gelee mit Himbeergeist nach Belieben glatt rühren.

2. Ofen auf 175° (Umluft 160°) vorheizen. Zwei Bleche mit Backpapier belegen. Den Teig auf bemehlter Fläche ca. 3 mm dick ausrollen, Kreise von 3–4 cm Ø ausstechen. Bei der Hälfte mittig kleinere Kreise oder Sterne ausstechen. Große Plätzchen und Teigringe auf die Bleche legen. Im Ofen (Mitte) in ca. 10 Min. hellgelb backen. Vom Blech ziehen.

3. Die noch warmen Ringe mit der Oberseite in den Vanillezucker tauchen. Die abgekühlten Kreise mit Gelee bestreichen, die Ringe daraufsetzen und leicht andrücken.

Elisenlebkuchen (links) Lebkuchen-Minis (rechts)

Elisenlebkuchen

da freut sich der Nikolaus
45 Min. + 12 Std. Ruhen
+ 2 x 20 Min. Backen
pro Stück ca. 95 kcal
6 g Fett · 2 g Eiweiß · 9 g Kohlenhydrate

ZUTATEN
FÜR 40 STÜCK
(2 BACKBLECHE)

50 g Zitronat
50 g Orangeat
1 EL Mehl
3 Eier · 225 g Zucker
1 Päckchen Vanillezucker
2 TL Lebkuchengewürz
1/2 TL Zimtpulver
250 g gemahlene Haselnüsse
100 g gehackte Mandeln
ca. 40 Oblaten (70 mm)

ZUBEREITUNG

1. Zitronat und Orangeat mit dem Mehl im Mixer pürieren. Die Eier mit dem Zucker und Vanillezucker schaumig schlagen. Lebkuchengewürz, Zimtpulver, Haselnüsse und Mandeln dazugeben und Mehl-Fruchtmischung unterrühren. Den Teig 12 Std. zugedeckt kühl stellen, damit sich die Aromen entfalten können.

2. Backofen auf 160° (Umluft 140°) vorheizen. Zwei Bleche mit Backpapier belegen. Den Teig fingerdick auf die Oblaten streichen und auf die Bleche legen. Im Ofen (Mitte) 15–20 Min. backen.

Kinder machen mit Sie können die Lebkuchen mit Schoko- oder Puderzuckerglasur überziehen und mit Liebesperlen verzieren.

Tuning-Tipp 1 EL Kakaopulver und 1 EL Rum unter den Teig rühren.

Lebkuchen-Minis

klein, aber oho
45 Min. + 2 x 20 Min. Backen
bei 60 Stück pro Stück ca. 45 kcal
1 g Fett · 1 g Eiweiß · 7 g Kohlenhydrate

ZUTATEN
FÜR CA. 60 STÜCK
(2 BACKBLECHE)

1 Orange
50 g kandierte Ananasstückchen
50 g kandierter Ingwer (Reformhaus)
150 g Honig
75 g Rohrzucker
75 g Butter
2 TL Lebkuchengewürz
2 Eier · 250 g Mehl
1 TL Backpulver
1 EL Kakaopulver
Puderzucker zum Bestäuben.

Außerdem:
60 bunte Pralinenförmchen

ZUBEREITUNG

1. Die Orange auspressen. Ananas und Ingwer im Mixer pürieren oder winzig klein würfeln. Den Orangensaft dazugeben, zugedeckt stehen lassen. Den Honig mit Zucker und Butter in einem Topf erwärmen, bis sich der Zucker gelöst hat. Lebkuchengewürz einrühren und abkühlen lassen. Nach und nach die Eier in die Honigmasse rühren. Ananasmasse unterrühren. Das Mehl mit Backpulver und Kakao mischen und unter die Honigmasse rühren.

2. Den Backofen auf 180° (Umluft 160°) vorheizen. Die Pralinenförmchen auf zwei Bleche setzen, mit einem Teelöffel Teig in die Förmchen füllen. Im Ofen (Mitte) 15–20 Min. backen. Die Lebkuchen-Minis abgekühlt mit Puderzucker bestäuben.

Austausch-Tipp Aus dem Teig 24 Mini-Muffins backen.

Lebkuchenfiguren

mit Kindern backen

30 Min. + 12 Std. Ruhen + 2 x 12 Min. Backen

pro Stück ca. 100 kcal

2 g Fett · 2 g Eiweiß · 18 g Kohlenhydrate

ZUTATEN FÜR 40 STÜCK (2 BACKBLECHE)

250 g Honig
150 g brauner Zucker
100 g Butter
3 TL Kakaopulver
1 Päckchen Lebkuchengewürz
1 Ei · 500 g Mehl
1 Päckchen Backpulver

Außerdem:
verschiedene Ausstechformen oder Papierschablonen (s. Deko-Muster im Buch)

ZUBEREITUNG

1. Honig mit Zucker und Butter unter Rühren aufkochen, bis sich der Zucker gelöst hat. Etwas abkühlen lassen, dann Kakaopulver, Lebkuchengewürz und das Ei unterrühren.

2. Das Mehl mit Backpulver mischen. Mit der Honigmasse zu einem glatten Teig verkneten. In Folie wickeln und 12 Std. ruhen lassen.

3. Den Backofen auf 175° (Umluft 160°) vorheizen. Zwei Bleche mit Backpapier belegen. Den Teig 1/2 cm dick ausrollen. Beliebige Figuren in unterschiedlichen Größen (etwa Herzen, Nikolausstiefel, Engel) ausstechen oder mithilfe der aufgelegten Schablonen ausschneiden.

4. Die Figuren auf die Bleche legen. Im Backofen (Mitte) ca. 12 Min. backen. Mit dem Papier vom Blech ziehen und abkühlen lassen.

Deko-Tipps für Lebkuchenfiguren

→ **Kinder machen mit** 200 g Puderzucker mit 4 EL lauwarmer Milch glatt rühren. Die Glasur dritteln, je nach Farbwunsch einfärben und den Kindern beim Bestreichen der Figuren die Regie überlassen.

→ **Lebkuchenherzen** Große Herzen ausstechen, auf das Blech legen und backen. In die noch warmen Herzen mit einem Zahnstocher Löcher einstechen und nach Belieben ein Band einziehen. Je nach Anlass Geburtstag, Valentinstag, Namenstag, mit Puderzuckerglasur z. B. Namen auf die Herzen schreiben. Tischkärtchen aus Lebkuchenteig gestalten.

→ **Lebkuchenfiguren** Aus Lebkuchenteig lustige Anhänger für den Weihnachtsbaum gestalten (Bild ganz unten) oder mithilfe einer Ausstechform Nikoläuse ausstechen und verzieren.

Pfeffernüsse

wurzig-aromatisch

60 Min. + 30 Min. +12 Std. Ruhen + 2 x 20 Min. Backen

pro Stück ca. 35 kcal

weniger als 1 g Fett · 1 g Eiweiß · 7 g Kohlenhydrate

ZUTATEN FÜR 60 STÜCK (2 BACKBLECHE)

2 Eier
250 g Zucker
1/2 TL Zimtpulver
1/2 TL gemahlener Piment
1 Prise Kardamom
1 Prise geriebene Muskatnuss
1 Prise gemahlener weißer Pfeffer
250 g Mehl
1 TL Backpulver

ZUBEREITUNG

1. Die Eier mit Zucker schaumig schlagen. Die Gewürze mit Mehl und Backpulver mischen, zu der Eimasse geben und zügig zu einem glatten Teig verkneten. Den Teig in Frischhaltefolie wickeln und 30 Min. kühl stellen.

2. Zwei Bleche mit Backpapier belegen. Aus dem Teig walnussgroße Kugeln formen und auf die Bleche legen. 12 Std. (über Nacht) trocknen lassen.

3. Den Backofen auf 175° (keine Umluft) vorheizen. Die Pfeffernüsse an der Unterseite etwas anfeuchten. Im Ofen (Mitte) 15–20 Min. backen, bis die Kugeln an der Oberfläche Risse bekommen. Mit dem Papier vom Blech ziehen und abkühlen lassen.

Tuning-Tipp 40 g sehr fein gehacktes Zitronat mit den Gewürzen zu dem Mehl geben.

Deko-Tipp 150 g Puderzucker mit 1 EL Orangensaft und 2 EL Wasser zu einem glatten Guss verrühren. Die Pfeffernüsse damit glasieren und mit Mini-Schokosternchen (gibt's fertig zu kaufen) oder Zuckerperlen bestreuen.

Dresdner Christstollen

Dresdner Christstollen

ZUTATEN FÜR 1 STOLLEN (24 STÜCKE)

500 g Mehl · 1 Würfel frische Hefe (42 g)
150 ml lauwarme Milch
100 g Zucker
2 Päckchen Vanillezucker
1/4 TL Salz · abgeriebene Schale von 1 Bio-Zitrone
je 1/2 TL Zimtpulver und gemahlener Kardamom
300 g weiche Butter
300 g Rosinen
je 75 g gehacktes Zitronat und Orangeat
150 g gehackte Mandeln
75 g Puderzucker
Mehl zum Ausrollen und Formen

Außerdem:
extrastarke Alufolie

traditionell | braucht etwas Zeit
45 Min. + 1 Std. 35 Min. Gehen + 1 Std. 20 Min. Backen
pro Stück ca. 300 kcal
14 g Fett · 5 g Eiweiß · 39 g Kohlenhydrate

ZUBEREITUNG

1. Das Mehl in eine Schüssel geben. In die Mitte eine Vertiefung drucken. Hefe hineinbröckeln. Mit 50 ml lauwarmer Milch, etwas Zucker und Mehl vom Rand her zu einem Vorteig verrühren. 20 Min. zugedeckt an einem warmen Ort gehen lassen.

2. Restliche Milch, übrigen Zucker, 1 Päckchen Vanillezucker, Salz, Zitronenschale, Zimtpulver, Kardamom und 250 g Butter zum Vorteig geben und gründlich durchkneten. Den Teig so lange kneten, bis er Blasen wirft und sich vom Schüsselrand löst. Dann zugedeckt nochmals 30 Min. gehen lassen.

3. Rosinen unter heißem Wasser abspülen, abtropfen lassen und abtrocknen. Diese mit Zitronat, Orangeat und Mandeln in den Teig kneten. Zugedeckt an einem warmen Ort 45 Min. gehen lassen.

4. Den Backofen auf 180° vorheizen. Teig auf der bemehlten Arbeitsfläche 4 cm dick ausrollen und mit bemehlten Händen oval formen. In der Mitte mit der Teigrolle flach drücken. Einmal längs zusammenfalten, sodass die untere Teigplatte etwas übersteht. Von allen Seiten leicht zur Stollenform drücken.

5. Ein Backblech mit Backpapier belegen. Den Stollen auf das Blech legen. Dünn mit 25 g zerlassener Butter bestreichen. Drumherum einen 5 cm breiten, mehrfach gefalteten Streifen Alufolie legen, mit Büroklammern fest verschließen. Im Ofen (2. Schiene von unten, Umluft 160°) 1 Std. 20 Min. backen. Falls er zu dunkel wird, nach der Hälfte der Zeit mit Backpapier abdecken.

6. Stollen aus dem Ofen nehmen, noch warm mit der übrigen zerlassenen Butter bestreichen. Puderzucker und übrigen Vanillezucker mischen. Stollen dick damit bestäuben.

Back-Tipp Statt auf dem Blech mit Alufolie können Sie den Stollen auch unter einer Stollenbackhaube – gibt's in Haushaltswarengeschäften – oder in einer Brotbackform backen. Er läuft dann nicht auseinander.

Vorrats-Tipp Der Stollen kann schon einige Wochen vor dem Fest gebacken werden. In Alu- oder Frischhaltefolie eingewickelt und kühl gelagert trocknet er nicht aus und entfaltet während dieser Ruhezeit alle seine guten Aromen.

Quarkstollen

ZUTATEN FÜR 1 STOLLEN (24 STÜCKE)

500 g Mehl
1 Päckchen Backpulver
1 Ei · 1 Päckchen Vanillesaucenpulver (zum Kochen) · 4 EL Milch
200 g Zucker
Saft und abgeriebene Schale von 1 Bio-Zitrone
2 EL Rum (ersatzweise Orangensaft) · 125 g gemahlene Mandeln
2 TL Bittermandelöl
50 g gehacktes Zitronat
250 g Magerquark
300 g weiche Butter
125 g getrocknete Aprikosen
125 g Rosinen
75 g Puderzucker
Mehl zum Ausrollen und Formen

gelingt leicht | saftig
30 Min. + 1 Std. 20 Min. Backen
pro Stück ca. 300 kcal
14 g Fett · 6 g Eiweiß · 37 g Kohlenhydrate.

ZUBEREITUNG

1. Mehl mit dem Backpulver in eine Schüssel sieben. In die Mitte eine Mulde drücken. Das Ei mit Vanillesaucenpulver und Milch verrühren, in die Mitte gießen. Zucker, Zitronensaft und -schale, Rum, Mandeln, Bittermandelöl und Zitronat zufügen und alles mit der Hälfte des Mehls verkneten.

2. Den Quark und 250 g Butter dazugeben und mit dem restlichen Mehl zu einem festen Teig verkneten. Die Aprikosen in kleine Würfel schneiden, mit den Rosinen zum Schluss einarbeiten.

3. Backofen auf 180° vorheizen. Ein Blech mit Backpapier belegen. Teig auf der bemehlten Arbeitsfläche 4 cm dick ausrollen, oval formen. Einmal längs einschlagen, sodass die untere Teigplatte etwas übersteht, festdrücken. Stollen auf das Blech legen. Im Ofen (2. Schiene von unten, Umluft 160°) 75–80 Min. backen. Nach der Hälfte der Backzeit mit Backpapier abdecken.

4. Stollen aus dem Ofen nehmen. Übrige Butter zerlassen, Stollen damit bestreichen, dick mit Puderzucker bestäuben.

Austausch-Tipp Statt mit Butter und Puderzucker können Sie den Stollen auch mit einer Zitronenglasur überziehen: 200 g Puderzucker mit 2–3 EL Zitronensaft zu einer dickflüssigen Masse verrühren. Auf dem Stollen verteilen.

Quarkstollen

Früchtebrot

ZUTATEN
FÜR 1 KASTENFORM
(30 cm, 14 STÜCKE)

4 getrocknete Bananen (Reformhaus)
je 100 g getrocknete Datteln, Feigen und Birnen
100 g Rosinen
100 g gehackte Mandeln

Für den Hefeteig:
1/2 Würfel Hefe (20 g)
250 g Weizenvollkornmehl · 1 TL Zimtpulver
2 TL gemahlener Anis
1/4 TL gemahlener Kardamom
1/4 TL Nelkenpulver
2 EL Honig
Fett für die Form
Mehl zum Arbeiten

gut vorzubereiten
30 Min. + 50 Min. Gehen + 60 Min. Backen
pro Stück ca. 225 kcal
7 g Fett · 5 g Eiweiß · 38 g Kohlenhydrate

ZUBEREITUNG

1. Bananen, Datteln und Feigen in kleine Würfel schneiden. Zusammen mit den Birnen mit Wasser bedeckt kurz aufkochen lassen, Rosinen und Mandeln dazugeben, 10 Min. bei geringer Hitze ziehen lassen. Die Früchte auf einem Sieb abtropfen lassen. Das Kochwasser auffangen. Birnen klein würfeln.

2. Für den Hefeteig die Hefe zerbröseln und in 75 ml lauwarmem Wasser auflösen. Mehl in einer großen Schüssel mit den Gewürzen mischen. In die Mitte eine Mulde drücken, angerührte Hefe, Kochwasser und Honig dazugeben und alles zu einem glatten, geschmeidigen Teig verkneten. Zugedeckt an einem warmen Ort 30 Min. gehen lassen.

3. Backform gut fetten. Teig kräftig durchkneten, abgetropfte Früchte unterkneten, Teig in die Form füllen, nochmals ca. 20 Min. gehen lassen. Ofen auf 180° vorheizen. Das Früchtebrot (Mitte, Umluft 160°) 50–60 Min. backen. In der Form 10 Min. ruhen lassen, herauslösen und auf einem Kuchengitter auskühlen lassen.

Apfelbrot

ZUTATEN
FÜR 1 KASTENFORM
(30 cm, 14 STÜCKE)

500 g säuerliche Äpfel (z. B. Boskoop)
1 Zitrone · 1 Orange
125 g Rohrzucker
100 g Rosinen
100 g gehackte Walnüsse
50 g ganze Haselnüsse
250 g Mehl
2 TL Backpulver
2 TL Lebkuchengewürz
2 TL Kakaopulver
Fett und Mehl für die Form

weihnachtlicher Snack
30 Min. + 2 Std. Ruhen + 50 Min. Backen
pro Stück ca. 210 kcal
7 g Fett · 4 g Eiweiß · 33 g Kohlenhydrate

ZUBEREITUNG

1. Die Äpfel waschen, schälen, vierteln und quer in dünne Scheiben hobeln. Die Zitrone und Orange auspressen, den Saft mit dem Rohrzucker zu den Äpfeln geben, gut vermischen, Rosinen dazugeben. Die Äpfel mindestens 2 Std. zugedeckt durchziehen lassen.

2. Ofen auf 160° vorheizen. Die Form fetten und mit Mehl bestäuben. Die Walnüsse und die ganzen Nüsse zu den Äpfeln geben. Das Mehl mit Backpulver, Lebkuchengewürz und Kakaopulver mischen und unter die Apfelmasse rühren. Alles gut vermischen, in die vorbereitete Form füllen und glatt streichen. Im Ofen (Mitte, Umluft 140°) ca. 50 Min. backen. Herausnehmen, abkühlen lassen und aus der Form lösen.

Austausch-Tipp Apfelscheiben mit Zitronensaft und Zucker vermischen, 2 Std. ziehen lassen. 1 Päckchen Rumrosinen dazugeben.

Vorrats-Tipp Das Apfelbrot 1 Tag nach dem Backen in Alufolie wickeln und kühl aufbewahren. So hält es sich 2–3 Wochen frisch.

Adventsbrot

ZUTATEN FÜR
1 FORM (1 l INHALT, Z. B. STERN-, SPRING-, KASTENFORM, 12 STÜCKE)

40 g Zitronat
40 g Orangeat
50 g Blockschokolade
3 Eiweiße
Salz · 3 Eier
150 g Zucker
100 g Rosinen
150 g Mehl
100 g Mandelstifte
Fett für die Form
Puderzucker zum Bestäuben

zum adventlichen Tee
30 Min. + 50 Min. Backen
pro Stück ca. 240 kcal
7 g Fett · 6 g Eiweiß · 38 g Kohlenhydrate

ZUBEREITUNG

1. Zitronat und Orangeat sowie – getrennt davon – die Schokolade fein hacken. Den Backofen auf 180° vorheizen. Die Form fetten. Die Eiweiße mit 1 Prise Salz steif schlagen. Eier mit dem Zucker schaumig schlagen und den Eischnee unterziehen.

2. Zitronat, Orangeat und Rosinen mit 3 EL Mehl mischen und mit den Mandelstiften unter den Teig heben. Restliches Mehl mit der gehackten Schokolade vorsichtig unter den Teig ziehen.

3. Teig in die Form füllen. Im Ofen (Mitte, Umluft 160°) ca. 50 Min. backen. Kuchen aus der Form lösen und auf einem Kuchengitter abkühlen lassen. Mit Puderzucker bestäuben.

Vorrats-Tipp Das Brot können Sie in Alufolie eingeschlagen gut 2 Wochen aufbewahren.

Honigkuchen

ZUTATEN
FÜR 1 KASTENFORM
(24 cm, 12 STÜCKE)

175 g Honig
100 g Rohrzucker
100 g Sahne
1/2 TL Zimtpulver
1/4 TL Nelkenpulver
1 Prise gemahlene Muskatblüte (Macis)
150 g gemahlene Mandeln
350 g Mehl
1/2 Päckchen Backpulver · 3 Eier
Fett für die Form

Klassiker für Naschkatzen
35 Min. + 50 Min. Backen
pro Stück ca. 275 kcal
9 g Fett · 7 g Eiweiß · 42 g Kohlenhydrate

ZUBEREITUNG

1. Honig, Zucker und Sahne unter Rühren erwärmen, bis sich der Zucker gelöst hat. Abkühlen lassen. Die Form fetten. Den Backofen auf 180° vorheizen.

2. Die Gewürze mit Mandeln, Mehl und Backpulver mischen. Die Eier mit abgekühlter Honigmasse verrühren. Die Mehlmischung nach und nach einrühren. Den Teig in die Form füllen. Im Ofen (Mitte, Umluft 160°) ca. 50 Min. backen. Leicht abgekühlt aus der Form lösen und auf einem Kuchengitter gut auskühlen lassen.

Tuning-Tipp Den Kuchen mit Schokoladenglasur überziehen oder – besonders fein – 100 g Honigschokolade (Reformhaus) mit 1 TL Öl im Wasserbad schmelzen und den Kuchen damit überziehen.

Glücksschweinchen mit Glückwünschen

Aus Butterbrotpapier kleine **Zettel** ausschneiden und mit Glückssymbolen bemalen oder z. B. mit Neujahrswünschen beschriften. Die Zettelchen auf die untere Teigscheibe legen, die kleine Scheibe für das Schnäuzchen darauflegen und fest andrücken. Sie können den Hefeteig auch ausrollen und mit einer Ausstechform **Schweinchen** ausstechen. Auf die Hälfte der Schweinchen etwas Pflaumenmus geben, Schweinchen darauflegen und fest andrücken. Mit Eigelb bestreichen und Korinthen oder Rosinen als Auge eindrücken und backen.

Hefeküchlein (Auszogne)

Helau mit vielen Kalorien
60 Min. + 60 Min. Gehen
+ 20 Min. Frittieren
pro Stück ca. 335 kcal
17 g Fett · 7 g Eiweiß · 38 g Kohlenhydrate

ZUTATEN FÜR 12 STÜCK

500 g Mehl
Salz · 60 g Zucker
100 g Butter
225 ml Milch
1 Päckchen Trockenhefe · 2 Eier
Butterschmalz zum Ausbacken (ca. 1 kg)
Mehl zum Arbeiten
Puderzucker zum Bestäuben

ZUBEREITUNG

1. Das Mehl, 1/2 Teelöffel Salz und Zucker in einer Schüssel vermischen. Butter zerlassen. Milch erwärmen, die Trockenhefe dazugeben. Die Hefemilch mit dem Mehl verrühren. Eier und Butter dazugeben, den Teig so lange schlagen, bis er Blasen wirft. Teig zu einer Kugel formen, leicht mit Mehl bestäuben und zugedeckt 45 Min. an warmem Ort gehen lassen.

2. Teig auf bemehlter Fläche durchkneten, in 12 Stücke teilen und diese zu Kugeln formen. Zugedeckt nochmals 15 Min. gehen lassen. Butterschmalz in einem Topf mit dickem Boden erhitzen, bis an einem ins Fett gehaltenen Holzspießchen Bläschen aufsteigen.

3. Die Teigkugeln mit der Hand flach drücken, an den Rändern ausziehen, bis der Teig in der Mitte hauchdünn ist und die Ränder leicht wulstig sind. Die Kuchlein im heißen Fett nacheinander von beiden Seiten goldbraun ausbacken. Mit einem Schaumlöffel herausnehmen und noch warm mit Puderzucker bestäuben.

Mutzenmandeln

unwiderstehlich
30 Min. + 30 Min. Frittieren
pro Stück ca. 50 kcal
3 g Fett · 1 g Eiweiß · 5 g Kohlenhydrate

ZUTATEN FÜR 50 STÜCK

50 g weiche Butter
100 g Zucker
2 Eier · 2 Tropfen Bittermandelöl
1 Prise gemahlene Muskatblüte (Macis)
Salz · 200 g Mehl
50 g geschälte fein gemahlene Mandeln
1 TL Backpulver
Butterschmalz zum Ausbacken (ca. 1 kg)
Zucker zum Bestreuen

ZUBEREITUNG

1. Die Butter mit Zucker schaumig schlagen. Eier, Bittermandelöl, Muskat und 1 Prise Salz unter Rühren zugeben. Das Mehl mit Mandeln und Backpulver mischen, dazugeben und alles zu einem glatten Teig verrühren.

2. Butterschmalz in einem Topf mit schwerem Boden erhitzen, bis an einem ins Fett gehaltenen Holzstäbchen Bläschen emporsteigen. Mit zwei Teelöffeln längliche Klößchen abstechen, im heißen Fett goldbraun backen. Auf Küchenpapier abtropfen lassen. Die Mutzenmandeln mit Zucker bestreuen.

Kinder machen mit 150 g Puderzucker mit 2–3 EL lauwarmer Milch zu einem glatten Guss verrühren. Die Kinder bestreichen die Mutzenmandeln und bestreuen sie mit Zuckerperlen.

Glücksschweinchen

tierisch süß
60 Min. + 60 Min. Gehen
+ 15 Min. Backen
pro Stück ca. 270 kcal
10 g Fett · 7 g Eiweiß · 37 g Kohlenhydrate

ZUTATEN FÜR 12 STÜCK

1 Rezept Hefeteig (s. Hefeküchlein, links)
2 Eigelbe
2 EL Milch
24 Rosinen

ZUBEREITUNG

1. Hefeteig zubereiten, wie im Rezept für die Hefeküchlein (links) beschrieben, und gehen lassen. Den Teig auf etwas Mehl zu drei unterschiedlich dicken Rollen formen. (6 cm, 4 cm und 2 cm Ø), diese in Scheiben schneiden. Die größeren Scheiben leicht flach drücken. Eine kleine Scheibe als Schnäuzchen darauflegen. Mit einem Spießchen oder Ähnlichem Nasenlöcher modellieren. Aus der kleinsten Rolle Ohren formen und ansetzen.

2. Den Backofen auf 180° (Umluft 160°) vorheizen. Ein Blech mit Backpapier belegen. Die Eigelbe mit Milch verrühren. Die Glücksschweinchen damit bestreichen. Rosinen als Augen etwas eindrücken. Die Schweinchen auf das Backblech legen. Im Ofen (Mitte) ca. 15 Min. backen. Die Zahnstocher entfernen.

Crostoli – Schmalzkrüstchen

knuspriger Knabberspaß
30 Min. + 30 Min. Frittieren
bei 60 Stücken pro Stück ca. 35 kcal
1 g Fett · 1 g Eiweiß · 4 g Kohlenhydrate

ZUTATEN FÜR CA. 60 STÜCK

3 Eier · Salz
50 g Sauerrahm
30 g Zucker
275 g Mehl
Butterschmalz zum Ausbacken (ca. 1 kg)
Mehl zum Arbeiten
Puderzucker zum Bestreuen

ZUBEREITUNG

1. Die Eier mit 1 Prise Salz, Sauerrahm und Zucker glatt rühren. Das Mehl nach und nach dazurühren. Den Teig auf der leicht bemehlten Arbeitsfläche zu einem glatten Teig verkneten und hauchdünn ausrollen.

2. Mit einem Messer oder Backrädchen unregelmäßige Vierecke oder Rauten (12 x 5 cm) ausschneiden. Die Vierecke oder Rauten mit einer Gabel mehrmals einstechen.

3. Butterschmalz in einem Topf mit schwerem Boden erhitzen, bis an einem ins Fett gehaltenen Holzstäbchen Bläschen aufsteigen. Crostoli im heißen Butterschmalz goldbraun ausbacken. Auf Küchenpapier abtropfen lassen und mit Puderzucker bestäuben.

Austausch-Tipp Sie können die Crostoli auch mit Zimtzucker bestäuben. 3 EL Zucker mit 1/2 TL Zimtpulver mischen und die Crostoli damit bestreuen.

Tuning-Tipp 1 EL Kirschwasser oder Grappa unter den Teig rühren.

Mohrenkopftorte

Kinder lieben sie!

25 Min. + 20 Min. Backen

pro Stück ca. 250 kcal

10 g Fett · 8 g Eiweiß · 23 g Kohlenhydrate

ZUTATEN FÜR 1 SPRINGFORM (Ø 26 cm, 12 STÜCKE)

Für den Teig:
2 Eier · 60 g Zucker
60 g Mehl
1 Msp. Backpulver

Für die Füllung:
12 Mohrenköpfe
500 g Magerquark
50 g Puderzucker
1 Päckchen Vanillezucker
1 Päckchen Krokant
300 g Sahne
1 Päckchen Sahnesteif

Für die Garnitur:
8 Mini-Mohrenköpfe

ZUBEREITUNG

1. Den Backofen auf 180° (Umluft 160°) vorheizen. Den Boden der Springform mit Backpapier belegen. Eier mit Zucker weißcremig rühren. Mehl mit Backpulver mischen und unterheben. Teig in die Form füllen. Im Ofen (Mitte) 20 Min. backen. Abkühlen lassen.

2. Waffelböden von den großen Mohrenköpfen abschneiden und klein würfeln. Schaum und Schokoüberzug vermengen. Quark mit Puderzucker und Vanillezucker glatt rühren. Zerdrückte Mohrenköpfe, klein gewürfelte Waffelböden und Krokant unterrühren.

3. Sahne mit Sahnesteif steif schlagen, locker mit der Quarkmasse mischen. Abgekühlten Biskuitboden auf eine Platte legen. Quarkmasse gleichmäßig darauf verteilen. Mini-Mohrenköpfe halbieren und die Torte damit verzieren. Torte bis zum Genuss kühl stellen.

Speed-Tipp Fertig-Biskuit nehmen.

Kinder machen mit Sie verzieren die Mohrenkopftorte mit Smarties oder Ähnlichem.

Rosa Schachbrettkuchen

zu schön zum Naschen?

25 Min. + 25 Min. Backen

pro Stück ca. 150 kcal

2 g Fett · 3 g Eiweiß · 30 g Kohlenhydrate

ZUTATEN FÜR 20 STÜCK

Für den Teig:
6 Eier · 180 g Zucker
1 Päckchen Vanillezucker
120 g Mehl
80 g Speisestärke
1/4 TL Backpulver

Für die Glasur:
3–4 EL warme Milch
250 g Puderzucker
1 EL Himbeersirup (ersatzweise 1 Tropfen rote Speisefarbe)
rosa und weiße Schokolinsen

ZUBEREITUNG

1. Ofen auf 180° vorheizen. Ein Blech mit Backpapier belegen. Eier trennen. Eiweiße steif schlagen. Eigelbe mit Zucker und Vanillezucker schaumig rühren. Mehl mit Speisestärke und Backpulver mischen. Eischnee auf die Eigelbmasse geben, Mehlmischung darübersieben und alles locker vermischen.

2. Den Teig auf dem Blech glatt streichen, im Ofen (Mitte, Umluft 160°) 25 Min. backen. Abkühlen lassen, stürzen und das Backpapier abziehen. Biskuit in 20 Stücke schneiden.

3. Milch mit Puderzucker zu einem dickflüssigen Guss verrühren. Die Hälfte mit Himbeersirup rosa einfärben. Zehn Biskuitstücke mit rosa Guss glasieren, die übrigen mit weißem. Mit Schokolinsen verzieren. Die Schnitten schachbrettartig nebeneinanderlegen.

Deko-Tipp Kuchen mit weißer Glasur überziehen. 3 EL Glasur mit etwas Himbeersirup rot einfärben, auf den Kuchen tupfen, mit einem Holzstäbchen Linien ziehen.

Kalter Hund

ZUTATEN FÜR 1 KASTENFORM (24 cm, 20 STÜCKE)

200 g Kokosfett
1 Ei · 80 g Zucker
1 Päckchen Vanillezucker
50 ml Kondensmilch (10 % Fett)
3 EL Kakaopulver
1 Päckchen Vollkorn-Butterkekse (28 Stück)
Kakaopulver zum Bestäuben

immer wieder gut
30 Min. + 3 Std. Kühlen
pro Stück ca. 160 kcal
11 g Fett · 2 g Eiweiß · 12 g Kohlenhydrate

ZUBEREITUNG

1. Das Kokosfett schmelzen und abkühlen lassen. Die Form mit Frischhaltefolie auslegen. Das Ei mit Zucker, Vanillezucker, Kondensmilch und Kakaopulver cremig rühren. Das flüssige Kokosfett nach und nach unterrühren.

2. Abwechselnd je eine Schicht Butterkekse und Creme in die Form schichten. Mit der Creme abschließen. Den Kuchen für 3 Stunden in den Kühlschrank stellen. Vor dem Servieren aus der Form lösen, mit Kakaopulver bestäuben und in dünne Scheiben schneiden.

Variante **Geeister Kekskuchen:** Je 200 g Eiscreme (z. B. Erdbeere, Vanille, Pistazie aus der Lieblingseisdiele) leicht verrühren und schichtweise mit den Keksen in die Form schichten. 1 Stunde in der Form tiefkühlen, danach aus der Form nehmen, in einen großen Gefrierbeutel geben und einfrieren.

Herzkuchen (Muttertagsherz)

ZUTATEN FÜR 1 HERZFORM (1 l INHALT, 8 STÜCKE)

100 g weiche Butter
75 g Puderzucker
3 Eier · 3 EL gesüßtes Kakaopulver
100 g gemahlene Mandeln
100 g Mehl
1/2 TL Backpulver
2 EL Schokoladensauce aus dem Glas
250 g Sahne
1 Päckchen Sahnesteif
150 g Naturjoghurt
1 EL Limettensaft
Fett für die Form
Fruchtgummiherzen oder Blüten zum Verzieren

kinderleicht
30 Min. + 40 Min. Backen
pro Stück ca. 430 kcal
31 g Fett · 8 g Eiweiß · 28 g Kohlenhydrate

ZUBEREITUNG

1. Ofen auf 180° vorheizen. Die Form fetten. Butter mit 50 g Puderzucker und Eiern cremig schlagen. Kakaopulver und Mandeln unterrühren. Das Mehl mit Backpulver mischen, unter den Teig ziehen. Den Teig in die Form füllen. Im Ofen (Mitte, Umluft 160°) 40 Min. backen. Kurz ruhen lassen, aus der Form lösen und auskühlen lassen.

2. Den Kuchen mit der Schokoladesauce bestreichen. Sahne mit Sahnesteif steif schlagen. Joghurt mit übrigem Puderzucker und Limettensaft verrühren. Joghurtcreme mit der Sahne gut vermischen. Creme locker auf dem Kuchen verteilen. Kühl stellen. Vor dem Servieren mit Fruchtgummiherzen oder Blüten bestreuen.

Deko-Tipp Zum Dekorieren eigenen sich auch Schokoladenherzen, frische Früchte (z. B. Walderdbeeren, Erdbeeren oder Himbeeren), die in Herzform auf den Kuchen gelegt werden.

Blumentopf-Muffins

für kleine Pflanzenfans
45 Min. + 25 Min. Backen
pro Stück ca. 400 kcal
7 g Eiweiß · 15 g Fett · 59 g Kohlenhydrate

ZUTATEN FÜR 1 12ER-MUFFINS-BLECH (12 STÜCK)

1 kleine Dose Ananas (260 g Abtropfgewicht)
120 g weiche Butter
150 g Zucker
200 g Naturjoghurt
2 Eier · 350 g Mehl
2 TL Backpulver
1 Päckchen Vanillezucker · 1 TL abgeriebene Bio-Zitronenschale
100 g gehackte Mandeln · 200 g Puderzucker · 1 Eiweiß
grüne Speisefarbe
ca. 30 Zuckerblümchen (Fertigprodukt)
30 Mandelsplitter

Außerdem:
24 bunte Papierförmchen

ZUBEREITUNG

1. Die Ananas gut abtropfen lassen, den Saft auffangen. Ananas in Stückchen schneiden. Die Butter cremig rühren, Zucker zufügen und gut unterrühren. Joghurt und Eier untermischen. Mehl, Backpulver, Vanillezucker und Zitronenschale vermischen, rasch unter die Buttermischung rühren. Mandeln und Ananas unterheben.

2. Ofen auf 200° vorheizen. Die Mulden des Muffinsblechs mit je zwei Papierförmchen auslegen. Teig einfüllen. Im Ofen (2. Schiene von unten, Umluft 180°) 25 Min. backen. Die Muffins nach 5 Min. Abkühlen samt Papiermanschette aus der Form lösen und ganz abkühlen lassen.

3. Puderzucker mit Eiweiß und 1–2 EL Ananassaft sowie grüner Speisefarbe zu einem Guss verrühren. Auf die Muffins streichen, mit Zuckerblümchen verzieren und für Kakteen mit Mandelsplittern spicken.

Schoko-Himbeer-Gesichter

auch als Dessert | gut vorzubereiten
60 Min. + 1 Std. 35 Min. Kühlen
pro Stück ca. 200 kcal
11 g Fett · 3 g Eiweiß · 23 g Kohlenhydrate

ZUTATEN FÜR 28 STÜCK

250 g TK-Himbeeren
7 Blatt weiße Gelatine
100 g Puderzucker
2 EL Zitronensaft
75 g Butter
200 g Sahne
1 Wiener Boden (in 3 Lagen)
500 g Zartbitterkuvertüre
bunte Zuckerschrift

Außerdem:
runde Ausstechform (Ø 5 cm)
Spritzbeutel

ZUBEREITUNG

1. Die Himbeeren auftauen lassen. Gelatine einweichen. Himbeeren mit Puderzucker und Zitronensaft pürieren. Butter zerlassen, Himbeerpüree zugeben und unterrühren. Gelatine ausdrücken und in der warmen Himbeermasse auflösen. 30 Min. kalt stellen, bis die Creme anfängt zu gelieren.

2. Die Sahne steif schlagen und unterheben. 20 Min. kalt stellen, bis die Masse leicht zu gelieren beginnt.

3. Aus 2 Wiener Böden mit der Ausstechform 28 kleine Böden ausstechen und auf ein Kuchengitter setzen. (Den übrigen Kuchenboden einfrieren.) Himbeercreme in einen Spritzbeutel mit großer Lochtülle füllen und ca. 3 cm hohe Tupfen auf die ausgestochenen Böden spritzen. 45 Min. kalt stellen.

4. Für die Glasur die Kuvertüre grob hacken und im warmen Wasserbad bei milder Hitze schmelzen. Jeweils 2 EL Kuvertüre über die Cremetupfer geben. Ganz fest werden lassen. Mit Zuckerschrift ein Gesicht aufmalen.

Blätterteig-Schatzkiste

verführerisch
30 Min. + 25 Min. Backen
pro Stück ca. 400 kcal
15 g Fett · 7 g Eiweiß · 59 g Kohlenhydrate

ZUTATEN FÜR 6 STÜCK

6 rechteckige TK-Blätterteigscheiben (450 g)
75 g Doppelrahmfrischkäse
75 g Crème fraîche
50 g Zucker
1 EL Zitronensaft
175 g gemischte Beeren (z. B. Johannisbeeren, Brombeeren, Stachelbeeren, alternativ gemischte TK-Beeren) · 1 Ei

Außerdem:
1 Herzschablone aus Papier (siehe Deko-Muster im Buch)

ZUBEREITUNG

1. Den Blätterteig nach Packungsangabe auftauen lassen und quer halbieren. Eine Herzschablone zurechtschneiden, die auf eine Teigplatte passt. Aus den 12 Teigplatten Herzen ausschneiden, die Hälfte davon auf ein mit Backpapier belegtes Blech geben.

2. Den Backofen auf 200° vorheizen. Frischkäse, Crème fraîche, Zucker und Zitronensaft verrühren und je 1 EL davon auf die Hälfte der Herzen streichen. Beeren verlesen, obenauf verteilen. Das Ei trennen. Teigränder mit Eiweiß bestreichen, mit einem zweiten Teigherz abdecken, die Ränder fest andrücken.

3. Aus den Teigresten Herzchen ausstechen und mit Eiweiß obenauf »kleben«. Eigelb mit 1 EL Wasser verquirlen, auf die Teigherzen streichen. Im Ofen (Mitte, Umluft 180°) 20–25 Min. backen.

Gespensterteilchen

Süßes für Halloween
50 Min. + 2–3 Std. Ruhen + 2 x 15 Min. Backen
pro Stück ca. 350 kcal
7 g Fett · 5 g Eiweiß · 67 g Kohlenhydrate

ZUTATEN FÜR 14 STÜCK (2 BACKBLECHE)

250 g Honig · 100 g Butter · 125 g Zucker
500 g Mehl
1 TL Backpulver · 1 Ei
1 Prise Salz
1/2 TL Zimtpulver
250 g Puderzucker
1 Eiweiß
bunte Zuckerschrift
Mehl zum Ausrollen

Außerdem:
Gespenster- und/oder Fledermausschablone aus Papier (siehe Deko-Muster im Buch)

ZUBEREITUNG

1. Honig, Butter und Zucker unter Rühren erhitzen. Mehl mit Backpulver mischen, mit Ei, Salz und Zimtpulver dazugeben. Alles kräftig verkneten, bis ein glatter Teig entstanden ist. 2–3 Std. stehen lassen.

2. Backofen auf 200° (Umluft 180°) vorheizen. Den Teig auf bemehlter Arbeitsfläche 1 cm dick ausrollen. Mithilfe der Schablone 14 Gespenster und/oder Fledermäuse ausschneiden. Auf zwei mit Backpapier belegte Bleche legen. Im Ofen (Mitte) 15 Min. backen. Herausnehmen und abkühlen lassen.

3. Für die Glasur Puderzucker, Eiweiß und 1–2 EL Wasser glatt verrühren. Die Teilchen damit bestreichen. Den Guss trocknen lassen. Mit Zuckerschrift Gesichter aufmalen.

Streuselkuchen-Variationen

→ Sie können für die Streusel die Butter auch zerlassen, kurz abkühlen lassen und mit den anderen Zutaten zu Streuseln verarbeiten.
→ Gut schmecken die Streusel auch mit **Dinkelmehl** (Type 630).
→ So wird's besonders kernig: Die Streusel mit 125 g **Weizenvollkornmehl** und 125 g Weizenmehl (Type 405) zubereiten.

→ **Aromatischer** wird's, wenn Sie vor dem Bestreichen des Mürbteigbodens 1 EL **Mandellikör** unter die Aprikosenkonfitüre rühren.
→ **Fruchtig-saftiger** wird's, wenn Sie anstatt der Aprikosenkonfitüre 1 Glas **Apfelmus** oder abgetropfte **Früchte** aus der Dose auf dem Kuchenboden verteilen.

Mürbeteig-Streuselkuchen

buttriger Liebling
30 Min. + 40 Min. Backen
pro Stück ca. 405 kcal
19 g Fett · 5 g Eiweiß · 54 g Kohlenhydrate

ZUTATEN FÜR 1 BACKBLECH (16 STÜCKE)

Für den Teig:
350 g Mehl
1 TL Backpulver
75 g Zucker
150 g kalte Butter
1 Ei · 50 ml Milch

Für Streusel und Belag:
250 g Mehl
180 g Zucker
1 Päckchen Vanillezucker
200 g Butter
250 g Aprikosenkonfitüre
Fett für das Blech

ZUBEREITUNG

1. Den Backofen auf 180° vorheizen. Das Blech fetten. Mehl mit Backpulver mischen und auf die Arbeitsfläche oder in eine Schüssel sieben. Zucker, Butter in Flöckchen, Ei und Milch rasch zu einem glatten Teig verarbeiten. Den Teig ausrollen, auf das Blech legen und mit einem Tuch bedecken.

2. Für die Streusel das Mehl mit Zucker und Vanillezucker mischen, weiche Butter in kleinen Stücken zum Mehl geben und mit den Händen oder dem Knethaken des Handrührgeräts zu Streuseln verarbeiten. Konfitüre auf dem Mürbeteig verteilen und mit den Streuseln gleichmäßig bedecken. Im Ofen (Mitte, Umluft 160°) 35–40 Min. backen.

Austausch-Tipp 2 Päckchen backfeste Puddingcreme (Vanillegeschmack ohne Kochen) nach Packungsangabe zubereiten. Auf den Teigboden geben, Streusel darauf verteilen.

Bananenkuchen

Fruchtiges für unterwegs
20 Min. + 15 Min. Backen
pro Stück ca. 225 kcal
12 g Fett · 3 g Eiweiß · 27 g Kohlenhydrate

ZUTATEN FÜR 1 BACKBLECH (20 STÜCKE)

4 reife Bananen (ca. 450 g Bananenfruchtfleisch)
250 g weiche Butter
200 g Zucker · 4 Eier
350 g Mehl
1 Päckchen Backpulver
Fett für das Blech
Puderzucker zum Bestäuben

ZUBEREITUNG

1. Den Backofen auf 200° (Umluft 180°) vorheizen. Das Blech fetten. Bananen schälen und mit einer Gabel zerdrücken. Butter mit Zucker schaumig schlagen, Bananen unterrühren, Eier unter Rühren dazugeben. Mehl mit Backpulver mischen und unterrühren.

2. Teig auf das Blech streichen. Im Ofen (Mitte) in 15 Min. goldbraun backen. Herausnehmen, noch warm mit Puderzucker bestäuben.

Tuning-Tipp Ingwerfans können 100 g kandierten und in kleine Würfel geschnittenen Ingwer zum Schluss unter den Teig heben. Sehr gut schmecken auch grob gehackte Pekan- oder Walnüsse.

Einfrier-Tipp Den Bananenkuchen kann man sehr gut einfrieren. Ihn dazu abgekühlt in Stücke schneiden, in einer Gefrierbox oder im Gefrierbeutel einfrieren. Zum Auftauen kurz in den auf 160° vorgeheizten Ofen legen.

Marzipanspiralen

aromatische Knuspersticks
20 Min. + 10 Min. Backen
pro Stück ca. 60 kcal
3 g Fett · 1 g Eiweiß · 7 g Kohlenhydrate

ZUTATEN FÜR 40 STÜCK

200 g Marzipanrohmasse
50 g Puderzucker
1 Tropfen Bittermandelaroma
2 TL Kakaopulver
1 Rolle Blätterteig (Kühlregal)
1 Eiweiß
1 Päckchen geriebene Orangenschale
Puderzucker zum Bestäuben (nach Belieben)

ZUBEREITUNG

1. Marzipanrohmasse mit Puderzucker, Bittermandelol und Kakaopulver verkneten. Zwischen Frischhaltefolie halb so groß wie die Blätterteigplatte ausrollen. Ofen auf 200° (Umluft 180°) vorheizen. Ein Blech mit Backpapier belegen. Blätterteig entrollen. Eiweiß leicht verquirlen. Blätterteig mit Eiweiß bestreichen und mit Orangenschale bestreuen.

2. Schokomarzipan auf eine Teighälfte legen, die andere darüberschlagen und festdrücken. Teigplatte mit einem scharfen Messer quer halbieren und längs in ca. 2 cm breite Streifen schneiden. Die Streifen zu Spiralen drehen und auf das Blech legen. Im Ofen (Mitte) in 10 Min. goldbraun backen. Abkühlen lassen, nach Belieben mit Puderzucker bestäuben.

Variante Nuss-Sticks: 2 Rollen Blätterteig entrollen, nebeneinanderlegen, mit 1 EL flüssiger Butter bestreichen. 1 Packung backfertige Nussmischung auf einer Teigplatte verteilen, die andere Platte darüberlegen, andrücken. Teig in 2 cm lange Streifen schneiden, backen.

Schoko-Frucht-Riegel

die geben Power
25 Min. + 20 Min. Kühlen
pro Stück ca. 170 kcal
10 g Fett · 3 g Eiweiß · 18 g Kohlenhydrate

ZUTATEN FÜR 20 STÜCK

150 g getrocknete Aprikosen · 2 getrocknete Bananen (75 g)
100 g Löffelbiskuits
100 g Nussmischung
200 g Zartbitterschokolade
2 EL Erdnussmus
2 EL Honig
2 EL Nussöl
2 eckige Oblaten (122 x 202 mm)
Sesam zum Bestreuen

ZUBEREITUNG

1. Aprikosen und Bananen grob würfeln und im Mixer pürieren. Die Löffelbiskuits in einen Gefrierbeutel geben und mit dem Nudelholz fein zerkrümeln. Die Nüsse und die Schokolade grob hacken.

2. Erdnussmus, Honig und Öl in einen kleinen Topf geben, leicht erwärmen, Schokolade darin schmelzen. Fruchtmus, Biskuitbrösel und Nüsse zu der Schokolade geben und alles gut vermischen. Die Mischung auf die Oblaten streichen und mit Sesam bestreuen. 20 Min. kühlen, dann jede Oblate längs halbieren und quer in 10 Riegel schneiden. Die Schoko-Frucht-Riegel kühl aufbewahren.

Austausch-Tipp 200 g Edelbitterschokolade (70 % Kakaogehalt) und statt Aprikosen Datteln oder Feigen nehmen.
Anstelle von Nüssen 100 g Kernmix (z. B. Kürbiskerne, Sonnenblumenkerne, Pinienkerne) grob hacken und untermischen.

Genießen erlaubt! Auch wenn Sie auf Milch oder Ei allergisch sind, dürfen Sie bei diesen Naschereien zugreifen – denn sie kommen hervorragend ohne diese aus. Wenn Sie oder Ihr Kind bestimmte Nahrungsmittel nicht vertragen, heißt das beste Rezept: selbst

backen bei Allergien.

So wissen Sie genau, was im Kuchen steckt. Und können Allergene konsequent vermeiden. In Reformhaus, Bioladen und in großen Supermärkten finden Sie guten Ersatz für problematische Zutaten. Wir geben Ihnen dazu noch Tipps, wie

Sie unbeschwert losbacken können. Jetzt lassen Sie sich aber erst mal unsere Gugelhüpfchen und Rosinen-Scones schmecken! Denn da ist Genießen erlaubt!

Milch, nein danke!

Hier finden Sie mögliche Alternativen für alle, die Milcheiweiß nicht vertragen, also eine Milcheiweiß-Allergie oder kurz Milchallergie haben, oder die Milchzucker nicht verdauen können, d. h. an Laktoseintoleranz leiden.

→ **Ziegen- und Schafmilch** liefern wie Kuhmilch Eiweiß, Fettsäuren und Kalzium, werden aber von Milcheiweiß-Allergikern häufig gut vertragen. Allerdings: Wurde bei Ihnen eine Allergie speziell gegen das Milcheiweiß Kasein festgestellt, dann reagieren Sie wahrscheinlich auch allergisch auf die Milch von anderen Tieren. Vorsicht ist auch bei Laktoseintoleranz geboten: Wer Kuhmilch als Getränk nicht verträgt, wird auch keine Ziegen- oder Schafmilch vertragen, die in ähnlichen Mengen Laktose enthalten. Beide Milcharten – und auch Joghurt daraus – gibt's in Bioläden und Reformhäusern, Ziegenmilch erhält man auch in größeren Supermärkten, vor allem als H-Milch. Und keine Sorge: Ihr markanter Geschmack verliert sich beim Backen.

→ **Sojamilch** hat wie Kuhmilch reichlich Eiweiß zu bieten, daneben auch Kalium, Magnesium und Eisen. Lediglich in Sachen Kalzium gerät sie gegenüber Kuhmilch ins Hintertreffen. Deshalb wird Sojamilch manchmal mit Kalzium angereichert. Korrekt heißt die milchige Flüssigkeit übrigens Sojadrink. Um sie herzustellen, werden Sojabohnen geschält, eingeweicht, blanchiert und zermahlen. Der entstandene Sojabrei wird gepresst und gefiltert, die Flüssigkeit anschließend nochmals erhitzt, damit sie lange haltbar ist. Sojadrinks finden Sie im Bioladen, Reformhaus und auch in vielen Supermärkten – pur oder mit Rohrzucker, Vanille, Apfeldicksaft, Kakao oder Banane abgeschmeckt. Aber Vorsicht! Soja gehört zu den 12 häufigsten Allergenen. Gut möglich, dass Sie neben Milch- auch Sojaeiweiß nicht vertragen.

→ **Reismilch** schmeckt leicht süßlich, enthält kaum Eiweiß und wenig Fett. Für die Herstellung der rein pflanzlichen Flüssigkeit werden die Reiskörner gewässert, anschließend wird durch Klopfen die Stärke herausgelöst. Reismilch, die laut Lebensmittelrecht korrekt Reisdrink heißt, sieht aus wie Kuhmilch und kann beim Backen oder zur Zubereitung von Pudding genauso verwendet werden. Tetrapacks und Glasflaschen mit Reismilch finden Sie in Bioläden und im Reformhaus – geschmacksneutral oder mit Vanille oder Pflanzenöl aufgepeppt. Angebrochene Packungen nur kurz im Kühlschrank aufbewahren.

→ **Hafermilch** ist eine weitere rein pflanzliche Alternative zu Kuhmilch: frei von Milcheiweiß, Milchzucker und Cholesterin. Sie wird aus gequollenen Haferkörnern gewonnen und kann einem Teig statt Milch zugefügt werden. Hafermilch ist gehaltvoller als Reismilch. Sie enthält darüber hinaus wasserlösliche Ballaststoffe. Hafermilch finden Sie fast nur in Bioläden oder Reformhäusern – in 1/2- oder 1-Liter-Packungen. Einmal angebrochen sollten Sie die Getreidemilch innerhalb von 3 Tagen genießen.

Säurearme Früchte wie Banane, Birne, Pfirsich oder Aprikose werden häufig besser vertragen als beispielsweise Zitrusfrüchte und Erdbeeren. Bei Äpfeln sind Boskoop, Jamba und Gloster allergenarme Sorten. Vorsicht: Pollenallergiker reagieren oft auch auf Äpfel.

Wenn Sie Milchzucker nicht vertragen, dürfen Sie in kleinen Mengen Joghurt, Kefir, Buttermilch, saure Sahne oder Crème fraîche verwenden. Bei einer Allergie gegen Milcheiweiß sind Sauermilchprodukte allerdings keine Alternative.

Ersatz für Eiweiß & Eigelb

Hauptallergen beim Hühnerei ist das Eiweiß **Ovalbumin**, das sehr hitzeempfindlich ist. Menschen, die auf Ovalbumin allergisch reagieren, dürfen keine **rohen Eier** essen, vertragen aber mit Ei gebackene Kuchen und Plätzchen gut. Eine Hühnerei-Allergie kann aber auch durch **Ovomucid** oder bestimmte Eiweißstoffe im Eigelb ausgelöst werden. Diese Stoffe sind **hitzebeständig.**

→ Zum Binden eignet sich statt Ei **pflanzliches Bindemittel aus Johannisbrotkernmehl** sehr gut. Es wird pur bzw. mit Kalziumlaktat versetzt unter diversen Markennamen vertrieben. Beim Backen etwas Wasser, am besten Mineralwasser, zusätzlich dazugeben.

→ Auch mit **Agar-Agar** – einem aus Algen gewonnenen Geliermittel – lässt sich Ei zum Binden, etwa in einer Puddingfüllung, ersetzen: Einfach 1 TL Agar-Agar in etwas Wasser auflösen und zugeben.

→ Statt 1 Ei können Sie beim Backen auch 1/2 TL Backpulver mit 2 TL Wasser und 1 TL Öl mischen und zum Teig geben. Ei-Ersatzprodukte finden Sie im Bioladen.

Biskuit-Charlotte

Traumhaftes ohne Mehl

30 Min. + 12 Min. Backen
+ 3 Std. 25 Min. Kühlen

pro Stück ca. 230 kcal
11 g Fett · 5 g Eiweiß · 28 g Kohlenhydrate

ZUTATEN FÜR 1 RUNDE FORM (1 l INHALT, 16 STÜCKE)

Für den Teig:
5 Eier, getrennt
Salz · 100 g Zucker
100 g geschälte fein gemahlene Mandeln
1 EL Speisestärke
Zucker zum Bestreuen

Für die Füllung:
200 g Aprikosenkonfitüre · 6 Blatt Gelatine
400 ml Orangensaft (frisch gepresst)
2 EL Zitronensaft
50 g Puderzucker
100 ml Mangosirup (Fertigprodukt)
300 g Sahne

ZUBEREITUNG

1. Ofen auf 200° (Umluft 180°) vorheizen. Ein Blech mit Backpapier belegen. Eiweiße mit 1 Prise Salz steif schlagen. Eigelbe mit Zucker weißcremig rühren. Mandeln mit Speisestärke mischen, mit dem Eischnee locker unter die Eigelbcreme heben. Teig auf das Blech streichen, im Ofen (Mitte 10–12 Min.) backen. Den Biskuit auf ein leicht mit Zucker bestreutes Tuch stürzen, das Papier abziehen. Biskuit mit der Konfitüre bestreichen und aufrollen.

2. Gelatine kalt einweichen. 100 ml Orangen- und den Zitronensaft mit Puderzucker erwärmen, die Gelatine darin auflösen. Übrigen Orangensaft und Mangosirup einrühren. Ca. 25 Min. kühl stellen. Die Sahne steif schlagen. Sobald die Orangencreme geliert, diese löffelweise unter die Sahne rühren. Die Form mit Klarsichtfolie auslegen. Roulade in 1 cm dicke Scheiben schneiden, die Form damit auslegen. Die Orangencreme einfüllen. 3 Std. kühlen.

Ricottakuchen

Erfrischendes ohne Mehl

20 Min. + 45 Min. Backen

pro Stück ca. 305 kcal
23 g Fett · 8 g Eiweiß · 17 g Kohlenhydrate

ZUTATEN FÜR 1 SPRINGFORM (Ø 26 cm, 12 STÜCKE)

1 Bio-Limette
5 Eier · Salz
150 g Zucker
150 g weiche Butter
250 g Ricotta (italienischer Frischkäse)
175 g geschälte fein gemahlene Mandeln
Fett für die Form
Puderzucker zum Bestäuben

ZUBEREITUNG

1. Den Backofen auf 180° vorheizen. Die Form fetten. Die Limette heiß waschen, trocken reiben. Schale abreiben, den Saft auspressen. Eier trennen. Eiweiße mit 1 Prise Salz steif schlagen, 50 g Zucker einrieseln lassen.

2. Die Butter mit 100 g Zucker, Limettensaft und -schale sowie Ricotta glatt rühren. Die Eigelbe unterrühren. Eischnee und Mandeln locker unterheben.

3. Den Teig in die Form füllen. Im Ofen (Mitte, Umluft 160°) in 40–45 Min. goldbraun backen. Leicht abgekühlt aus der Form lösen. Mit Puderzucker bestäuben.

Austausch-Tipp Für einen Maronenkuchen nehmen Sie statt Ricotta 300 g Maronenpüree aus der Dose. Zusätzlich noch 50 g Schokoraspel unterrühren.

Apfel-Streuselkuchen

klassisch gut ohne Ei
40 Min. + 30 Min. Kühlen
+ 30 Min. Backen
pro Stück ca. 350 kcal
23 g Fett · 5 g Eiweiß · 3 g Kohlenhydrate

ZUTATEN FÜR 1 SPRINGFORM (Ø 26 cm, 12 STÜCKE)

Für den Teig:
150 g Mehl · Salz
150 g kalte Butter
150 g Magerquark (leicht ausgedrückt)
Fett für die Form
Mehl zum Arbeiten

Für den Belag:
750 g Äpfel (z. B. Elstar)
1 EL Zitronensaft
1 Päckchen Vanillezucker · 50 g getrocknete Cranberries
100 g Sahne
50 g Mandelblättchen

Für die Streusel:
100 g Mehl · 75 g Zucker
100 g weiche Butter

ZUBEREITUNG

1. Ofen auf 180° vorheizen. Die Form fetten. Mehl mit 1 Prise Salz auf die Arbeitsfläche geben. Butter in Flöckchen und Quark dazugeben. Mit den Händen schnell zu einem glatten Teig verarbeiten. 30 Min. kühl stellen. Teig auf wenig Mehl zum Viereck ausrollen, zur Mitte hin einschlagen, nochmals in Größe der Form ausrollen, in die Form legen und kühl stellen. Äpfel waschen, schälen, ohne Kerngehäuse vierteln. Viertel quer in Scheibchen schneiden. Mit Zitronensaft, Vanillezucker, Cranberries, Sahne und Mandelblättchen mischen.

2. Für die Streusel Mehl und Zucker in eine Schüssel geben, Butter in kleinen Stücken dazugeben. Alles mit den Knethaken des Handrührgeräts oder mit den Händen zu Streuseln verarbeiten. Die Apfelmischung auf dem Teigboden verteilen, die Streusel darübergeben. Im Ofen (Mitte, Umluft 160°) ca. 30 Min. backen.

Mandel-Karamell-Kuchen

supersaftig und ohne Ei
40 Min. + 30 Min. Kühlen
+ 30 Min. Backen
pro Stück ca. 255 kcal
17 g Fett · 4 g Eiweiß · 22 g Kohlenhydrate

ZUTATEN FÜR 1 BACKFORM (Ø 26 cm, 12 STÜCKE)

Für den Teig:
150 g Mehl · Salz
150 g kalte Butter
150 g Magerquark (leicht ausgedrückt)
Fett für die Form
Mehl zum Arbeiten

Für den Belag:
100 g Sahne
50 g Butter
50 g Zucker
1 EL Honig
150 g Mandelblättchen
1 Dose Aprikosen (490 g) · 2 EL Aprikosenkonfitüre

ZUBEREITUNG

1. Den Teig wie im Rezept Apfel-Streuselkuchen links zubereiten und kühl stellen. Die Form fetten. Den Teig ausrollen und in die Form legen, 30 Min. kühl stellen. Den Backofen auf 180° (Umluft 160°) vorheizen.

2. Für den Belag Sahne mit Butter, Zucker und Honig unter Rühren erhitzen und 2 Min. köcheln lassen. Die Mandelblättchen unterrühren. Die Aprikosen abtropfen lassen und in Spalten schneiden.

3. Die Aprikosenkonfitüre auf dem Teigboden verteilen, Aprikosenspalten daraufgeben. Den Kuchen im Ofen (Mitte) 15 Min. backen. Die Karamellmasse darauf verteilen und den Kuchen noch etwa 15 Min. backen.

Speed-Tipp Probieren Sie doch einfach einmal eine Fertig-Backmischung ohne Milch und Ei – gibt's im Bioladen.

Obstkuchen vom Blech – ganz wie's beliebt

→ **Obst-nach-Gusto-Kuchen** Den Teig für die Hefe-Stachelbeer-Schnecke [→ S. 181] auf einem gefetteten Backblech ausrollen, nochmals gehen lassen. Mit 1,5 kg Obst (z. B. Äpfel, Aprikosen, Rhabarber, Beeren, Kirschen) belegen.
→ **Zimt-Streusel aufstreuen** 120 g milchfreie Margarine (Reformhaus), 200 g Mehl, 120 g Zucker und 1/2 TL Zimtpulver bröselig kneten. Im Backofen bei 180° (Umluft 160°) 30–40 Min. backen.
→ **Soja-Schlagcreme dazu reichen** 250 ml Soja Dream (Reformhaus), 1 Päckchen Vanillezucker, 1 EL Zucker und 1 Päckchen Sahnesteif aufschlagen.

Obst-nach-Gusto-Kuchen (s. oben)

Kleine Orangen-Gugelhupfe (von S. 181)

Geschichteter Birnenkuchen

fruchtiger Hingucker
35 Min. + 1 Std. 10 Min. Backen
bei 16 Stücken pro Stück ca. 350 kcal
15 g Fett · 5 g Eiweiß · 47 g Kohlenhydrate

ZUTATEN FÜR 1 RECHTECKIGE SPRINGFORM (35 x 24 cm, 12–16 STÜCKE)

1 Bio-Zitrone
1,5 kg Birnen (z. B. Williams Christ)
6 Eier · 300 g Zucker
375 ml Öl · 375 g Mehl
3 TL Backpulver
2 Päckchen Vanillezucker
1 gehäufter TL Zimtpulver
Öl und Semmelbrösel für die Form
Puderzucker zum Bestäuben
(nach Belieben)

ZUBEREITUNG

1. Die Zitrone heiß waschen, trocken reiben, die Schale fein abreiben und beiseitestellen. Den Saft auspressen. Die Birnen schälen, vierteln, entkernen und in dünne Spalten schneiden. In eine Schüssel geben, mit dem Zitronensaft beträufeln und darin wenden.

2. Die Eier und 250 g Zucker 3–5 Min. schaumig schlagen, dann das Öl sorgfältig unterrühren. Mehl, Backpulver, Vanillezucker, Zitronenschale und Zimtpulver mischen, nach und nach gut unter die Eiermischung rühren, bis sie glatt ist.

3. Backofen auf 180° vorheizen. Die Form einölen und mit Semmelbröseln ausstreuen, die Hälfte des Teiges hineingeben. Die Hälfte der Birnenmischung auf dem Teig verteilen. Die Birnenstücke mit der restlichen Teigmischung bedecken und darüber weitere Birnenstücke fächerartig verteilen. Mit dem übrigen Zucker bestreuen.

4. Im heißen Ofen (2. Schiene von unten, Umluft 160°) 60–70 Min. backen, bis der Kuchen goldbraun ist.

5. Den Kuchen abkühlen lassen, nach Belieben mit Puderzucker bestäuben und in Quadrate oder Rechtecke schneiden.

Austausch-Tipp Besitzen Sie keine rechteckige Springform? Dann halbieren Sie die Mengen und backen den Kuchen in einer Springform (Ø 28 cm). Die Backzeit verkürzt sich um etwa 10 Min.

Kleine Orangen-Gugelhupfe

locker | supersaftig

30 Min. + 20 Min. Backen

pro Stück ca. 125 kcal

6 g Fett · 2 g Eiweiß · 16 g Kohlenhydrate

ZUTATEN FÜR 1 MINI-GUGELHUPFFORM (12 STÜCKE)

2 Eier · 1 Prise Salz
75 g Puderzucker
1 Päckchen geriebene Orangenschale
2 EL Orangenlikör (ersatzweise Orangensaft)
80 ml frischer Orangensaft
100 ml Öl · 60 g Mehl
40 g Speisestärke
1 TL Backpulver
Öl und Semmelbrösel für die Form
Vanille-Dekorzucker oder Puderzucker zum Bestäuben

ZUBEREITUNG

1. Die Mulden im Blech einölen und mit Semmelbröseln ausstreuen. Backofen auf 180° vorheizen. Eier mit Salz, Puderzucker und Orangenschale dickcremig rühren. Nach und nach den Orangenlikör und den Orangensaft unterschlagen. Das Öl zufügen und weitere 2–3 Min. schlagen.

2. Mehl, Speisestärke und Backpulver vermischen. Über die Eiermasse sieben und mit einem Schneebesen unterziehen. Den Teig in die Form füllen und im Ofen (Mitte, Umluft 160°) 20–25 Min. backen. Aus dem Ofen nehmen, Form kurz abkühlen lassen, dann auf ein Kuchengitter stürzen und ganz auskühlen lassen. Mit Vanille-Dekorzucker oder Puderzucker bestäuben.

Mehr draus machen Die doppelte Menge Teig in einer Napfkuchenform (Ø 22 cm) backen – die Backzeit verlangert sich dabei auf 40–45 Min.

Backen ohne Kuhmilch

Was tun, wenn man keine Milch verträgt und ein Rührkuchen oder süßer Hefeteig tabu sind? Mit den richtigen Ersatz-Zutaten gelingen Gebäck und Kuchen auch ohne Kuhmilch lecker und locker. Milch macht den Teig weich – diese Aufgabe müssen bei Kuhmilch-Unverträglichkeiten andere Flüssigkeiten übernehmen.

→ **Geeignete Alternativen** sind Wasser, Sojadrink, Reis-, Kokos-, Hafer- oder Mandelmilch; je nach Rezept können auch Wein, Likör oder verdünnte Fruchtsäfte verwendet werden. Meistens vertragen Kuhmilch-Allergiker Sahne und Butter, häufig auch Quark, Joghurt, Käse und Buttermilch. Das muss allerdings jeder selbst austesten.

→ **Teige, die ohne Milch auskommen** Pizzateig [→ S. 116], Strudelteig [→ S. 52], Biskuit [→ S. 96], Mürbeteig [→ S. 34] und Blätterteig-Gebäck [→ S. 67].

→ **Kuchen, die ebenfalls empfohlen werden können** Zucchinikuchen und Kokos-Bananen-Cake [→ S. 27], Eierlikörkuchen [→ S. 30], Spanischer Mandelkuchen [→ S. 32], Johannisbeer-Baiser-Kuchen [→ S. 43].

Rosinen-Scones

englisch | quick & easy

25 Min. + 15 Min. Backen

pro Stück ca. 85 kcal

3 g Fett · 1 g Eiweiß · 14 g Kohlenhydrate

ZUTATEN FÜR 22 STÜCK

250 g Mehl
1 TL Backpulver
1 Msp. Zimtpulver
1 Prise Salz
75 g Butter oder milchfreie Margarine
75 g Rosinen
3 EL Zucker
1/8 Reisdrink (Bioregal oder Reformhaus)
Mehl zum Ausrollen

Außerdem:
Ausstechform (Ø 5 cm)

ZUBEREITUNG

1. Mehl und Backpulver mit Zimtpulver und Salz auf die Arbeitsfläche häufen. Die Butter in kleinen Stücken oder die Margarine dazugeben und alles mit dem Messer durchhacken. Rosinen und Zucker untermengen. Den Reisdrink zufügen und unterarbeiten. Den Teig kurz durchkneten und auf der bemehlten Arbeitsfläche 2 cm dünn ausrollen.

2. Ofen auf 200° (Umluft 180°) vorheizen. Ein Blech mit Backpapier belegen. Aus dem Teig Kreise ausstechen und auf das Blech setzen. Die Scones im heißen Ofen (Mitte) in 15 Min. goldbraun backen.

Austausch-Tipp Laktalbumin-Allergiker können statt Reismilch Buttermilch nehmen.

Hefe-Stachelbeer-Schnecke

saisonal | raffiniert

45 Min. + 1 Std. 20 Min. Gehen + 40 Min. Backen

bei 20 Stücken pro Stück ca. 240 kcal

11 g Fett · 6 g Eiweiß · 30 g Kohlenhydrate

ZUTATEN FÜR 1 SPRINGFORM (Ø 26 cm, 16–20 STÜCKE)

500 g Weizenmehl (Type 550) · 1 Prise Salz · 1 Würfel frische Hefe (42 g)
150 g Zucker
gut 200 g lauwarmer Sojadrink · 4 Eier
8 EL neutrales Öl
100 g Marzipanrohmasse
50 g milchfreie Margarine (Reformhaus)
2 TL Speisestärke
400 g grüne Stachelbeeren (ersatzweise aufgetaute TK-Sauerkirschen)
Öl für die Form
Mehl zum Ausrollen
1 Eigelb · Mandelblättchen zum Bestreuen

ZUBEREITUNG

1. Mehl und Salz in eine Schüssel geben, in der Mitte eine Mulde formen. Hefe und etwas Zucker hineingeben, mit 5 EL Sojadrink verrühren. An einem warmen Ort 15 Min. gehen lassen. Vom restlichen Sojadrink 1 EL in eine Tasse geben, den übrigen Drink mit 2 Eiern, 100 g Zucker und Öl zum Vorteig geben. Alles zu einem glatten Teig verkneten. 45 Min. gehen lassen.

2. Marzipan klein schneiden, mit dem übrigen Zucker und der Margarine pürieren. Übrige 2 Eier und Speisestärke unterrühren. Stachelbeeren waschen, putzen und verlesen. Die Form einölen. Ofen auf 200° vorheizen.

3. Den Teig auf der bemehlten Fläche durchkneten und auf 30 x 50 cm ausrollen. Die Marzipancreme daraufstreichen und mit den Beeren belegen. Den Teig wie einen Strudel aufrollen, dann zur Schnecke formen und in die Form legen. 20 Min. gehen lassen. Das Eigelb mit dem Sojadrink in der Tasse verquirlen. Den Kuchen damit bestreichen, mit Mandeln bestreuen und 35–40 Min. (2. Schiene von unten, Umluft 180°) backen.

GLOSSAR DER BACKZUTATEN

AHORNSIRUP Zu seiner Herstellung wird der Saft des Zuckerahorns eingedickt, bis er 60 % Zuckergehalt hat. Nordamerikas Indianer kamen wohl als erste auf den herbsüßen Geschmack. Kuchen verleiht der zähflüssige, hell bis tiefbraune Sirup nicht nur aromatische Süße sondern auch Farbe. Im Bioladen, Reformhaus und größeren Supermärkten.

BACKPULVER Braucht Feuchtigkeit (aus dem Teig) und Wärme (im Ofen), dann setzt es Kohlendioxid frei und macht so den Teig locker. Chemisch betrachtet besteht es aus Natron (korrekt Natriumbicarbonat), einem Säuremittel, z. B. Phosphat oder Weinstein, und einem Trennmittel, z. B. Stärke. Phosphatfreie Backpulver gibt es vor allem im Bioladen. Sie sind im Geschmack neutraler und etwas teurer. Geben Sie Backpulver am besten zum Schluss mit den trockenen Zutaten (z. B. Mehl) zum Teig.

CRÈME FRAÎCHE → Sahne

FRISCHKÄSE So werden alle ungereiften oder wenig gereiften Käsesorten bezeichnet. Dazu zählen auch Schichtkäse und Speisequark. Frischkäse gibt es in verschiedenen Fettstufen. Doppelrahmfrischkäse hat das meiste Fett zu bieten. Auch beim Quark reicht das Spektrum von Mager- bis Doppelrahmstufe. In der Molkerei wird Milch mit Milchsäurebakterien und Lab dickgelegt, die Molke durch Zentrifugieren abgetrennt. So entsteht zunächst Magerquark. Der wird nun für höhere Fettstufen mit Sahne verrührt. Im Unterschied zu Quark ist Schichtkäse körniger und fester in der Konsistenz. Seine Besonderheit: In derselben Verpackung werden meist drei Lagen mit verschiedenen Fettstufen übereinandergeschichtet, in der Mitte die fettere, die leicht gelblich ist. Frischkäse grundsätzlich im Kühlschrank aufbewahren. Mindesthaltbarkeit beachten. Angebrochene Packungen immer wieder gut verschließen und zügig verbrauchen (→ Mascarpone und Ricotta).

GELATINE UND GELATINE-FIX Sorgen dafür, dass Torten nicht außer Form geraten. Blattgelatine 5–10 Min. in kaltem Wasser einweichen, dann ausdrücken und in heißer Flüssigkeit auflösen. Um 1/2 l Flüssigkeit zu binden, brauchen Sie 6 Blatt (das sind 10 g) oder 1 Päckchen gemahlene Gelatine. Ohne Erwärmen lässt sich Gelatine-Fix in kalte Zutaten rühren, z. B. in Sahne. 1 Päckchen Pulver reicht für 1/4 l Flüssigkeit und entspricht 2–3 Blatt. Rohstoff für Gelatine ist Kollagen, ein tierischer Eiweißstoff. Pflanzliche Alternative: Agar-Agar, ein Extrakt aus Meeresalgen. Achtung: Frische Ananas, Kiwi, Feigen und Papaya enthalten ein Eiweiß spaltendes Enzym. Cremes und Gelees mit diesen Früchten können daher nicht mit Gelatine gefestigt werden.

HEFE Egal ob getrocknet aus dem Tütchen oder frisch in Würfelform: Die einzelligen Pilze brauchen Wärme und Nahrung. Dann bringen sie eine Gärung in Gang, die den Teig aufgehen lässt und luftig macht. 1 Hefewürfel wiegt 42 g und reicht für einen Teig mit maximal 1 kg Weizenmehl. Beim Auspacken muss die Hefe frisch aussehen, fest sein und angenehm säuerlich duften. Frische Hefe verliert rasch ihre Wirkung. Deshalb nicht auf Vorrat kaufen, bis zur Verwendung im Butterfach des Kühlschranks aufbewahren. Trockenbackhefe darf lange lagern, hat aber eine geringere Treibwirkung: 1 Tütchen mit 7 g reicht für maximal 500 g Mehl (→ Hefeteig Grundrezepte S. 44, 50).

KANDIERTE FRÜCHTE Die größte Auswahl finden Sie in Fruchthäusern: exotische Früchte wie Papaya, Mango, Ananas und Ingwer, aber auch kandierte Melonenstückchen oder Kirschen. Ihr Vorteil: Sie sind nicht gar so zuckersüß wie fertig gemischte gewürfelte Früchte aus dem Supermarkt (→ Zitronat und Orangeat). Achten Sie aufs Etikett: Sind die Früchte gefärbt, muss das draufstehen. Und auch Konservierungsstoffe müssen genannt sein.

KOKOSMILCH UND -CREME Aus Kokosnuss-Fleisch und Wasser besteht die süßlich-aromatische Kokosmilch. In Dosen bekommen Sie beides mittlerweile in fast jedem Supermarkt – am besten kaufen Sie ungesüßte ohne Konservierungsstoffe (Zutatenliste auf dem Etikett). Vor dem Öffnen schütteln. So kann sich das Kokosfett, das als dicke Schicht oben schwimmt, wieder mit der Flüssigkeit verbinden. Die intensiv aromatische Kokoscreme hat festere Konsistenz. Sie gibt's im Tetrapak in Asienläden und großen Supermärkten.

KOKOSRASPEL UND -CHIPS Dafür wird das Fruchtfleisch der Kokosnuss geraffelt oder gehobelt und getrocknet. Kokosraspel und -chips kühl aufbewahren. Den Inhalt von angebrochenen Tüten in verschließbare Gläser umfüllen. Wer Zeit hat, raspelt selbst: Ganze Kokosnuss kaufen und knacken. Frisches Kokosfleisch raspeln oder hobeln und ganz kurz in einer Pfanne bei milder Hitze anrösten – unvergleichlich aromatisch!

MARZIPANROHMASSE Gut gekühlt lässt sich die cremige Masse aus Mandeln, Zucker, Zuckersirup und Wasser am besten zerkleinern – z. B. würfeln oder auf der Rohkostreibe hobeln. Päckchen am besten jeweils aufbrauchen oder wieder sehr dicht in Folie hüllen. Die Masse trocknet blitzschnell aus.

MASCARPONE Entsteht, wenn Sahne erhitzt und mit Zitronensaft oder anderer Säure zum Gerinnen gebracht wird. Im Gegensatz zu deutschem enthält dieser italienische Doppelrahmfrischkäse kein Salz. Deshalb schmeckt er so gut in cremigen Süßspeisen. Becher mit 250 g oder 500 g finden Sie mittlerweile in fast jedem Supermarkt. Einmal geöffnete Becher nur noch kurz im Kühlschrank aufbewahren.

MEHL Damit Mehl nicht muffig wird, sollten Sie es kühl und trocken lagern – am besten in der verschlossenen Tüte und nicht neben Kaffee oder Gewürzen. Denn Mehl nimmt schnell Gerüche an. Angebrochene Papierpackungen in ein dicht schließendes Vorratsglas umschütten. So haben Schädlinge keine Chance. Mehl Type 405 bleibt – gut verpackt – bis zu 1 1/2 Jahre aromatisch. Mehle aus Vollkorn oder mit höherer Typenzahl sind empfindlicher. Maximal 1 Jahr lagern! Haben Sie Getreide im Reformhaus oder Bioladen mahlen lassen oder zuhause selbst gemahlen? Bitte in 3–4 Wochen aufbrauchen! Über Mehltypen und Sorten erfahren Sie mehr auf S. 10.

MOHN Die schwarzblauen Samen entfalten ihr nussähnliches Aroma erst mit Hitze und vor allem gemahlen. Mohnsamen bekommen Sie – auch gemahlen – im Reformhaus und im Bioladen. Eilige finden im Supermarkt fertig zubereitete Mohnfüllungen für Kuchen. Sie enthalten neben Mohn auch Stärke, Verdickungsmittel, Aroma und Zitronensäure. Lose Samen gut verschlossen und kühl aufbewahren. Da sie Öl enthalten, verderben sie leicht. Gemahlenen Mohn sofort verwenden.

NATURSAUERTEIG Die nützlichen Säuerungsbakterien darin lassen den Brotteig schön aufgehen. Im Reformhaus oder Bioladen finden Sie fertigen Natursauerteig – oft aus biologisch angebautem Getreide. Er besteht in der Regel aus Roggenvollkornschrot, Wasser und Sauerteigkulturen. Ein Beutel von 150 g reicht für ein Brot von etwa 1,3 kg. Natursauerteig unbedingt kühl lagern. Achten Sie auf das Haltbarkeitsdatum.

NÜSSE, MANDELN, PINIENKERNE Sie enthalten bis zu 60 % ungesättigte Fettsäuren. Das macht sie zu wertvollen Lebensmitteln, lässt sie aber auch schnell ranzig werden. Gemahlen können Nüsse & Co. im Kuchenteig Mehl ersetzen. Am besten ganze Kerne kaufen und selbst mahlen oder hacken. Vorher in einer Pfanne ohne Fett anrösten, bis sie leicht duften. Das bringt ein Aromaplus, und die Kerne lassen sich danach leichter zerkleinern. Nüsse aller Art kühl, luftig und trocken aufbewahren, möglichst nicht in Nachbarschaft stark duftender Lebensmittel, am besten in einer dicht schließenden Dose im Kühlschrank.

QUARK → Frischkäse

RICOTTA Der italienische Molkenkäse wurde ursprünglich nur aus Schafmilchmolke gewonnen, heute auch aus Kuhmilchmolke. Schafmilchricotta ist meist fetter und deshalb cremiger. In seiner Heimat Italien gibt es zahlreiche aromatische Ricottavariationen – von weich und cremig bis trocken und fest. Bei uns steht vor allem cremiger Kuhmilch-Ricotta im Kühlregal großer Supermärkte. Er eignet sich gut für unsere Rezepte. Italienische Feinkostläden und Käsegeschäfte bieten Ricottakäse auch lose an der Theke an.

ROSINEN Meist finden Sie im Supermarkt Sultaninen – die hellen, kernlosen Beeren des Sultana-Rebstocks. Sind die Beeren goldgelb gefärbt, so sind sie mit Schwefel gebleicht und länger haltbar gemacht. Kaufen Sie besser ungeschwefelte. In der kalifornischen Sonne trocknen die kernlosen Weinbeeren der Thompson-Seedless-Traube. Die kleinen, fast schwarzen, kernlosen Korinthen stammen von einer Rebsorte, die ursprünglich in Griechenland beheimatet war. Sie haben eine zarte Haut und sind wie kalifornische Rosinen ungeschwefelt. Lagern Sie Rosinen kühl und trocken. Schütten Sie den Inhalt angebrochener Packungen am besten in dicht schließende Dosen.

SAHNE & CO. Süße Sahne ist flüssig, entsteht beim Zentrifugieren der Milch und heißt auch Schlagsahne oder Schlagrahm. Mit ihren mindestens 30 % Fett verträgt sie große Hitze. Am besten schlagen lässt sich kühlschrankkalte Sahne. Wer keine Zusätze mag, wählt Sahne ohne Stabilisatoren. Mindestens 30 % Fett hat auch Crème fraîche zu bieten. Die dicke Sahne wird mit Milchsäurebakterien geimpft, bekommt so ihren frischen Geschmack. Weniger Fett enthalten saure Sahne (10 %) und Schmand (20 %). Beide Sauermilchprodukte dürfen im Gegensatz zu Crème fraîche nach der Säuerung nochmals wärmebehandelt werden. So halten sie länger, verlieren aber wie H-Milch an Geschmack. Die Wärmebehandlung muss auf dem Etikett stehen. Milchprodukte immer im Kühlschrank aufheben. Fest verschlossen können sie auch nach der aufgedruckten Mindesthaltbarkeit noch in Ordnung sein. Ist ein Becher allerdings einmal angebrochen, entwickeln sich leicht Keime – schnell verbrauchen!

SCHOKOLADE UND KUVERTÜRE Der Kakaoanteil macht den Unterschied: Je dunkler die Schokolade, desto mehr Kakaomasse und desto weniger Zucker enthält sie – und desto teurer ist sie. Ideal zum feinen Backen: Schokolade mit 70 % und mehr Kakaoanteil. Stellen Sie daraus für Lieblingskuchen mal selbst Schokoraspel her – einfach fein! Kuvertüre enthält viel Kakaobutter. Das macht sie geschmeidig und verleiht Tortenglasuren und Kuchen Glanz. (In Billigschokoladen steckt oft einfaches Pflanzenfett statt Kakaobutter.) Im Supermarkt bekommen Sie Kuvertüre in Edelbitter, Zartbitter, Weiß, Vollmilch und auch mit Gewürzen. Achtung: Kuvertüre reagiert sensibel auf zu viel Hitze, deshalb vorsichtig im Wasserbad schmelzen (→ Back-Know-how S. 15). Schokolade und Kuvertüre immer trocken und kühl aufbewahren.

TROCKENFRÜCHTE Sie bieten unabhängig von der Erntezeit intensiv süßen Fruchtgeschmack in konzentrierter Form. Pflaumen, Feigen und Datteln enthalten viel Zucker, eignen sich deshalb besonders gut zum Trocknen. Ebenfalls beliebt: Aprikosen. Die helleren sind in der Regel geschwefelt, damit sie goldgelb leuchten und länger halten. Bei dunkleren wurde auf dieses Verfahren verzichtet (siehe Packungsangabe). Am besten ungeschwefelte Trockenfrüchte aus Bio-Anbau kaufen. Die Früchte in gut schließenden Gläsern oder Dosen aufbewahren. Sie dürfen »auszuckern«, d. h. allmählich von einer Zuckerschicht überzogen sein. Ihr Geschmack ist davon nicht beeinträchtigt. Tipp: Bestäuben Sie klebrige Trockenfrüchte mit einem Hauch Speisestärke. Dann lassen sie sich mit dem Messer oder im Blitzhacker besser zerkleinern.

VANILLE Die braunen Schoten sind die fermentierten Samenkapseln einer Orchideenart. Bourbon-Vanille wird von Feinschmeckern besonders geschätzt. Sie sind nach der kleinen Insel Bourbon, die heute Réunion heißt, benannt. Die ganzen Schoten sind nicht billig. Damit sie nicht austrocknen, werden sie in Glasröhrchen verkauft. Bourbon-Vanillezucker enthält Extrakt aus der Vanilleschote. Zucker, der mit dem künstlich hergestellten Aromastoff Vanillin aromatisiert wurde, muss sich dagegen Vanillinzucker nennen. Probieren Sie selbst gemachten Vanillezucker: 1 Schote auskratzen. Das Mark mit 100 g Zucker, Puderzucker oder Vollrohrzucker vermischen und mit der ausgekratzten Schote in ein Schraubverschlussglas schütten. Einige Tage ziehen lassen.

ZITRONAT UND ORANGEAT Bevor die Schalen der Zedrat-Zitrone bzw. Bitterorange als Zitronat oder Orangeat im Supermarktregal landen, werden sie in hochprozentiger Zuckerlösung kandiert. Dadurch sind sie – trocken und in dicht schließendem Gefäß gelagert – lange haltbar. Zitronat heißt manchmal auch Sukkade.

FRÜCHTE FÜR OBSTKUCHEN

ANANAS Reife Früchte schmecken am besten. Die erkennen sie am intensiven Duft und daran, dass die Schale auf Fingerdruck leicht nachgibt. Kälte mögen die Tropenfrüchte nicht. Lagern sie unter 5°, zeigen sich bald schwarze Streifen im Fruchtfleisch. Frische, ungegarte Ananas enthält das Eiweiß spaltende Enzym Bromelin. Das bewirkt, dass Gelatine nicht fest wird und Quarkcremes mit Ananas bitter schmecken.

ÄPFEL Der klassische Backapfel heißt Boskoop. Der Große mit dem herbsäuerlichen Fruchtfleisch zerfällt nicht und zieht keinen Saft. Außerdem ist er von Natur aus robust, gedeiht deshalb ohne viel Chemie – von November bis April für Kuchen empfehlenswert! Zum Backen auch geeignet sind der große, gelbliche Jonagold, der würzig-aromatische Gravensteiner mit gelblich grüner Farbe und roten »Backen« und der süß-aromatische Cox Orange. Bei unseren Kuchen haben wir außerdem mit dem saftigen Idared und dem süßen Golden Delicious gute Erfahrungen gemacht. Äpfel vor dem Backen mit etwas Zitronensaft beträufeln – das hebt das Aroma und verhindert Verfärben.

APRIKOSEN Sie sollen reif und fest sein. Dann sind sie besonders süß. Weiche Aprikosen, die in Österreich Marillen heißen, bestehen zum großen Teil aus Wasser, enthalten kaum Zucker. Frische Früchte bleiben nicht lange prall und saftig. Backen Sie Aprikosen-Tarte deshalb bald nach dem Einkauf. Wollen Sie die Früchte häuten? Mit kochendem Wasser übergießen, 30 Sek. ziehen lassen und abschrecken – dann lässt sich die Haut leicht abziehen.

BANANEN Hellgelbe enthalten mehr Stärke, weniger Zucker und reifen bei Zimmertemperatur langsam nach. Bei goldgelben Bananen mit braunen Pünktchen hat sich die Stärke ganz in Zucker verwandelt. Sie sind weicher und schmecken besonders süß – ideal für Bananenkuchen! Legen Sie Bananen nie mit anderen Früchten in die Obstschale. Sie strömen ein Reifegas aus. Es lässt nebenan gelagerte Früchte im Nu altern.

BEEREN Packen Sie nur wirklich frische Früchtchen in den Einkaufskorb. Aufs Pappschälchen achten! Ist es verfärbt oder feucht, sind die Früchtchen darin matschig. Beeren gleich zubereiten. Falls Sie die Sensibelchen doch eine Nacht im Kühlschrank aufbewahren wollen, sortieren Sie vorher alle verdorbenen Früchte aus. Vorm Kuchenbacken die Winzlinge vorsichtig waschen und verlesen, danach gut abtropfen lassen. Wollen Sie Beeren einfrieren? Früchte auf einem Tablett ausbreiten und vorfrosten, dann in Gefrierbeutel verpacken. So klumpen sie nicht.

Erdbeeren sind außerhalb der Saison meist mit Schadstoffen belastet. Deshalb heimische Früchte im Mai und Juni genießen! Bei großen Erdbeeren ist der Geschmack häufig verwässert. Das kräftigste Aroma steckt in erbsengroßen Walderdbeeren. Früchte gründlich waschen. Und erst nach dem Waschen zerkleinern, sonst verlieren sie zu viel Saft. **Himbeeren** sind superempfindlich. Am besten nur verlesen statt waschen. Im Spätsommer frische Früchte auf die Beerentarte legen, außerhalb der Saison tiefgefrorene. Denn sie überstehen den Kälteschlaf ohne großen Qualitätsverlust. **Johannisbeeren** wachsen in unseren Gärten in Weiß, Rot und Schwarz. Im Handel tauchen meist nur die herbaromatischen, roten Johannisbeeren auf. Mit einer Gabel lassen sie sich gut von den Rispen streifen. Bei **Brombeeren** haben späte Sorten mehr Sonne getankt und schmecken süßer. Durch das Backen gewinnen sie noch Aroma. Gezüchtete **Heidelbeeren** heißen auch Blau- oder Bickbeeren und sind größer und gleichmäßiger als ihre wildwachsenden Verwandten, die Wald- oder Wildheidelbeeren. Sie bleiben im Kühlschrank länger frisch (ungewaschen 2–3 Tage), haben aber weniger Geschmack. Selbst gesammelte Früchte aus den heimischen Wäldern niemals roh verspeisen. Es können die gefährlichen Larven des Fuchsbandwurms daran haften. Bei **Stachelbeeren** zum Backen grüne Früchte nehmen, sehr weiche vorher aussortieren. Stiele und Blütenansätze entfernen. **Cranberries** und **Preiselbeeren** Beide können Sie zum Backen verwenden. Die kultivierten Cranberries aus Amerika sind größer als ihre europäischen Schwestern. Sehr wenig Säure enthalten vollreife, tiefrote Früchte. TK-Cranberries sind eine gute Alternative zu frischen. Getrocknete schmecken extrem süß – in Grapefruitsaft einweichen.

BIRNEN Je nach Rezept weiche oder feste Birnen wählen. Besonders pralles Aroma und saftiges Fruchtfleisch bieten reife Birnen, die angenehm duften. Weiche sollten sie gleich genießen, an Druckstellen faulen sie rasch. Nur kurz haltbar sind auch Williams-Christ-Birnen. Winterbirnen wie etwa Edelcrassane, Conference oder Alexander Lucas können Sie kühl und dunkel länger lagern.

KIRSCHEN Zum Gleich-aus-der-Tüte-Essen laden süße Knorpelkirschen mit festem Fruchtfleisch ein. Die ebenfalls säurearmen Herzkirschen sind weicher. Beide Sorten schmecken auf Kuchen oder in Cremes, verlieren durchs Backen aber an Aroma. In die Schwarzwälder Kirschtorte gehören deshalb Sauerkirschen, z. B. die hellroten Amarellen, die tiefroten Morellen oder die dunkelroten Weichseln. Reife Kirschen haben eine glatte Haut. Einmal geerntet faulen sie rasch. Im Kühlschrank höchstens 2 Tage aufheben.

KIWIS Am besten schmecken sie vollreif. Test: Die Schale soll auf Fingerdruck leicht nachgeben. Weiche Früchte mit runzliger Schale sind überreif, vielleicht sogar matschig. Nicht kaufen! Harte reifen bei Zimmertemperatur problemlos nach. Reife Kiwis im Kühlschrank lagern. Ihr grünes Fruchtfleisch enthält ein Eiweiß spaltendes Enzym. Es lässt Quark und Sahne bitter schmecken und bewirkt, dass Gelatine mit Kiwi nicht fest wird.

MANGO Am besten schmeckt sie gut ausgereift. Ihre Kennzeichen: aromatischer Duft und kleine dunkle Punkte auf der Schale. Mit Sicherheit unreife Früchte fühlen sich rundum hart an. Allerdings können auch weiche Mangos enttäuschen. Am besten verspeisen Sie eine reife Mango sofort. Bei Zimmertemperatur verdirbt sie rasch. Und im Kühlschrank ist es der Tropenfrucht zu kalt.

PAPAYA Auf europäische Obstmärkte gelangt vor allem die gelbe, manchmal braun gesprenkelte Sorte Solo, die süß und melonenähnlich schmeckt. Reife Früchte kaufen. Sie geben auf Druck leicht nach. Zubereitung: Papaya längs halbieren, mit einem Löffel die Samen herauskratzen, die Schale entfernen und Fruchtfleisch in Würfel oder Scheiben schneiden. Ein paar Tropfen Limetten- oder Zitronensaft runden das Aroma ab. Papayas reifen bei Zimmertemperatur nach. Reife Früchte im Kühlschrank lagern. Das Papain des rohen Fruchtfleischs mindert die Gelierfähigkeit von Gelatine.

PFIRSICH/NEKTARINE Ob samtige Pfirsich- oder glatte Nektarinenhaut – darunter kann sich gelbes oder weißes Fruchtfleisch verbergen. Das weiße hat oft mehr Aroma. Nektarinen kommen manchmal steinhart in den Handel. Solche Früchte schmecken meistens nur sauer. Ideale Nektarinen und Pfirsiche sind weich, aber nicht matschig und duften gut. Die empfindlichen Früchte nebeneinander aufbewahren, sonst gibt's Druckstellen, die faulen. Reife Früchte am besten gleich verspeisen. Pfirsiche sehr gut waschen oder häuten (vorher kurz mit kochendem Wasser überbrühen). An der samtigen Schale bleiben Schadstoffe leicht haften.

RHABARBER Himbeerrhabarber verbirgt unter roter Schale grünes, mildes Fruchtfleisch – fürs Familienbacken empfehlenswert. Grüner Rhabarber und Blutrhabarber schmecken supersauer und sehr intensiv. Frische Stangen sind schön fest. Im Kühlschrank bleiben sie einige Tage knackig.

SHARONFRUCHT Die orangefarbene Frucht aus Israel gibt es noch nicht sehr lange. Sie ist eine Neuzüchtung der Kaki. Ihr vitaminreiches, saftiges Fruchtfleisch schmeckt angenehm süß – etwa wie eine Mischung aus Quitte, Birne und Aprikose. Sharonfrüchte haben keine Kerne und können mit Schale gegessen werden.

WEINTRAUBEN Keine klassische, aber eine reizvolle Frucht auf dem Obstkuchenboden. Zum Backen kernlose Trauben nehmen.

Kuchenobst-Kalender

Saison | die besten Monate

	J	F	M	A	M	J	J	A	S	O	N	D	Tipp
Ananas	x	x	x	x					x	x	x	x	reife duften, nicht lange lagern
Äpfel	x	x	x						x	x	x	x	nicht neben Bananen lagern
Aprikosen						x	x	x					reife, feste sind besonders süß
Bananen	x	x	x	x	x	x	x	x	x	x	x	x	mit Punkten auf der Schale vollreif
Birnen	x							x	x	x	x	x	kühl und dunkel lagern
Brombeeren							x	x	x				am Einkaufstag genießen
Erdbeeren				x	x	x	x	x					am besten im Juni aus dem Inland
Heidelbeeren							x	x					gezüchtete halten bis zu 3 Tage
Himbeeren							x	x	x				alsbald genießen oder einfrieren
Johannisbeeren								x	x				mit einer Gabel abstreifen
Kirschen						x	x	x					gekühlt max. 2 Tage lagern
Kirschen, sauer							x	x	(x)				lassen sich gut einfrieren
Kiwis	x	x	x	x	x	x	x	x	x	x	x	x	halten gekühlt 3–4 Wochen
Limetten	x	x	x	x	x	x	x	x	x	x	x	x	übrigen Saft einfrieren
Mangos					x	x							nie im Kühlschrank lagern
Nektarinen							x	x					gut: weich, aber nicht matschig
Orangen	x	x	x	x									glänzende Schalen sind gewachst
Pfirsiche						x	x	x		x	x	x	sehr gut waschen
Pflaumen							x	x	x				sollten keine grünen Stellen haben
Rhabarber					x	x							frische Stangen sind schön fest
Sharonfrucht	x	x	x										gekühlt max. 2 Tage haltbar
Weintrauben							x	x	x	x	x	x	am besten gleich genießen
Zitronen													nur Bio-Ware ist ganz unbehandelt
Zwetschgen													am besten gleich verarbeiten

Lösen sich einzelne Beeren oder Dolden schon im Obstgeschäft vom Stängel? Dann sind die Trauben überreif, vielleicht schon faul. Nicht mitnehmen!

ZITRUSFRÜCHTE Beim Backen brauchen Sie vor allem die abgeriebene Schale. Kaufen Sie am besten Bio-Ware. Nur da können Sie sicher sein, dass die Früchte ohne Konservierungsstoffe oder Spritzmittel sind. Der Hinweis »Schale unbehandelt« bedeutet dagegen lediglich: Diese Früchte wurden nach der Ernte nicht nochmals gegen Verderb oder Feuchtigkeitsverlust behandelt. Ob Zitrone, Orange oder Limette, die oft (fälschlicherweise) Limone heißt: Waschen Sie sie vor dem Abreiben ab. Brauchen Sie nur ein paar Tropfen Zitronensaft? Dann die Frucht an der schmalen Seite mit der Gabel einstechen. So lässt sich Saft leicht rauspressen. Und die Zitrone bleibt länger frisch als angeschnitten.

ZWETSCHGEN Die länglichen Zwetschgen reifen als letzte Sorte der Pflaumenfamilie und schmecken am süßesten, da sie länger als ihre rundlichen Schwestern Sonne abbekommen haben. Außerdem lassen sie sich leicht entsteinen. Beliebteste Sorte ist die Bühler Zwetschge, die im August an unseren Obstbäumen reift. Frische, hochwertige Früchte sehen prall und appetitlich aus, sie haben weder Risse, faule Stellen noch schrumpelige Haut. Zwetschgen faulen wie alles Steinobst schnell. Im Kühlschrank behalten sie höchstens 3 Tage Aussehen und Geschmack. Waschen Sie die Früchte erst kurz vor dem Backen. Der wachsartige Belag der Schale schützt sie vor dem Austrocknen.

SACH- UND REZEPTREGISTER

Wichtige *Sachbegriffe* (kursiv gedruckt) und alle Rezepte in alphabetischer Reihenfolge. Die Rezepte finden Sie außerdem auch unter ihren jeweiligen **Hauptzutaten.** In grauem Fettdruck sind **Grundrezepte** hervorgehoben. *Kurzrezepte* aus dem Serviceteil sind kursiv gedruckt.

IMPRESSUM

Die Autorinnen

Susanne Bodensteiner Die Literaturwissenschaftlerin fand durch die Mitarbeit an einem Gourmet-Journal Geschmack an kulinarischen Themen und war Redakteurin bei der größten deutschen Zeitschrift für Essen und Trinken. Heute arbeitet die leidenschaftliche Köchin und Mutter von zwei Jungs im Teenager-Alter als freie Food-Autorin und Lektorin. Fürs Familienbackbuch schrieb sie Service-, Aufmacher- und Glossarseiten, dazu Tipps und Tricks aus ihrer Küchenpraxis.

Martina Kittler Die Diplom-Oecotrophologin und Sportwissenschaftlerin machte ihre Leidenschaft fürs Kochen und Backen zum Beruf – acht Jahre lang bei der größten deutschen Food-Zeitschrift und seit der Geburt ihrer Kinder Janina und Laurens als freie Foodjournalistin und-autorin. Etwa die Hälfte der süßen und herzhaften Rezepte stammen von ihr – unkompliziert und ideenreich zusammengestellt. Damit begeisterte sie nicht nur ihre beiden Kinder, sondern auch viele Nachbarn und Gäste.

Christa Schmedes Sie arbeitet seit vielen Jahren für Zeitschriften und Buchverlage. Mit Leidenschaft und Fantasie widmet sie sich am liebsten dem Thema Backen – von Plätzchen bis zu großen Torten, süß oder herzhaft – wie auch hier fürs Familienkochbuch. Ihre Experimentierfreude in der Backstube bringt immer wieder neue kreative Rezeptideen hervor. Diese setzt sie als Food-Stylistin in den Studios namhafter Fotografen auch häufig selbst ins rechte Licht.

Die Fotografinnen

Ulrike Schmid und **Sabine Mader** arbeiten seit Jahren als eingespieltes Team in ihrem Foodstudio **Fotos mit Geschmack** und leben mit ihren Familien im »Fünf-Seen-Land« zwischen Starnberger See und Ammersee. Am liebsten fotografieren sie, wo das Licht am schönsten ist, ob im Studio, in der Küche oder im Freien. Alle Bilder in diesem Buch sind auf diese Weise entstanden. Wir bedanken uns für die hervorragende Zusammenarbeit bei Alexander Kühn und Hans Gerlach (Foodstyling), Maria Höbel und Silvio Knezevic (Assistenz Foodstyling). Ein ganz herzliches Dankeschön auch an das wunderbare Team, das uns beim Peopleshooting unterstützt hat: Sebastian Dickhaut (Foodstyling), Angela Schneider (Visagistin), Leonie Felle (Fotoassistenz) und den Models: Tatjana Probst, Claudio Enorizzi, Ida, Miriam und Laura Schmid.
Danke auch den Firmen Arzberg Porzellan, Blanco Küchentechnik und Wittgenstein in München.

Titelfoto
Minigugelhüpfchen von Seite 50 und Seite 181

Bildnachweis
Peter von Felbert, Seite 6 (links oben und unten); alle anderen Fotos von Fotos mit Geschmack: Ulrike Schmid, Sabine Mader.

Danke!
Ein besonderes Dankeschön geht an die Unternehmen **W. F. Kaiser u. Co. GmbH**, www.kaiser-backform.de, und **AURORA MÜHLEN GmbH**, www.aurora-mehl.de, für die Bereitstellung ihrer Produkte für dieses Buch.

Programmleitung
Doris Birk

Leitende Redakteurin
Birgit Rademacker

Konzept, Redaktion und Bildredaktion
Sigrid Burghard

Lektorat
Redaktionsbüro Claudia Lenz, Essen

Korrektorat
Waltraud Schmidt, Traunreut

Layout, Typographie und Umschlaggestaltung
Sandra Gramisci und Claudia Ehrl für independent Medien-Design, München

Herstellung
Petra Roth

Satz
Knipping Werbung GmbH, Berg bei Starnberg

Reproduktion
Fotolito Longo, Bozen

Druck
Druckerei Himmer, Augsburg

Bindung
Conzella Pfarrkirchen

ISBN 978-3-8338-0825-8
1. Auflage 2007

Unsere Garantie

Alle Informationen in diesem Ratgeber sind sorgfältig und gewissenhaft geprüft. Sollte dennoch einmal ein Fehler enthalten sein, schicken Sie uns das Buch mit einem entsprechenden Hinweis an unseren Leserservice zurück. Wir tauschen Ihnen den GU-Ratgeber gegen einen anderen zum gleichen oder einem ähnlichen Thema um.

Liebe Leserin, lieber Leser,

wir freuen uns, dass Sie sich für ein GU-Buch entschieden haben. Mit Ihrem Kauf setzen Sie auf die Qualität, Kompetenz und Aktualität unserer Ratgeber. Dafür sagen wir Danke! Wir wollen als führender Ratgeberverlag noch besser werden. Daher ist uns Ihre Meinung wichtig. Bitte senden Sie uns Ihre Anregungen, Ihre Kritik oder Ihr Lob zu unseren Büchern. Haben Sie Fragen oder benötigen Sie weiteren Rat zum Thema? Wir freuen uns auf Ihre Nachricht!

Wir sind für Sie da!
Montag–Donnerstag: 8.00–18.00 Uhr;
Freitag: 8.00–16.00 Uhr
Tel.: 0180 - 5 00 50 54*
Fax: 0180 - 5 01 20 54*
E-Mail:
leserservice@graefe-und-unzer.de

P.S.: Wollen Sie noch mehr Aktuelles von GU wissen, dann abonieren Sie doch unseren kostenlosen GU-Online-Newsletter und/oder unsere kostenlosen Kundenmagazine.

GRÄFE UND UNZER VERLAG
Leserservice
Postfach 86 03 13
81630 München

*(0,14 €/Min. aus dem dt. Festnetz)

GRÄFE UND UNZER

Ein Unternehmen der
GANSKE VERLAGSGRUPPE

100 JAHRE GANSKE VERLAGSGRUPPE